2025年春 受験用 解答集

佐賀県 早稲田佐賀 中学校

2018〜2012年度の7年分

本書は，実物をなるべくそのままに，プリント形式で年度ごとに収録しています。
問題用紙を教科別に分けて使うことができるので，本番さながらの演習ができます。

■ 収録内容

・解答集（この冊子です）

　　　書籍ID番号，この問題集の使い方，リアル過去問の活用，解答例と解説，
　　　ご使用にあたってのお願い・ご注意，お問い合わせ

・2018(平成30)年度 〜 2012(平成24)年度　学力検査問題

JN131741

○は収録あり	年度	'18	'17	'16	'15	'14	'13	'12
■ 問題収録※		○	○	○	○	○	○	○
■ 解答用紙		○	○	○	○	○	○	○
■ 解答		○	○	○	○	○	○	○
■ 解説		○	○	○	○	○	○	○
■ 配点								

※1月入試を収録(2018年度は1月入試A日程を収録)

☆問題文等の非掲載はありません

K 教英出版

■ 書籍ID番号

入試に役立つダウンロード付録や学校情報などを随時更新して掲載しています。
教英出版ウェブサイトの「ご購入者様のページ」画面で，書籍ID番号を入力してご利用ください。

書籍ID番号　197041　▶

（有効期限：2025年9月30日まで）

【入試に役立つダウンロード付録】
「中学合格への道」

■ この問題集の使い方

年度ごとにプリント形式で収録しています。針を外して教科ごとに分けて使用します。①片側，②中央
のどちらかでとじてありますので，下図を参考に，問題用紙と解答用紙に分けて準備をしましょう（解答
用紙がない場合もあります）。

針を外すときは，けがをしないように十分注意してください。また，針を外すと紛失しやすくなります
ので気をつけましょう。

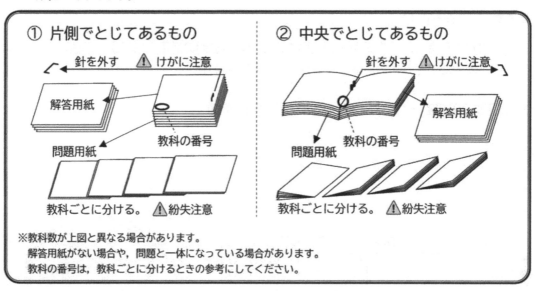

① 片側でとじてあるもの
針を外す　⚠ けがに注意
解答用紙
教科の番号
問題用紙
教科ごとに分ける。　⚠ 紛失注意

② 中央でとじてあるもの
針を外す　⚠ けがに注意
解答用紙
教科の番号
問題用紙
教科ごとに分ける。　⚠ 紛失注意

※教科数が上図と異なる場合があります。
　解答用紙がない場合や，問題と一体になっている場合があります。
　教科の番号は，教科ごとに分けるときの参考にしてください。

リアル過去問の活用

~リアル過去問なら入試本番で力を発揮することができる~

❀ 本番を体験しよう！

　問題用紙の形式（縦向き／横向き），問題の配置や余白など，実物に近い紙面構成なので本番の臨場感が味わえます。まずはパラパラとめくって眺めてみてください。「これが志望校の入試問題なんだ！」と思えば入試に向けて気持ちが高まることでしょう。

❀ 入試を知ろう！

　同じ教科の過去数年分の問題紙面を並べて，見比べてみましょう。

① 問題の量

　毎年同じ大問数か，年によって違うのか，また全体の問題量はどのくらいか知っておきましょう。どのくらいのスピードで解けば時間内に終わるのか，大問ひとつにかけられる時間を計算してみましょう。

② 出題分野

　よく出題されている分野とそうでない分野を見つけましょう。同じような問題が過去にも出題されていることに気がつくはずです。

③ 出題順序

　得意な分野が毎年同じ大問番号で出題されていると分かれば，本番で取りこぼさないように先回りして解答することができるでしょう。

④ 解答方法

　記述式か選択式か（マークシートか），見ておきましょう。記述式なら，単位まで書く必要があるかどうか，文字数はどのくらいかなど，細かいところまでチェックしておきましょう。計算過程を書く必要があるかどうかも重要です。

⑤ 問題の難易度

　必ず正解したい基本問題，条件や指示の読み間違いといったケアレスミスに気をつけたい問題，後回しにしたほうがいい問題などをチェックしておきましょう。

❀ 問題を解こう！

　志望校の入試傾向をつかんだら，問題を何度も解いていきましょう。ほかにも問題文の独特な言いまわしや，その学校独自の答え方を発見できることもあるでしょう。オリンピックや環境問題など，話題になった出来事を毎年出題する学校だと分かれば，日頃のニュースの見かたも変わってきます。

　こうして志望校の入試傾向を知り対策を立てることこそが，過去問を解く最大の理由なのです。

❀ 実力を知ろう！

　過去問を解くにあたって，得点はそれほど重要ではありません。大切なのは，志望校の過去問演習を通して，苦手な教科，苦手な分野を知ることです。苦手な教科，分野が分かったら，教科書や参考書に戻って重点的に学習する時間をつくりましょう。今の自分の実力を知れば，入試本番までの勉強の道すじが見えてきます。

❀ 試験に慣れよう！

　入試では時間配分も重要です。本番で時間が足りなくなってあわてないように，リアル過去問で実戦演習をして，時間配分や出題パターンに慣れておきましょう。教科ごとに気持ちを切り替える練習もしておきましょう。

❀ 心を整えよう！

　入試は誰でも緊張するものです。入試前日になったら，演習をやり尽くしたリアル過去問の表紙を眺めてみましょう。問題の内容を見る必要はもうありません。どんな形式だったかな？受験番号や氏名はどこに書くのかな？…ほんの少し見ておくだけでも，志望校の入試に向けて心の準備が整うことでしょう。

　そして入試本番では，見慣れた問題紙面が緊張した心を落ち着かせてくれるはずです。

　※まれに入試形式を変更する学校もありますが，条件はほかの受験生も同じです。心を整えてあせらずに問題に取りかかりましょう。

算　数

平成 **30** 年度 **解答例・解説**

─── 《解答例》 ───

1 (1) 7　(2) $\frac{36}{78}$　(3) 28　(4) 250　(5) 36　(6) 84　(7) 7.56　(8) 113.04

2 (1) 66　※(2) 51　(3) 1005

3 (1) 30　(2) 33　(3) 11

4 (1) 100　(2) $53\frac{11}{13}$　(3) $26\frac{12}{13}$

5 (1) 540　(2) 3：2　(3) 108

※の考え方は解説を参照してください。

─── 《解　説》 ───

1 (1) 　与式 $=\frac{16}{7}\times(\frac{17}{4}-\frac{25}{6}\div\frac{20}{3})-\frac{9}{7}=\frac{16}{7}\times(\frac{17}{4}-\frac{25}{6}\times\frac{3}{20})-\frac{9}{7}=\frac{16}{7}\times(\frac{34}{8}-\frac{5}{8})-\frac{9}{7}=\frac{16}{7}\times\frac{29}{8}-\frac{9}{7}=\frac{58}{7}-\frac{9}{7}=\frac{49}{7}=7$

(2) 　約分して $\frac{6}{13}$ になる分数は，$\frac{6\times□}{13\times□}$ と表せるから，$(6+□)+(13+□)=(6+13)\times□=19\times□$ が 114 になる。

□$=114\div19=6$ だから，$\frac{6\times6}{13\times6}=\frac{36}{78}$ である。

(3) 　たてと横の長さの差は変わらないので，もとの長方形のたてと横の長さの比の差である $2-1=1$ と，新しい長方形のたてと横の長さの比の差である $5-3=2$ は同じ長さである。そこで，もとの長方形のたてと横のながさを $1：2=2：4$ とおけば，新しい長方形のたてと横の長さの比である $3：5$ と比べることができる。

ここで，もとの長方形と新しい長方形の長さの差は $3-2=1$ と表せ，これが 2 m にあたるから，もとの長方形のたての長さは $2\times\frac{2}{1}=4$ (m)，横の長さは $4\times2=8$ (m)，新しい長方形のたての長さは $4+2=6$ (m)，横の長さは $8+2=10$ (m) とわかる。よって，新しい長方形の面積は，もとの長方形の面積に比べて，$6\times10-4\times8=28$ (㎡) 大きくなった。

(4) 　5 ％の食塩水 200 g には，食塩が $200\times\frac{5}{100}=10$ (g) 入っていて，7 ％の食塩水 500 g には，食塩が $500\times\frac{7}{100}=35$ (g) 入っているから，10 ％の食塩水には，食塩が $35-10=25$ (g) 入っていることになる。よって，10 ％の食塩水を $25\div\frac{10}{100}=250$ (g) と水を混ぜたとわかる。

(5) 　右図のように座る場所に番号をおく。両親の座る場所を先に考え，その次に子どもたちの座り方を考える。両親が隣り合うことができる場所は，（1 と 2）（2 と 3）（4 と 5）の 3 か所であり，父と母の座り方はそれぞれに 2 通りずつあるから，両親の座り方は全部で $3\times2=6$ (通り)ある。

例えば両親が（4 と 5）に座ったとき，子どもたちの座り方は（1，2，3）＝（兄，弟，妹）（兄，妹，弟）（弟，兄，妹）（兄，妹，弟）（妹，兄，弟）（妹，弟，兄）の 6 通りがある。両親のそれぞれの座り方に対して 6 通りの子どもたちの座り方があるから，全部で $6\times6=36$ (通り)の座り方がある。

(6) 右図のように直線ＢＦをかく。三角形ＡＦＥと三角形ＡＦＢは合同なので，

角ア＝角ＡＦＢとわかる。三角形ＦＤＥと三角形ＦＣＢは，ＦＤ＝ＤＥ，ＦＣ＝ＣＢの

合同な二等辺三角形なので，角ＥＦＤ＝角ＢＦＣとわかる。五角形の内角の和は，

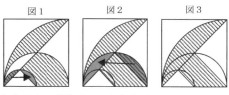

180×（5－2）＝540(度)なので，正五角形の1つの内角は540÷5＝108(度)である。

角ＦＤＥ＝108－60＝48(度)なので，角ＥＦＤ＝(180－48)÷2＝66(度)とわかる。三角形ＦＣＤは正三角形なので，

角ＣＦＤ＝60度である。角アと角ＡＦＢの和，つまり角アの2倍の大きさの角度は，360－66×2－60＝168(度)

とわかる。よって，角ア＝168÷2＝84(度)である。

(7) 右図1のように作図すると，色付きの斜線部分と合同な図形

ができるので，矢印のように移動する。同じように右図2のよう

に色付きの斜線部分を移動すると，求める面積は図3の斜線部分

の面積と等しくなる。大きい三角形は底辺を4cmとすると，高さ

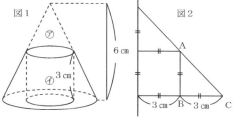

は底辺の半分の2cmとわかる。同じように小さい三角形は底辺を2cmとすると，高さは1cmとわかる。

よって，求める面積は，$4×4×3.14×\frac{1}{4}－4×2÷2－2×1÷2＝7.56(cm^2)$である。

(8) できる立体は大きな円すいから右図1の円すい⑦と円柱④

を取り除いた立体になる。大きな円すいの高さは，図2より，

3×2＝6(cm)とわかる。円すい⑦は，底面の半径が3cm，高

さが3cm，円柱④は，底面の半径が3cm，高さが3cmだから，

求める体積は，

6×6×3.14×6÷3－3×3×3.14×3÷3－3×3×3.14×3＝(72－9－27)×3.14＝113.04(cm³)である。

②

(1) 〈11〉＝1＋2＋3＋…＋11＝66

(2) 〈101〉＝1＋2＋3＋…＋101である。1から101までの連続する整数の和の2倍は，

右の筆算より，102×101となるから，1から101までの連続する整数の和は，

$$\begin{array}{r}1＋2＋3＋……＋101 \\ +) \quad 101＋100＋99＋……＋1 \\ \hline 102＋102＋102＋……＋102\end{array}$$

$\frac{102×101}{2}＝51×101$とわかる。よって，〈101〉を101で割った商は，51×101÷101＝51とわかる。

(3) (2)より，〈n〉をnで割った数は，(n＋1)÷2とわかる。よって，$\frac{〈n〉}{n}＋\frac{〈n＋2〉}{n＋2}＋\frac{〈n＋4〉}{n＋4}＋\frac{〈n＋6〉}{n＋6}＝$

(n＋1)÷2＋(n＋2＋1)÷2＋(n＋4＋1)÷2＋(n＋6＋1)÷2と表せるので，

(n＋1＋n＋3＋n＋5＋n＋7)÷2＝(n×4＋16)÷2＝n×2＋8とわかる。

したがって，n×2＋8＝2018なので，n×2＝2018－8　　n＝2010÷2＝1005とわかる。

③

(1) Ａ君とＢ君がすれ違うまでに，Ａ君とＢ君が泳いだきょりの差は，3×2＝6(m)である。Ａ君とＢ君が泳い

だきょりは1分間に72－60＝12(m)ずつ差が広がるから，6mの差ができるのは6÷12＝$\frac{1}{2}$(分後)＝

($\frac{1}{2}$×60)秒後＝30秒後である。

(2) Ａ君とＢ君がすれ違うまでにＡ君は，72×$\frac{1}{2}$＝36(m)泳いだ。このときＡ君は折り返して3m泳いでいるので，

プールの片道は36－3＝33(m)である。

(3) Ａ君とＢ君が同じ時間に泳ぐきょりの比は，速さの比に等しく12：10＝6：5である。よって，Ａ君が1往復

するまでに，Ｂ君は66×$\frac{5}{6}$＝55(m)泳ぐから，ゴールまで66－55＝11(m)のところにいる。

④ 高さの等しい三角形の面積の比は，底辺の長さの比に等しいことを利用する。

(1) ＢＦ：ＢＤを求めれば，三角形ＢＣＤの面積から三角形ＦＢＣの面積を求めることができる。三角形ＦＢＣと

三角形ＦＤＥは同じ形なので，ＢＦ：ＤＦ＝ＢＣ：ＤＥ＝5：1である。したがって，ＢＦ：ＢＤ＝5：6で，

三角形ＢＣＤの面積が20×12÷2＝120(cm²)だから，三角形ＦＢＣの面積は，120×$\frac{5}{6}$＝100(cm²)である。

(2) 右図のように，点OとPをおく。

⑴の解説より，ＣＦ：ＥＦ＝ＢＣ：ＤＥ＝５：１…①とわかる。三角形ＯＣＢと
三角形ＧＰＢは同じ形なので，ＯＣ：ＧＰ＝ＣＢ：ＰＢ＝５：４であり，ＧＰ＝
４㎝なので，ＯＣ＝５㎝とわかる。三角形ＨＧＥと三角形ＨＯＣは
同じ形なので，ＨＥ：ＨＣ＝ＧＥ：ＯＣ＝８：５…②とわかる。①の比の和の

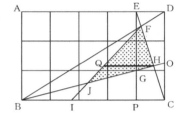

５＋１＝６と，②の比の和の８＋５＝１３はどちらもＥＣの長さを表しているので，和の数を等しくする。
ＣＦ：ＥＦ＝（５×１３）：（１×１３）＝６５：１３，ＨＥ：ＨＣ＝（８×６）：（５×６）＝４８：３０となる。したがって，
ＨＦ：ＣＦ＝（４８－１３）：６５＝７：１３なので，三角形ＦＢＨの面積は三角形ＦＢＣの面積の$\frac{7}{13}$倍とわかる。
よって，三角形ＦＢＨの面積は$100×\frac{7}{13}=\frac{700}{13}=53\frac{11}{13}$（㎠）である。

(3) 右図のようにＢＣと平行でＨを通る線を引き，ＦＪと交わる点をＱとする。

三角形ＦＩＣと三角形ＦＱＨは同じ形の三角形なので，⑵の解説より，
ＱＨ：ＩＣ＝ＨＦ：ＣＦ＝７：１３とわかる。ＩＣ＝２０－７＝１３（㎝）なので，
ＱＨ＝$13×\frac{7}{13}=7$（㎝）である。三角形ＪＢＩと三角形ＪＨＱは同じ形なので，
ＩＢ：ＱＨ＝７：７＝１：１より，ＪＢ：ＪＨ＝１：１とわかる。

したがって，三角形ＦＢＨと三角形ＦＪＨの面積の比が２：１とわかるので，
三角形ＦＪＨの面積は$\frac{700}{13}×\frac{1}{2}=\frac{350}{13}=26\frac{12}{13}$（㎠）である。

⑤ (1) １辺の長さが３㎝の立方体(以後小さな立方体とする)に注目すると，穴をあけた部分は，各面に小さな立方体
が１つずつと真ん中に１つ分あることがわかる。つまり，穴をあけた部分は小さな立方体７個分にあたるから，求
める体積は，$9×9×9-(3×3×3)×7=540$（㎤）である。

(2) ３点Ａ，Ｂ，Ｃのような位置で立方体を切断すると切断面は正三角形になる。

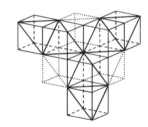

小さな立方体を切断したときにできる切断面の小さな正三角形に注目する。
穴をあける前にＡ，Ｂ，Ｃを通る平面で切断すると，切断される小さな立方体は
９個あり，穴をあけたことで切断される小さな立方体は３個減ったから，
穴をあける前とあけた後の切断された小さな正三角形の個数の比は９：６＝３：２
になり，三角形ＡＢＣの面積と切断面の面積比も３：２になる。

(3) 頂点Ｄを含む立体は右図のようになる。

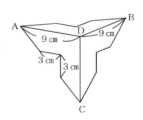

求める体積は，大きな三角すいの体積から，小さな三角すいの体積３個分を引けば
よいので，求める体積は，$(9×9÷2)×9÷3-\{(3×3÷2)×3÷3\}×3=$
$\frac{243}{2}-\frac{27}{2}=\frac{216}{2}=108$（㎤）とわかる。

平成 **29** 年度 解答例・解説

《解答例》

1 (1)21　　(2)10.5　　(3)850　　(4)16　　(5)12　　(6)30　　(7)14　　(8)50.24

2 (1) 3　　(2)55　　※(3)44

3 (1) 7，20　　(2)750　　(3) 6

4 (1)1280　　(2) 8　　(3)10

5 (1)12.56　　(2)①1102.14　②992.24

※の考え方は解説を参照してください。

《解　説》

1 (1)　与式＝$75-42\div 7 \times 9 = 75-54 = 21$

(2)　与式より，　$4 \times (12-\square) - \dfrac{8}{5} \times \dfrac{5}{2} = 10 \times 0.2$　　　$4 \times (12-\square) - 4 = 2$　　　$4 \times (12-\square) = 2 + 4$

$12-\square = 6 \div 4$　　　$12-\square = 1.5$　　　$\square = 12-1.5 = 10.5$

(3)　Cの本の値段を基準にする。Bの本はCの本より 350 円高く，Aの本はCの本より $350+140 = 490$（円）高い。

したがって，Cの本の値段の 3 倍は，$3390-490-350 = 2550$（円）だから，Cの本の値段は，$2550 \div 3 = 850$（円）

(4)　できた 10％の食塩水の量を調べてもよいが，天びん図を利用すると計算が楽になる。水を，濃度が 0 ％の食塩水と考えると，12％の食塩水を $100-20 = 80$（g）と，0 ％の食塩水を□g 混ぜ合わせると，10％の食塩水ができたことになる。このことから，右の天びん図を作図でき，a ＝10％，b ＝$12-10 = 2$（％）である。□g と 80 g の比は，a：b の逆比に等しく，$\dfrac{1}{10} : \dfrac{1}{2} = 1 : 5$ となるから，$\square = 80 \times \dfrac{1}{5} = 16$ となる。

(5)　15 と 20 の最小公倍数は 60 だから，この仕事のすべての仕事の量を⑥⓪とする。1 時間にする仕事の量は，Aひとりだと⑥⓪$\div 15 =$④，Bひとりだと⑥⓪$\div 20 =$③，3 人一緒だと⑥⓪$\div 5 =$⑫と表せるから，Cひとりが 1 時間にする仕事の量は，⑫$-$④$-$③$=$⑤となる。よって，Cひとりでこの仕事をすると，⑥⓪$\div$⑤$= 12$（時間）かかる。

(6)　三角形DBEと三角形ABCが合同だから，角DEB＝角ACB＝40 度，BE＝BC

DEとBCが平行だから，平行線の錯角は等しく，角EBC＝角DEB＝40 度

三角形BCEはBC＝BEの二等辺三角形だから，角BCE＝$(180-40) \div 2 = 70$（度）

よって，角ア＝角BCE$-$角ACB＝30（度）

(4)

(7) 右の図のように記号をおく。高さが等しい三角形の面積比は底辺の長さの比に

等しいことを利用して，三角形ＰＱＲの面積が三角形ＡＢＣの何倍かを調べる。

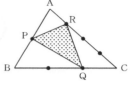

三角形ＰＢＣと三角形ＡＢＣの面積比はＰＢ：ＡＢ＝１：２だから，三角形ＰＢＣ

の面積は，三角形ＡＢＣの$\frac{1}{2}$倍である。また，三角形ＰＢＱと三角形ＰＢＣの面積

比はＢＱ：ＢＣ＝２：３だから，三角形ＰＢＱの面積は，三角形ＡＢＣの$\frac{1}{2}×\frac{2}{3}＝\frac{1}{3}$(倍)である。

同様に考えると，三角形ＡＰＲの面積は，(三角形ＡＰＣの面積)×$\frac{AR}{AC}$＝(三角形ＡＢＣの面積)×$\frac{AP}{AB}×\frac{AR}{AC}$より，

三角形ＡＢＣの面積の，$\frac{1}{2}×\frac{1}{4}＝\frac{1}{8}$(倍)

三角形ＲＱＣの面積は，(三角形ＡＱＣの面積)×$\frac{RC}{AC}$＝(三角形ＡＢＣの面積)×$\frac{QC}{BC}×\frac{RC}{AC}$より，三角形ＡＢＣの，

$\frac{1}{3}×\frac{3}{4}＝\frac{1}{4}$(倍)

以上のことから，三角形ＰＱＲの面積は，三角形ＡＢＣの，$1－\frac{1}{3}－\frac{1}{8}－\frac{1}{4}＝\frac{7}{24}$(倍)だから，$48×\frac{7}{24}＝14$(㎠)

(8) この立体は円柱の一部の柱体なので，(底面積)×(高さ)で体積を求めることができる。

底面は半径がＢＣ＝６㎝で中心角が40度のおうぎ形なので，底面積は，$6×6×3.14×\frac{40}{360}＝4×3.14$(㎠)

高さはＡＢ＝４㎝だから，求める体積は，$(4×3.14)×4＝16×3.14＝50.24$(㎤)

2 (1) 180の約数を，かけて180になる２数が上下に並ぶように書くと，右の

表のようになる。この表から，中央の２つは12と15とわかるので，求める

値は，⑱⑩＝15－12＝3

1	2	3	4	5	6	9	10	12
180	90	60	45	36	30	20	18	15

(2) 中央に並ぶ２つの約数のうち，小さい方の約数をxとすると，大きい方の約数は$x＋6$と表せる。

$x＝1$のとき，大きい方の約数は$1＋6＝7$であ

り，積は$1×7＝7$である。7の約数は｛1，7｝

の２個(偶数)であり，1と7が中央に並ぶので，

Ⓐ＝6となる最小のＡは7である。同様に調べて

いくと，右の表のようになるので，3番目に小さ

いＡは55である。

x	$x＋6$	積	約数	Ａに適するかどうか
1	7	7	1，7	○
2	8	16	1，2，4，8，16	×
3	9	27	1，3，9，27	○
4	10	40	1，2，4，5，8，10，20，40	×
5	11	55	1，5，11，55	○
⋮	⋮	⋮	⋮	⋮

(3) ある整数を１つの約数で割ると，もう１つの約数が見つかるので，約数の個数はふつう偶数になる。これに対

し，約数の個数が奇数である整数は，ある約数で割ったときの商が，割った約数と同じ値になるので，１つの数を

２回かけた数(平方数という)である。Ⓐ＝1となる整数Ａは，中央に並ぶ２つの約数は連続する整数なので，平方

数になることはない。このため，積が2017をこえない，連続する２つの整数の組が何組あるかを調べれば，Ａの個

数がわかる。2017に近い平方数を探すと，$44×44＝1936$，$45×45＝2025$より，1936と2025が見つかる。$\overset{45×45}{44×45}＝$

$44×44＋44＝1980$であり，$45×46$は2025より大きくなるから，積が2017をこえない，連続する２つの整数の組は，

$1×2$，$2×3$，…，$44×45$の44組ある。よって，Ａの個数は44個である。

3 (1) 弟が家を出た時点で，兄は$60×5＝300$(m)進んでいる。弟は，兄に１分ごとに$80－60＝20$(m)の割合で近

づくから，兄に追いつくまでに$300÷20＝15$(分)かかる。よって，求める時刻は，7時5分＋15分＝7時20分

(2) (1)から，弟が忘れ物に気づいた時刻は，7時20分＋5分＝7時25分とわかる。したがって，弟が忘れ物に気

づいたのは，家から$60×25＝1500$(m)だから，弟が家に着いたのは，$1500÷100＝15$(分後)の7時40分である。

この時間で兄は$50×15＝750$(m)進むから，学校まで，あと$3000－(1500＋750)＝750$(m)のところにいる。

(3) (2)の解説をふまえる。弟が家に着いてから兄が学校に着くまでの時間は15分だから，兄が学校に着いた時刻

は，7時55分である。一方，弟は毎分300mで学校に向かうので，再び家を出た$3000÷300＝10$(分後)に学校に着

く。弟が学校に着く時刻が，兄が学校に着いた１分後の7時56分なので，弟が再び家を出た時刻は，7時46分で

ある。よって，弟が忘れ物を探していたのは，7時40分から7時46分までの6分間である。

4 (1) 図2から，入っている水の体積は，等しい2辺の長さが16cmの直角二等辺三角形を底面とする，高さが10cm
の三角柱の体積に等しいとわかる。よって，(16×16÷2)×10＝1280(cm³)

(2) 面Aを2つ使うと，右の図のような縦が16cmで横が20cmの長方形ができるから，
面Aの面積は，(16×20)÷2＝160(cm²)である。
よって，求める水面の高さは，1280÷160＝8(cm)

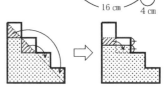

(3) 容器を図1のように置いたときも，面Aの水が触れている部分の面積は，
図2の模様が着いた部分の面積と同じである。このため，右の図のように模様
がついた部分の面積が変わらないように変形すると，求める水面の高さは，
4＋4＋4÷2＝10(cm)とわかる。

5 (1) 求める面積は，正六角形と，その内部にぴったり入る円の面積の差である。正六角形と，その内部にぴったり
入る円の面積の比は 1：$\frac{9}{10}$＝10：9 だから，この比の 10－9＝1 が，模様がついた部分の面積にあたる。つまり，
求める面積は，半径が6cmの円の面積の $\frac{1}{9}$倍の，(6×6×3.14)×$\frac{1}{9}$＝4×3.14＝12.56(cm²)

(2)① 円Aの直径が9×2＝18(cm)なので，正六角形の内部で円Aが
通過できない部分は，頂点の周りにある部分だけになることに気づき
たい(右の図ア，イ参照)。図イの太線部分を6つ使うと，右の図ウの
ように，円Aがぴったり入る正六角形になる。このため，求める面積
は，@半径18cmの円がぴったり入る正六角形の面積から，ⓑ図ウの色
をつけた部分の面積の合計を引いた値に等しい。(1)の解説をふまえる
と，@の面積は18×18×3.14×$\frac{10}{9}$＝360×3.14(cm²)となり，ⓑの面積
の合計は9×9×3.14×$\frac{1}{9}$＝9×3.14(cm²)となるから，求める面積は，
360×3.14－9×3.14＝351×3.14＝1102.14(cm²)

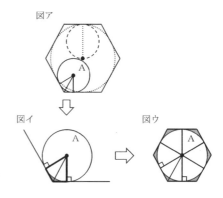

図ア

図イ　　　図ウ

② ①と同様に，半径18cmの円がぴったり入る正六角形の面積から，円Aが通過しな
い部分の面積を引いて，円Aが通過した部分を求める。このとき，正六角形の頂点の
周りの他に，円Aが通過する部分に囲まれて，円Aが通過しない部分(右の図エの色を
つけた部分)ができることに注意する。この部分は，円Aの直径が6×2＝12(cm)であ
ることから，半径が18－12＝6(cm)の円がぴったり入る正六角形となる(円Aの周上で
正六角形の辺から最も離れたところが，正六角形の辺から12cmだけ離れたところを通
過するため)。図エの色をつけた部分の面積は，(6×6×3.14)×$\frac{10}{9}$＝40×3.14(cm²)となる。残りの円Aが通過し
ない部分(頂点の周りの部分)の面積の合計は，(1)で求めた面積に等しく(4×3.14)cm²になるから，求める面積は，
360×3.14－40×3.14－4×3.14＝316×3.14＝992.24(cm²)

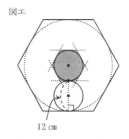

図エ

12 cm

━━━━━━━━━━━━━━━ 《解答例》 ━━━━━━━━━━━━━━━

1　(1)31　　(2)1003　　(3)200　　(4)12　　(5)$25\dfrac{5}{11}$　　(6)1　　(7)20　　(8)175.84

2　(1)8　　(2)24　　※(3)224，252

3　(1)180　　(2)1980　　(3)90

4　(1)84.78　　(2)108　　(3)178.44

5　(1)256　　(2)$13\dfrac{1}{3}$

　(3)結果…出ない

　　　根拠…図2において，容器の底面から8㎝より上側にある水の体積は256×4＝1024(㎤)である。2個目のおもりを入れると，容器の底面から8〜16㎝の部分には，(256－8×18)×8＝896(㎤)の水が移るから，2個目のおもりの上側に 1024－896＝128(㎤)の水が移るため，2個目のおもりは水面から出ない。

※の考え方は解説を参照してください。

━━━━━━━━━━━━━━━ 《解　説》 ━━━━━━━━━━━━━━━

1　(1)　与式＝$32-\left(6\times\dfrac{1}{2}-6\times\dfrac{1}{3}\right)=32-(3-2)=32-1=$**31**

(2)　1000÷17＝58 余り 14 より，1000 に近い 17 の倍数には，1000－14＝986 と，986＋17＝1003 がある。このうち，最も 1000 に近いのは**1003**である。

(3)　ジュース6本の値段はケーキ6個の値段より 70×6＝420(円)安いから，ケーキを6＋12＝18(個)買ったときの値段は3180＋420＝3600(円)である。よって，ケーキ1個の値段は，3600÷18＝**200(円)**

(4)　1〜6の整数の中から，積が 36 になる3つの数の選び方を調べると，1と6と6，2と3と6，3と3と4の3組が見つかる。3つのサイコロの目が1と6と6，または3と3と4になる出方は，1か4が出るサイコロを決めると，3通りずつとわかる。また，3つのサイコロの目が2と3と6になる出方は，3×2×1＝6(通り)ある。よって，求める目の出方は，全部で3×2＋6＝**12(通り)**ある。

(5)　1回目に 110 度の角ができたとき，大きい方の角は 360－110＝250(度)である。この角度が 250－110＝140(度)だけ小さくなったときが，2回目の 110 度の角をつくるときである。したがって，求める時間は，長針と短針の間の角度が 140 度小さくなるのにかかる時間である。

長針は1分で 360÷60＝6(度)回転し，短針は1分で 30÷60＝$\dfrac{1}{2}$(度)回転するから，求める時間は，140÷$\left(6-\dfrac{1}{2}\right)=\dfrac{280}{11}=$**$25\dfrac{5}{11}$(分)**である。

(6)　20160110を□とすると，20160109＝□－1，20160111＝□＋1 だから，与式＝□×□－(□－1)×(□＋1)
この計算を右の図で考えると，答えは色をつけた部分の面積の差にあたるから，
□×1－(□－1)×1＝□－(□－1)＝**1**

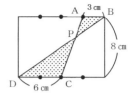

(7) 右の図のように作図すると，三角形ＰＡＢと三角形ＰＣＤが同じ形であり，
対応する辺の長さの比は１：２となる。このため，三角形ＰＡＢと三角形ＰＣＤの
底辺を，それぞれＡＢ，ＣＤとしたときの高さの比も１：２だから，三角形ＰＡＢ
の底辺をＡＢとしたときの高さは，$8×\dfrac{1}{1+2}=\dfrac{8}{3}$（cm）である。

また，三角形ＰＡＢと三角形ＰＣＤの面積の比は（１×１）：（２×２）＝１：４だから，模様がついた部分
の面積は，三角形ＰＡＢの面積の１＋４＝５（倍）に等しい。

よって，求める面積は，$\left(3×\dfrac{8}{3}÷2\right)×5=\textbf{20}$（cm²）

(8) 円すいの展開図では，側面のおうぎ形の曲線部分と底面の円の周の長さが等しいから，これらの半径の
長さの比は中心角の大きさ（円の中心角は360度と考える）の逆比に等しく，$\dfrac{1}{144}:\dfrac{1}{360}=5:2$となる。

したがって，側面のおうぎ形の半径が$14×\dfrac{5}{5+2}=10$（cm），底面の円の半径が$14-10=4$（cm）だから，
求める表面積は，$10×10×3.14×\dfrac{144}{360}+4×4×3.14=56×3.14=\textbf{175.84}$（cm²）

2 南北に伸びる道路上の交差点の番号に注目すると，一番南の道路上のｎ番の交差点から北へ伸びる道路上
には，ｎの倍数の番号の交差点が並んでいるとわかる。このため，南北に伸びる道路を，一番南の交差点の
番号を用いて，「ｎ番の道路」と表現する。

(1) Ⓐに入る番号は24であり，番号が24の交差点は，（24の約数）番の道路上にある。24の約数は１，２，
３，４，６，８，12，24の８個だから，24番の交差点は全部で**8個**ある。

(2) 106の約数は１，２，53，106だから，106番の交差点は４個ある。

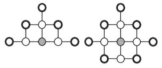

1番と106番の
道路上の交差点　　2番と53番の
　　　　　　　　　道路上の交差点

このうち，１番と106番の道路上にある交差点と，２番と53番の道路
上にある交差点は，そこから20ｍ歩いて到達できる交差点の数がそれ
ぞれ等しく，右の図のようになる（色をつけた交差点が106番の交差点
を表し，太線の交差点が20ｍ歩いて到達できる交差点を表す）。したが
って，１番と106番の道路上の交差点からは５個ずつ，２番と53番の道路上の交差点からは７個ずつの交
差点へ到達できるから，求める個数は，（５＋７）×２＝**24**（個）

(3) 選んだ交差点の番号は明らかに９以上
だから，１つの交差点から20ｍ歩いて到
達できる交差点は，(2)の解説の図の２種
類の他にもう１種類あり，それぞれ右の
図のように記号をおく。なお，色をつけ
た交差点は選んだ交差点を表し，太線の

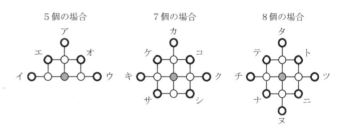

5個の場合　　　　　7個の場合　　　　　8個の場合

交差点は 20ｍ歩いて到達できる交差点を表す。図の下側が南でも西でも同じ計算結果になるので，ここで
は南と考える。20ｍ歩いて到達できる交差点が５個の場合，選んだ交差点の番号をｎとすると，ア，イ，
ウの番号はそれぞれ，ｎ×３，ｎ－２，ｎ＋２となる。また，エ，オの番号はそれぞれ，（ｎ－１）×２，
（ｎ＋１）×２となるから，これら５個の番号の和はｎの３＋１＋１＋２＋２＝９（倍）となる。2016÷９＝
224 より，この場合の選んだ交差点の番号は 224 である。

20ｍ歩いて到達できる交差点が７個の場合，選んだ交差点は南から２番目にあるから，その番号を２×ｎと
すると，カ～シの番号はそれぞれ，ｎ×４，（ｎ－２）×２，（ｎ＋２）×２，（ｎ－１）×３，（ｎ＋１）×３，
ｎ－１，ｎ＋１となる。このため，７個の番号の和はｎの４＋２＋２＋３＋３＋１＋１＝16（倍）となる。
つまり，選んだ交差点の番号の 16÷２＝８（倍）になるから，2016÷８＝252 より，この場合の選んだ交差

点の番号は **252** である。

20m歩いて到達できる交差点が8個の場合，タとチとツとヌ，テとトとナとニでできる正方形は，選んだ交差点が対角線の交わる点となる。このため，これらの番号の和は選んだ交差点の番号の4倍に等しくなる。したがって，8個の番号の和は，選んだ交差点の番号の4＋4＝8（倍）となり，この場合の選んだ交差点の番号も **252** である。

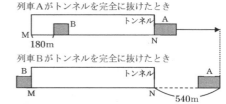

列車Aがトンネルを完全に抜けたとき
列車Bがトンネルを完全に抜けたとき

3 (1) 右の2つの時間の間で，列車Bが走った距離(きょり)は180＋120＝300（m）である。列車Aと列車Bの速さの比は6：5だから，列車Bが300m走る時間で，列車Aは $300 \times \dfrac{6}{5} = 360$（m）走るため，列車Aの長さは540－360＝**180**（m）である。

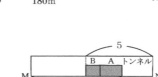

列車Aがトンネルを出始めたとき
列車Aがトンネルを完全に抜けたとき

(2) 右のように作図する。列車Aが180mを走る時間で列車Bは $180 \times \dfrac{5}{6} = 150$（m）走るから，列車Aがトンネルを出始めた時点で，列車Bの先頭は，トンネルの出口Mから180＋150＝330（m）手前にある。

したがって，列車Aがトンネルの長さ分だけ走ったとき，列車Aと列車Bの走った距離の比は6：5で，その差は330mだから，トンネルの長さは，$330 \times \dfrac{6}{6-1} = $**1980**（m）

(3) 2つの列車が完全にすれちがったときは，右のように作図できるから，列車Bが $41\dfrac{5}{11}$ 秒で走った距離は，$(1980+120+180) \times \dfrac{5}{6+5} = \dfrac{11400}{11}$（m）である。したがって，$\dfrac{11400}{11} \div 41\dfrac{5}{11} = 25$ より，列車Bの速さは，

秒速25m＝時速 $\left(\dfrac{3600 \times 25}{1000}\right)$km＝**時速 90 km**

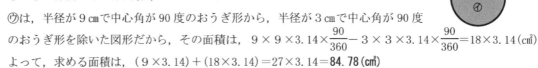

4 (1) 円Cが通過する部分は，右の図の色をつけた部分となる。この部分を，半円2つ（⑦と①）と残りの部分（⑨）に分けて，それぞれの面積を調べる。

⑦と①は，合わせると半径3cmの円になるから，その面積の和は，
$3 \times 3 \times 3.14 = 9 \times 3.14$（cm²）

⑨は，半径が9cmで中心角が90度のおうぎ形から，半径が3cmで中心角が90度のおうぎ形を除いた図形だから，その面積は，$9 \times 9 \times 3.14 \times \dfrac{90}{360} - 3 \times 3 \times 3.14 \times \dfrac{90}{360} = 18 \times 3.14$（cm²）

よって，求める面積は，$(9 \times 3.14) + (18 \times 3.14) = 27 \times 3.14 = $**84.78**（cm²）

なお，⑨は，6cmの直径が $6 \times 2 \times 3.14 \times \dfrac{90}{360} = 3 \times 3.14$（cm）移動してできた図形と考えれば，その面積は，$6 \times (3 \times 3.14) = 18 \times 3.14$（cm²）と求められる。

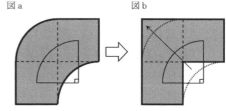

図a　　　図b

(2) 正方形ABCDが向きを変えずに動くから，2点A，Cが通る部分は，どちらも点Mが通る部分と同じ，半径が6cmで中心角が90度のおうぎ形の曲線部分となる。このため，正方形ABCDが通過する部分は右の図aの色をつけた部分となる。この部分は，右の図bのように一部を移動しても面積が変わらないから，求める面積は，1辺が6cmの正方形3個の面積の和に等しく，$(6 \times 6) \times 3 = $**108**（cm²）

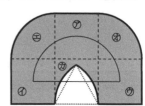

(3) (2)と同じように，正方形ABCDの各頂点の通る部分に注意して，正方形ABCDが通過する部分を作図すると，右の色をつけた部分のようになる。この部分を，正方形3つ（⑦と①と⑨）とおうぎ形2つ（①と①）と残りの部分（⑨）に分けて，それぞれの面積を調べる。

⑦と①と⑨は，1辺が6cmの正方形だから，面積の和は，⑵より，108cm²

①と⑦は，合わせると半径が6cmの半円になるから，その面積の和は，$6 \times 6 \times 3.14 \times \dfrac{1}{2} = 18 \times 3.14$ (cm²)

⑦の面積は，1辺が6cmの正方形と1辺が6cmの正三角形の面積の和から，半径が6cmで中心角が60度のおうぎ形2つの面積を引いた値に等しいから，

$6 \times 6 + 6 \times 5.2 \div 2 - (6 \times 6 \times 3.14 \times \dfrac{60}{360}) \times 2 = 51.6 - 12 \times 3.14$ (cm²)

よって，求める面積は，$108 + (18 \times 3.14) + (51.6 - 12 \times 3.14) = 159.6 + 6 \times 3.14 = \mathbf{178.44}$ (cm²)

[5] ⑴ 図1の水深は18－8＝10(cm)，図2の水深は8＋4＝12(cm)だから，おもりの高さ8cm分の体積が，容器の深さ 12－10＝2 (cm)分の体積になる。したがって，おもりと容器の底面積の比は，$\dfrac{1}{8} : \dfrac{1}{2} = 1 : 4$ である。おもりの底面積は8×8＝64(cm²)だから，容器の底面積は，64×4＝**256**(cm²)

⑵ 図3のようにおもりを追加すると，おもりの高さ4cm分の体積の水が，256－64＝192(cm²)の底面積の部分へ移動すると考える。このとき移動する水の体積は，64×4＝256(cm²)だから，この水が移動することで，水の深さは $256 \div 192 = \dfrac{4}{3} = 1\dfrac{1}{3}$ (cm)増える。よって，求める水面の高さは，$12 + 1\dfrac{1}{3} = \mathbf{13\dfrac{1}{3}}$ (cm)

平成 ㉗ 年度 解答例・解説

《解答例》

[1] (1)82500　(2)$\dfrac{11}{12}$　(3)6　(4)19　(5)16　(6)24　(7)114　(8)11.25

[2] (1)$5 \times 13 \times 31$　(2)7　(3)2682

[3] (1)0.5　(2)6，20　(3)5，40

[4] (1)28.5　(2)50　(3)216

[5] (1)40　(2)50　(3)76

《解 説》

[1] (1)　与式＝(123－48)×1100＝75×1100＝**82500**

(2)　与式より，$\dfrac{14}{3} \div (\square + \dfrac{7}{4}) = \dfrac{3}{4} + 1$　　$\square + \dfrac{7}{4} = \dfrac{14}{3} \div \dfrac{7}{4}$　　$\square + \dfrac{7}{4} = \dfrac{8}{3}$　　$\square = \dfrac{8}{3} - \dfrac{7}{4} = \dfrac{32}{12} - \dfrac{21}{12} = \dfrac{11}{12}$

(3)　上りの速さは時速(15－5)km＝時速10km，下りの速さは時速(15＋5)km＝時速20kmだから，

求める時間は，40÷10＋40÷20＝**6** (時間)

(4)　この数列は，最初の11から6ずつ大きくなっている。

(119－11)÷6＝18 より，119は 1＋18＝**19**(番目)の数である。

(5)　300個全部成功したとすると 200×300＝60000(円)もらえ，実際よりも 60000－55680＝4320(円)高い。

300個のうち1個を失敗すると，もらえる金額は 200＋70＝270(円)下がる。

よって，失敗した個数は，4320÷270＝**16**(個)

(6)　10円玉3枚と50円玉1枚を1セットとすると，640÷(10×3＋50×1)＝8 (セット)あるとわかる。

よって，10円玉の枚数は，3×8＝**24**(枚)

(7)　右図のように記号をおく。

正三角形，正方形，正五角形の1つの内角の大きさはそれぞれ，

60度，90度，180×(5－2)÷5＝108(度)である。

したがって，角CAD＝90－60＝30(度)

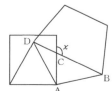

三角形ＡＢＤはＡＢ＝ＡＤの二等辺三角形だから，角ＡＤＢ＝（180－108）÷2＝36（度）

三角形ＡＣＤの内角の和より，角ＡＣＤ＝180－30－36＝114（度）

対頂角は等しいから，角x＝**114度**

(8) 水の深さの比は底面積の逆比に等しく，アとイの底面積の比は（3×3×3.14）：（4×4×3.14）＝9：16だから，水の深さの比は16：9になる。よって，イの水の深さは$20×\dfrac{9}{16}$＝**11.25（cm）** になる。

[2] (2) 月と日の積の最大は12×31＝372であり，2015の約数のうち372以下の数は，1，5，13，31，5×13＝65，5×31＝155である。5，13，31は素数だから，条件にあう日は，1，5，13，31のうち2数を組み合わせてできる日と，1月1日である。したがって，1月1日，1月5日，1月13日，1月31日，5月1日，5月13日，5月31日の**7日**ある。

(3) 365以下の2015の約数は1，5，13，31，65，155だから，分母がこれらの数である分数の和を求めればよい。$\dfrac{2015}{1}+\dfrac{2015}{5}+\dfrac{2015}{13}+\dfrac{2015}{31}+\dfrac{2015}{65}+\dfrac{2015}{155}$＝2015＋403＋155＋65＋31＋13＝**2682**

[3] (1) 短針は1時間で360÷12＝30（度）進むから，1分間で30÷60＝**0.5（度）** 進む。

(2) となりあった2つの目盛りの間の角度は30度だから，このとき短針はある目盛りから70－30×2＝10（度）進んだ位置にある。短針がちょうど目盛りのところをさすのは〇時0分のときであり，

短針が10度進むのに10÷0.5＝20（分）かかるから，このときの時刻は〇時20分である。

したがって，長針は時計の数字の4をさしているから，短針は6と7の間にあることになり，このときの時刻は**6時20分**となる。

(3) (2)より，真上の目盛りが6，真下の目盛りが12とわかる。普通の時計と同じ向きにするため，180度回転させて考える。時計が鏡に写ると，2つの針は，6と12の目盛りを結んだ直線について対称の位置に移動したように見える。

鏡の中の長針が20分の位置をさしているように見えるので，実際の長針は40分の位置をさしており，実際の短針は長針の70度うしろの位置の，5と6の目盛りの間にある。よって，このときの時刻は**5時40分**である。

← 鏡に写った針の位置

←-- 実際の針の位置

[4] (1) 点Ｐは曲線ＡＢの真ん中の点だから，右のように作図すると，

三角形ＯＢＰは直角二等辺三角形となる。

求める面積は，おうぎ形ＯＢＰの面積と三角形ＯＢＰの面積の差に等しく，

$10×10×3.14×\dfrac{90}{360}-10×10÷2$＝25×3.14－50＝**28.5（cm²）**

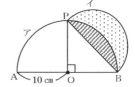

(2) 半円イの半径はＢＰ$×\dfrac{1}{2}$だから，まず（ＢＰ$×\dfrac{1}{2}$）×（ＢＰ$×\dfrac{1}{2}$）の値を調べる。

(1)の解説の図の三角形ＯＢＰを2つ組み合わせてできる正方形の面積は10×10＝100（cm²）であり，

ＢＰの長さはその正方形の対角線の長さと等しいから，ＢＰ×ＢＰ÷2＝100より，ＢＰ×ＢＰ＝200である。

したがって，（ＢＰ$×\dfrac{1}{2}$）×（ＢＰ$×\dfrac{1}{2}$）＝ＢＰ×ＢＰ$×\dfrac{1}{4}$＝50である。

求める面積は，半円イの面積と▨部分の面積の差に等しく，

（ＢＰ$×\dfrac{1}{2}$）×（ＢＰ$×\dfrac{1}{2}$）×3.14÷2－28.5＝50×3.14÷2－28.5＝**50（cm²）**

(3) 右図のように補助線を引き，記号をおく（点Ｓ，ＴはそれぞれＢＰ，ＢＱの真ん中の点である）。太線で囲んだ部分は白い部分に移動して考える。

三角形ＳＢＱと三角形ＴＢＲは直角二等辺三角形であり，

四角形ＯＢＱＰは1辺の長さが10cmの正方形とわかる。

(1)・(2)より，▨部分の面積は三角形ＳＢＱの面積に等しく，▨部分の面積は三角形ＴＢＲの面積に等

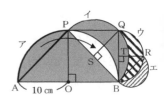

しいから，求める面積は，三角形ＡＢＰ，半円イ，三角形ＳＢＱ，三角形ＴＢＲの面積の和に等しい。

三角形ＡＢＰの面積は，（10×2）×10÷2＝100（㎠）

半円イの面積は，⑵の解説より，50×3.14÷2＝78.5（㎠）

三角形ＳＢＱの面積は，正方形ＯＢＱＰの面積の$\frac{1}{4}$の，100×$\frac{1}{4}$＝25（㎠）

ＢＱ＝10㎝より，ＴＢ＝ＴＲ＝10÷2＝5（㎝）だから，三角形ＴＢＲの面積は，5×5÷2＝12.5（㎠）

よって，求める面積は，100＋78.5＋25＋12.5＝**216**（㎠）

5 積み上げた図1の立体を下から順に，1段目，2段目，3段目，4段目とする。

⑴ 1〜4段目それぞれで，1，2，3，4の小さい立方体を1個ずつ切るから，（1＋2＋3＋4）×4＝**40**

⑵ 1〜4段目それぞれの上の面と下の面にできる切り口の線を考える。

上の面にできる線を／，下の面にできる線を／ で表すと下図のようになり，切られた小さい立方体は
色をつけた立方体とわかる。

よって，求める値は，1×1＋2×（2＋1）＋3×（2＋2＋1）＋4×（2＋2＋2＋1）＝**50**

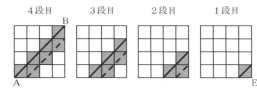

⑶ ⑵と同様に各段の切り口の線を考える。

大きな立方体の側面の切り口の線は右図のようになることから，

1〜3段目の切り口の線は下図のようにかける。

各段にできる切り口の線の規則性から，4段目の線は，

3段目の図を180度回転させて／と／を入れかえたようになる。

したがって，切られた小さな立方体は，下図の色をつけた立方体とわかる。よって，求める値は，

1×（3＋1）＋2×（3＋2＋1）＋3×（2＋3＋2＋1）＋4×（1＋3＋3＋2）＝**76**

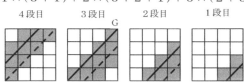

平成 **26** 年度 **解答例・解説**

═══════════════ 《解答例》 ═══════════════

1 (1)$\frac{5}{6}$ (2)30499 (3)45 (4)57.6 (5)4 (6)4$\frac{3}{8}$

2 (1)606，660 (2)111，444 (3)660

3 (1)8 (2)44 (3)52

4 (1)3：2 (2)1：4 (3)9：50

5 (1)3140 (2)1570 (3)1570

1 (1) 与式＝ $7-\left(4\dfrac{5}{6}+\dfrac{14}{3}\times\dfrac{2}{7}\right)=7-\left(4\dfrac{5}{6}+\dfrac{4}{3}\right)=7-\left(4\dfrac{5}{6}+1\dfrac{2}{6}\right)=7-6\dfrac{1}{6}=\dfrac{5}{6}$

(2) 百の位で四捨五入すると 30000 になる整数は，29500 以上 **30499** 以下の整数である。

(3) 3つの角の大きさの比の数の和が 180 度にあたるから，最も小さい角の大きさは，$180\times\dfrac{6}{6+7+11}=$ **45(度)**

(4) 男女全員の合計点は $62.8\times(65+35)=6280$（点）で，男子全員の合計点は $65.6\times65=4264$（点）だから，女子全員の合計点は $6280-4264=2016$（点）で，女子の平均点は $2016\div35=$ **57.6(点)** である。

(5) 15 と 10 の最小公倍数は 30 だから，すべての仕事の量を㉚とすると，1 日にする仕事の量は，太郎君が㉚÷15＝②，花子さんが㉚÷10＝③と表せる。2 人が一緒にした仕事の量は㉚－②×5＝⑳だから，その日数は⑳÷（②＋③）＝4（日）とわかる。よって，花子さんが仕事をした日数は **4 日** である。

(6) 直方体Aの表面積は，$(6\times8)\times2+5\times\{(6+8)\times2\}=236$（cm²）

直方体Bの底面を縦 12 cm，横 4 cm の長方形と考えると，その表面積は

$(12\times4)\times2+\square\times\{(12+4)\times2\}=96+\square\times32$（cm²）と表せる。

2 つの直方体の表面積が等しいことから，$96+\square\times32=236$ より，$\square=(236-96)\div32=\dfrac{35}{8}=$ **$4\dfrac{3}{8}$**

2 ①～④から，配られたカードの組み合わせは次のように考えられる。

A君：１，２，４，６のうち 1 種類のカードが 3 枚

B君：⓪が 1 枚と，１，２，４，６のうち 1 種類のカードが 2 枚

C君：⓪が 1 枚と，１，２，４，６のうち 2 種類のカードが 1 枚ずつ

D君：１，２，４，６のうち 3 種類のカードが 1 枚ずつ

(1) B君に配られたカードの中に６のカードがふくまれるということは，B君に配られたカードは⓪，６，６の 3 枚ということである。したがって，B君がつくることのできる整数は **606** と **660** となる。

(2) 3 の倍数は各位の数の和が 3 の倍数になるから，和が 3 の倍数になるようにB君とC君の配られたカードの数字を考えると，B君に配られたカードは⓪，６，６となり，C君に配られたカードは⓪，１，２か⓪，２，４となる。C君に配られたカードが⓪，１，２だとA君に配られたカードは４のカードが 3 枚とわかり，C君に配られたカードが⓪，２，４だとA君に配られたカードは１のカードが 3 枚とわかるから，A君がつくった整数は **111** と **444** が考えられる。

(3) 4 の倍数は下 2 けたが 4 で割り切れる数であり，15 の倍数は 3 の倍数の性質と 5 の倍数の性質（一の位の数が 5 か 0）の両方をもつ数である。これらのことから，A君，C君の順に配られたカードを見つけることができる。

A君がつくったと考えられる整数は，111，222，444，666 の 4 つであり，このうち 4 の倍数であるのは 444 だけだから，A君がつくった整数は 444 であり，他の 3 人には４のカードが配られていないことがわかる。したがって，D君に配られたカードは１，２，６となる。

また，C君がつくった整数は，各位の数の和が 3 の倍数で，一の位の数が 0 の数だから，C君に配られたカードは⓪，１，２となる。

残りのカードは⓪が 2 枚，１と２が 1 枚ずつ，６が 2 枚だから，B君に配られたカードは⓪，６，６となる。B君がつくった整数は 4 の倍数だから，その数は **660** となる。

3 (1) 小円の周の長さは $(20\times2\times3.14)$ cm だから，点Pが 1 周するのにかかる時間は

$(20\times2\times3.14)\div15.7=$ **8(秒)** である。

(2) Pが小円を 1 周するまでの間に，Oから見てPとQが 1 回だけ重なって見える。したがって，Oから見

て6回目にPとQが重なって見えるのは，Pが小円を5周し終えてから6周目を終えるまでの間である。

これは直線OC上で起こるから，Pが小円を5周半回ったときとわかり，求める時間は8×5.5＝**44(秒)**と

なる。

(3) 直線OPとOQがそれぞれOを中心として回転した角度の差に注目すれば，Qが出発してから4回目に

Pと重なって見えるまでに移動した長さと，そのあと直線OC上にくるまでに移動した長さの比がわかる。

Oから見てPとQが初めて重なったのは，直線OPとOQがOを中心として回転した角度の差が90度に

なったときであり，このあと回転した角度の差が360度になるごとにPとQが重なって見える。このこと

から，初めて重なって見えるまでにQが移動した長さを①とすると，一度重なって見えてから再び重なっ

て見えるまでに，Qが移動した長さは①×$\frac{360}{90}$＝④と表せる。したがって，Qが出発してから4回目にPと

重なって見えるまでに移動した長さと，そのあとQが直線OC上にくるまでに移動した長さの比は

（①＋④＋④＋④）：（④＋④）＝13：8となる。

QとRは速さが等しいから，右図の曲線CRと曲線SQの長さの比は

13：8であり，おうぎ形ORCとOQSに注目すれば，これらは中心

角が等しいため，半径の比は曲線の長さの比に等しく13：8となる。

よって，大円の半径は，32×$\frac{13}{8}$＝**52(cm)**となる。

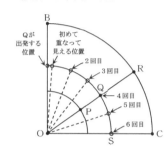

4 (1) 合同な三角形や，大きさの異なる同じ形の三角形の対応する辺の長

さの比が等しいことを利用する。

ならべた正方形の1辺の長さを②とすると，2つの直角三角形JQGとCQBは合同だから，

JQ＝CQ＝JC×$\frac{1}{2}$＝①と表せる。

また，IQ＝IJ＋JQ＝②＋①＝③より，2つの三角形IQPとDGPにおいて，

IP：DP＝IQ：DG＝③：②＝3：2

よって，求める長さの比は，IP：PD＝**3：2**

(2) (1)より，2つの三角形DGPとIQPにおいて，GP：QP＝DP：IP＝2：3であり，BQ＝GQ

だから，GP：QP：BQ＝2：3：(2＋3)＝2：3：5　よって，GP：PB＝2：(3＋5)＝**1：4**

(3) 高さの等しい三角形の面積の比は，底辺の長さの比に等しいことを利用する。

RとBを結ぶと(2)より，PQ：QB＝3：5だから，2つの三角形RQPとRBQの面積の比は，

PQ：QB＝3：5

三角形RQPの面積を③とすれば，三角形RBQの面積は⑤である。

また，FPとDGとが交わる点をTとすれば，2つの三角形RQPとTGPにおいて，

QR：GT＝QP：GP＝3：2だから，QR＝❸とすれば，GT＝❷

3つの三角形ASF，JRF，GTFにおいて，AS：JR：GT＝3：2：1だから，

AS＝GT×3＝❻，JR＝GT×2＝❹

したがって，2つの三角形JSRとRBQの面積の比はJR：RQ＝❹：❸だから，三角形JSRの面積

は，⑤×$\frac{4}{3}$＝$\boxed{\frac{20}{3}}$

2つの三角形SJAとJSRの面積の比はAS：JR＝3：2だから，三角形SJAの面積は，$\boxed{\frac{20}{3}}$×$\frac{3}{2}$＝$\boxed{10}$

よって，求める面積の比は，③：$\left(\boxed{\frac{20}{3}}＋\boxed{10}\right)$＝③：$\boxed{\frac{50}{3}}$＝**9：50**

5 　リングが床と平行の状態で動ける部分は，リングが内側の物体と接しながら動くから，円，または円の一部になる。この図形を上下に動かしてできる立体を考えればよく，そのために床や板にリングが接しているときに動ける範囲の図形や切断面を調べる。

(1) リングを動かすことができる部分は，右図のような円柱である。

　　よって，求める体積は，$10×10×3.14×10＝3140 (cm^3)$

(2) リングを動かすことができる部分は，右図のような円すい台(円すいを底面に平行な平面で切断した下側の立体)から，円すいを除いた立体である。リングの内側にある円すいの底面の中心を通り床に垂直な平面で切ったときの切断面を考えると右下のようになり，大きさの異なる同じ形の直角三角形に注目すると，リングを動かすことができる部分は，底面の半径が10cmで高さが20cmの円すいから，底面の半径が5cmで高さが10cmの円すい2個を除いた立体とわかる。よって，求める体積は，

$$10×10×3.14×20×\frac{1}{3}－(5×5×3.14×10×\frac{1}{3})×2$$
$$＝(100－25)×3.14×20×\frac{1}{3}＝1570 (cm^3)$$

(3) リングの内側にある物体が三角柱だから，リングを動かすことができる部分は高さが10cmの柱体となる。その底面を考えるため，リングが床に接しているときに動かせる部分を調べると下図の模様のついた部分とわかる。この図で模様のついた部分のうち，㋐と㋑を1つずつ合わせると半径が10cmで中心角の大きさが60度のおうぎ形となるから，体積を求める立体の底面積は，$(10×10×3.14×\frac{60}{360})×3＝157 (cm^2)$よって，求める体積は，$157×10＝1570 (cm^3)$

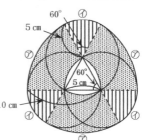

平成 25 年度 解答例・解説

――――――――――《解答例》――――――――――

1 (1)$1\frac{1}{2}$　(2)15　(3)3840　(4)14　(5)76　(6)1207.8

2 (1)3，5，8，10　(2)1　(3)403

3 (1)12　(2)15　(3)240

4 (1)100　(2)6　(3)$12\frac{2}{3}$

5 (1)3150　(2)1575　(3)1125，2025

================== 《解　説》 ==================

1 (1) 与式＝$\frac{12}{5}×\frac{3}{4}-\frac{3}{4}×\frac{2}{5}=\frac{3}{4}×(\frac{12}{5}-\frac{2}{5})=\frac{3}{4}×2=\frac{3}{2}=1\frac{1}{2}$

(2) 6人をA，B，C，D，E，Fとすると，2人の算数係の組み合わせは，

(AとB)(AとC)(AとD)(AとE)(AとF)(BとC)(BとD)(BとE)(BとF)(CとD)(CとE)

(CとF)(DとE)(DとF)(EとF)の5＋4＋3＋2＋1＝**15(通り)** がある。

(3) 2人の所持金の合計にあたる比の和が4＋1＝5と，5＋3＝8であり，2人の所持金の合計は兄が弟

に840円をあげる前後で変わっていないから，5と8の最小公倍数は40より，2人の所持金の合計を㊵円

とする。兄の所持金は，弟に840円をあげる前が㊵×$\frac{4}{5}$＝㉜(円)，あげた後が㊵×$\frac{5}{8}$＝㉕(円)となるから，

㉜－㉕＝⑦(円)が840円にあたる。①＝840÷7＝120(円)より，兄のはじめの所持金は，120×32＝

3840(円)

(4) 2分7秒＝127秒より，この列車は，1664－222＝1442(m)を進むのに127－24＝103(秒)かかるとわかる。

1442÷103＝14より，この列車の速さは**秒速14m**となる。

(5) 右図のように記号をおく。

ℓとmは平行だから，平行線の錯角は等しく，角DAC＝角ECA＝73度

角BAC＝角DAC－角DAB＝28(度)

三角形ABCはAB＝ACの二等辺三角形だから，*x*＝(180－28)÷2＝**76(度)**

(6) この立体の底面は，右図より，1辺が3＋3＝6(cm)の正方形と，半径が3cm

で中心角の大きさが360－90＝270(度)のおうぎ形4個を合わせた図形となる。

底面積は6×6＋3×3×3.14×$\frac{270}{360}$×4＝120.78(cm²)だから，この立体の体積

は，120.78×10＝**1207.8(cm³)**

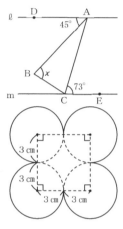

2 (1) おはじきをかごに入れる人を順に調べていく。

1番$\overset{①}{→}$2番$\overset{②}{→}$4番$\overset{③}{→}$7番$\overset{④}{→}$1番$\overset{⑤}{→}$6番$\overset{⑥}{→}$2番$\overset{⑦}{→}$9番$\overset{⑧}{→}$7番$\overset{⑨}{→}$6番$\overset{⑩}{→}$6番$\overset{⑪}{→}$

7番$\overset{⑫}{→}$9番$\overset{⑬}{→}$2番$\overset{⑭}{→}$6番$\overset{⑮}{→}$1番$\overset{⑯}{→}$7番$\overset{⑰}{→}$4番$\overset{⑱}{→}$2番$\overset{⑲}{→}$1番$\overset{⑳}{→}$1番$\overset{㉑}{→}$2番→…

矢印の上の○番号は，そのときにかごをまわした数にあたり，かごの中に入っているおはじきの個数に等し

い。21回目以降のかごのまわし方には，1～20回までのかごのまわし方が周期的に現れるから，ゲーム

が終わるまでかごにおはじきを入れなかったのは，**3番，5番，8番，10番**の席に座っていた人とわかる。

(2) (1)より，21個目のおはじきを入れたのは，**1番**の席に座っていた人。

(3) 2013÷20＝100余り13より，2013個目のおはじきを入れるのは，13個目のおはじきを入れる人と同じで，9

番の席に座っていた人である。1つの周期の中で，1番，2番，6番，7番の席に座っていた人は4回ずつ，

4番，9番の席に座っていた人は2回ずつおはじきを入れる。2001～2013回で1番，2番の席に座っていた人

は2回ずつ，6番，7番の席に座っていた人は3回ずつおはじきを入れるから，ゲームが終わるまでの間にお

はじきを最も多く入れたのは6番と7番の席に座っていた人であり，その個数は，4×100＋3＝**403(個)**

3 (1) Aにできた3％の食塩水は300＋100＝400(g)だから，含まれる食塩の量は400×$\frac{3}{100}$＝12(g)である。

つまり，はじめのBに入っていた食塩水には，100gの中に食塩が12g含まれていたから，その濃さは

$\frac{12}{100}$×100＝**12(%)**とわかる。

(2) 同じ濃さの食塩水に含まれる食塩の量の比は，食塩水の重さの比に等しいから，はじめにCに入ってい

た食塩水に含まれていた食塩の量を⑥gとすると，ここから取り出した100gの食塩水に含まれていた食

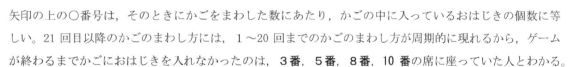

塩の量は①g，残った食塩水に含まれていた食塩の量は⑥−①＝⑤（g）と表せる。また，はじめにBに入っていた $600-100=500$（g）の食塩水に含まれていた食塩の量は $500×\dfrac{12}{100}=60$（g）である。

以上のことから，Bにできた $500+100=600$（g）の食塩水に含まれる食塩の量は（60＋①）g，Cにできた $600-100+100=600$（g）の食塩水に含まれる食塩の量は⑤gであり，これらの食塩水の濃さは等しい。

重さと濃さが等しいことから，これらの食塩水に含まれる食塩の量も等しく，⑤−①＝④が 60 g にあたるとわかる。①＝60÷4＝15（g）より，はじめのCに入っていた食塩水は，$15×6=90$（g）の食塩を含んだ 600 g の食塩水だから，その濃さは，$\dfrac{90}{600}×100=15$（**%**）

(3) この操作を行う前のBにできていた食塩水は，(2)より，$60+15=75$（g）の食塩を含んだ 600 g の食塩水であり，その濃さは$\dfrac{75}{600}×100=12.5$（%）である。

この操作でできた2つの食塩水を混ぜ合わせても濃さは変わらないから，この2つの食塩水の濃さは，Aにできていた食塩水とBにできていた食塩水を混ぜ合わせてできる食塩水の濃さに等しい。

また，混ぜ合わせる2つの食塩水の重さの割合が一定であれば，できる食塩水の濃さは同じになることから，最後にできた食塩水の濃さは，3％の食塩水と 12.5％の食塩水を $400:600=2:3$ の割合で混ぜ合わせてできる食塩水の濃さに等しい。このことから，Aでは，できた食塩水の重さ 400 g が比の $2+3=5$ にあたるから，Bから移した食塩水の重さは，$400×\dfrac{3}{5}=240$（**g**）

4 (1) 2つの三角形PBQとRDSは，3つの辺がそれぞれ平行だから，大きさの異なる同じ形の直角三角形であり，対応する辺の長さの比は，$PQ:RS=PB:RD=6:10=3:5$

2つの三角形PQSとSQRは，PQとSRが平行だから，これらをそれぞれの底辺としたときの高さが等しく，面積の比は底辺の長さの比に等しい。これらの面積の和は160cm²だから，三角形SQRの面積は，$160×\dfrac{5}{3+5}=100$（**cm²**）

(2) (1)より，$BQ:DS=PQ:RS=3:5$

BQの長さを③cmとすると，SDの長さは⑤cmとなり，$AD=(10+⑤)$cm，$BC=(12.4+③)$cm と表せる。四角形ABCDは長方形だから，$AD=BC$より，⑤−③＝②が $12.4-10=2.4$（cm）にあたる。

①＝2.4÷2＝1.2（cm）より，$SD=1.2×5=6$（**cm**）

(3) (2)より，直角三角形RDSの面積は，$6×10÷2=30$（cm²）

四角形QRDSの面積は，2つの三角形SQRとRDSの面積の和に等しく，$100+30=130$（cm²）

また，QとDを結んでできる三角形QRDの面積は $10×12.4÷2=62$（cm²）だから，三角形QDSの面積は，$130-62=68$（cm²）

三角形QDSの底辺をSDとしたときの高さはCDにあたるから，CDの長さは，$68×2÷6=\dfrac{68}{3}=22\dfrac{2}{3}$（cm）

よって，求める長さは，$CR=CD-RD=12\dfrac{2}{3}$（**cm**）

5 (1) 図から，$DC=AB=10$ cm，$EF=HG=18$ cm とわかる。

この容器を2つ用意して面ADHEで重ねると，1辺が 15 cm の正方形を底面とする，高さが $10+18=28$（cm）の直方体を作ることができる。

このことから，この容器の容積は，$(15×15×28)÷2=3150$（**cm³**）

(2) 面EFGHを下にしたときの水の深さと，面ABCDを下にしたときの水面から面EFGHまでの高さが等しいから，入っている水の体積と，水が入っていない部分の容積が等しいとわかる。つまり，入っている水の体積は容器の容積の半分に等しく，$3150÷2=1575$（**cm³**）

(3) 考えられる水の体積は，点Cが3点B，D，Hよりも下側になるようにかたむけたときの体積と，点A
が3点B，D，Hよりも下側になるようにかたむけたときの体積である。

平行な面の水面の線は，平行に現れるから，3点B，D，Hを通る水面
は，辺EFの右図のPの位置を通る。

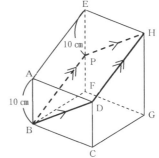

2つの三角形ABDとEPHが合同な直角三角形であり，平行であるこ
とから，三角柱ABD‐EPHの体積は，直角に交わる2辺の長さが10
cmと15cmである直角三角形を底面とする，高さが15cmの三角柱の体積
に等しく，10×15÷2×15＝1125(cm³)

これは，点Aが3点B，D，Hよりも下側になるようにかたむけたときの水の体積にあたり，点Cが3点
B，D，Hよりも下側になるようにかたむけたときの水の体積は，3150－1125＝2025(cm³)である。

よって，解答は，**1125** と **2025** となる。

平成24年度 解答例・解説

=== 《解答例》 ===

1 (1)81   (2)ア．18 イ．15   (3)25   (4)84   (5)70   (6)6

2 (1)23   (2)24   (3)27

3 (1)50   (2)150   (3)1700

4 (1)471   (2)12   (3)31.4

5 (1)36   (2)ウ，カ，ク   (3)4：5

=== 《解　説》 ===

1 (1) 635＋□×17＝2012 □×17＝2012－635 □＝1377÷17＝**81**

(2) 1時間13分＝73分 73÷4＝18$\frac{1}{4}$(分) $\frac{1}{4}$×60＝15(秒)より，アは**18**，イは**15**

(3) 約数が3つしかない整数は，同じ素数を2個かけあわせてできる整数である。小さい方から数えて1番
目の整数は2×2＝4，2番目の整数は3×3＝9，そして，3番目の整数は5×5＝**25**

(4) へいの高さは子どもの身長の1－$\frac{1}{3}$＝$\frac{2}{3}$で，大人の身長の1－$\frac{1}{2}$＝$\frac{1}{2}$である。大人の身長と子どもの身
長の比は（1÷$\frac{1}{2}$）：（1÷$\frac{2}{3}$）＝2：$\frac{3}{2}$＝4：3 この比の差である4－3＝1が42(cm)にあたるから，大
人の身長は4×42＝168(cm)で，求めるへいの高さは168×$\frac{1}{2}$＝**84(cm)**

(5) 求める面積は平行四辺形ABCDの面積の半分である。14×10÷2＝**70(cm²)**

(6) 三角形ABDと三角形BCDの面積の比は，ADの長さとBCの長さの比だから，1：2
三角形BCDの面積は27×$\frac{2}{1＋2}$＝18(cm²)
三角形AODと三角形COBは大きさの異なる同じ形の三角形だから，DO：BO＝AD：CB＝1：2
三角形CODの面積は18×$\frac{1}{1＋2}$＝**6(cm²)**

2　(1)　E君はD君より4個少なく，F君はD君より4＋6＝10(個)少ないので，D君のおはじきの個数は

$(55＋4＋10)÷3＝$**23(個)**

(2)　C君は24個，B君は25個，A君は26個とすると，A君とB君とC君のおはじきの合計は24＋25＋26＝75(個)で，実際よりも1個足りないので，C君，B君，A君のうちいずれか1人のおはじきを1個増やして合計を76個になるようにすることを考える。C君のおはじきを増やすとC君とB君が同じ個数になり，B君のおはじきを増やすとB君とA君が同じ個数になってしまう。よって，A君のおはじきを1個増やすことを考えればよいので，C君のおはじきの個数は**24個**。

(3)　(2)より，26＋1＝**27(個)**

3　(1)　稲子さんが自転車をおりたのは，早太君が家を出発してから12＋9＝21(分後)　このときの2人の間の距離は300m。また，稲子さんが早太君に追いつくのは，早太君が家を出発してから18分後。この距離を早太君が移動するのにかかった時間と稲子さんが移動するのにかかった時間の比は18：(18－12)＝18：6＝3：1より，早太君の歩く速さと稲子さんの自転車をこぐ速さの比は1：3　稲子さんが早太君に追いついてから21－18＝3(分後)，2人の間の距離が300mになったので，この1：3の比1あたりは

$300÷\{(3－1)×3\}＝300÷6＝50$　したがって，早太君の歩く速さは1×50＝50より，**分速50m**。

(2)　(1)から3×50＝150より，**分速150m**。

(3)　稲子さんが駅に着いたとき，早太君は駅まであと50×8＝400(m)の地点にいる。稲子さんが自転車をおりてから駅に着くまでの時間は，(400－300)÷(70－50)＝100÷20＝5(分)　家から駅までの距離は

$150×9＋70×5＝$**1700(m)**

4　(1)　$\dfrac{60°}{360°}＝\dfrac{1}{6}$　$30×30×3.14×\dfrac{1}{6}＝$**471(cm²)**

(2)　正五角形の1つの角の大きさは(5－2)×180÷5＝108(°)

角ア＝60×2－108＝**12(°)**

(3)　$\dfrac{12°}{360°}＝\dfrac{1}{30}$　$30×2×3.14×\dfrac{1}{30}×5＝$**31.4(cm)**

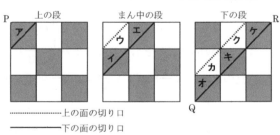

5　(1)　底面は，等しい2つの辺が6cmの直角二等辺三角形，高さが6cmの三角すいだから，$6×6÷2×6×\dfrac{1}{3}＝$**36(cm³)**

(2)　右の図より白い部分は**ウ，カ，ク**

(3)　下の段の赤い立体の部分の体積は$2×2×2×1＋2×2÷2×2×\dfrac{1}{3}×3＝8＋4＝12$(cm³)

下の段の白い立体の部分の体積は$(2×2×2－2×2÷2×2×\dfrac{1}{3})×2＝(8－\dfrac{4}{3})×2＝\dfrac{20}{3}×2＝\dfrac{40}{3}$(cm³)

まん中の段の赤い立体の部分の体積は$2×2÷2×2×\dfrac{1}{3}×2＝\dfrac{4}{3}×2＝\dfrac{8}{3}$(cm³)

まん中の段の白い立体の部分の体積は$2×2×2－2×2÷2×2×\dfrac{1}{3}＝8－\dfrac{4}{3}＝\dfrac{20}{3}$(cm³)

上の段の赤い立体の部分の体積は $2 \times 2 \div 2 \times 2 \times \dfrac{1}{3} = \dfrac{4}{3}$（cm³）

立体Aの，赤い立体の部分と白い立体の部分の体積の比は，$\left(12 + \dfrac{8}{3} + \dfrac{4}{3}\right) : \left(\dfrac{40}{3} + \dfrac{20}{3}\right) = 16 : 20 =$ **4：5**

理　科

═══ 《解答例》 ═══

1　問1．(1)5　(2)イ，ウ，カ　(3)D　　問2．(1)60　(2)90　(3)137

2　問1．5→3→1→6→4→2　問2．ウ　問3．イ　問4．イ　問5．ア　問6．葉緑体
　問7．でんぷん

3　問1．ウ　問2．(1)ぎょう固　(2)ぎょう固点　(3)ア　　問3．145　問4．ウ

4　問1．図1…8　図2…6　図3…1　問2．ア　問3．ウ　問4．オ

═══ 《解　説》 ═══

1　**問1(1)**　支点の左右で棒を回転させるはたらき〔おもりの重さ×支点からおもりをつるした点までの距離〕が等しくなれば，棒は水平につり合う。おもりの重さをおもりの数で考えて，Aにつるしたおもり2個が棒を反時計回りに回転させるはたらきは2（個）×50（㎝）＝100　なので，Gにつるすおもりを　100÷20（㎝）＝5（個）にすればよい。
(2)　図3の状態での棒を回転させるはたらきを求める。棒の重さは　100ｇ　なので，Oにおもり1個がつるされていると考えればよい。棒を反時計回りに回転させるはたらきは（2×60）＋（1×10）＝130，棒を時計回りに回転させるはたらきは（1×10）＋（1×30）＝40　で，時計回りの方が　130－40＝90　小さい。したがって，ア～カの中で，棒を時計回りに回転させるはたらきが90大きくなるものを選べばよい。アでは（5×10）－（2×20）＝10，イでは（5×20）－（1×10）＝90，ウでは（1×10）＋（4×20）＝90，エでは2×40＝80，オでは（2×20）＋（1×40）＝80，カでは（3×20）＋（1×30）＝90　となるので，イ，ウ，カが正答となる。　　(3)　ある2点につり下げられたおもりは，その2点の間の距離を，おもりの数の比の逆の比に分ける点にまとめてつるしたことと同じと考えられる。おもりの数が同じであれば，2点間を1：1に分ける点でよいので，Bの2個とGの2個をEにつけかえ，Aの4個とEの4個をCにつけかえる（この時点でCに9個，Dに1個，Oに1個，Jに1個）。次に，Dの1個とOの1個をEにつけかえ，Cの1個とJの1個をFにつけかえる（この時点でCに8個，Eに2個，Fに2個）。さらに，Eの2個とFの2個をOにつけかえると，Cに8個，Oに4個つり下がっている状態になり，CとOのおもりの数の比が8：4＝2：1なので，CとOの間を1：2に分けるDにすべてのおもりをつけかえることができる。このとき，Dを糸でつるせば，棒は水平につり合う。確認のために，Dを支点として棒を回転させるはたらきを求めると，棒を反時計回りに回転させるはたらきが（4×30）＋（2×20）＋（1×10）＝170，棒を時計回りに回転させるはたらきが（1×20）＋（2×40）＋（1×70）＝170　となり，等しくなることがわかる。

問2(1)　上の板の重心が下の板の上にあれば，上の板は傾かない。板の重心は右端から　60㎝の位置にあるので，60㎝までずらすことができる。　　(2)　(1)と同様に，一番上の板と真ん中の板のずれは60㎝である。この状態で，

２枚の板全体の重心がどこにあるかを考え，その重心が一番下の板の右端にくるようにすればよい。２枚の板の重心は，それぞれの板の重心の間の距離を，それぞれの板の重さの比と逆の比に分ける位置にある(図Ⅰ)。２枚の板の重心は一番上の板の右端から 60＋30＝90(cm) の位置にあるので，90 cm が正答となる。　(3) (2)と同様に，３枚の板全体の重心の位置を考えると，図Ⅱのように，一番上の板の右端から 60＋30＋20＝110(cm) の位置にあることがわかる。このことから，上から〇番目の板は下の板の右端から 〔60÷〇〕cm ずらすことができると考えられる。したがって，上から四番目の板は 60÷4＝15(cm)，上から五番目の板は 60÷5＝12(cm) ずらすことができ，一番上の板の右端と，一番下(上から六番目)の板の右端のずれは 110＋15＋12＝137(cm) になる。

図Ⅰ

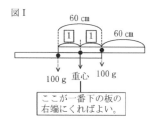

ここが一番下の板の右端にくればよい。

図Ⅱ

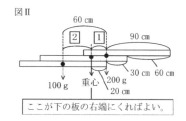

ここが下の板の右端にくればよい。

2 植物は，光があたると細胞に含まれる緑色の粒(葉緑体)で，二酸化炭素と水を材料にして酸素とでんぷんをつくりだす。このはたらきを光合成という。

問３　暗所に丸１日おくのは，植物に光合成を行わせず，葉のでんぷんをなくすことが目的である。葉にでんぷんがない状態で光をあて，ヨウ素液の反応が出たところでは光合成が行われたと判断する。

問４　光があたらないと光合成は行わず，でんぷんは分解されてなくなる。アルミニウムはくでおおった部分は青紫色にならなかったことから，光合成には光が必要だとわかる。

問５　葉を脱色してヨウ素液による色の変化を見やすくするためである。

問７　ヨウ素液にひたしたことで葉の一部が青紫色に変化したことから，植物のつくる物質がでんぷんだとわかる。

3 問１　ウ．スポーツドリンクにはいろいろな物質が溶けているので，０℃より低い温度でも液体として存在する。つまり，凍り始める温度が０℃より低いので，凍らせるのに時間がかかる。

問２(3)　図２のグラフで温度が一定になっているＡ～Ｂの間は，水が氷に変化している時間である。Ａは水が凍り始めた時間であり，Ａの少し前で温度が上昇していることから，水から熱が出ていると考えられる。

問３　水が０℃になるまでの時間…①，０℃の水が全て０℃の氷になるまでの時間…②，０℃の氷が－10℃になるまでの時間の３つに分けて考える。①水 100 g の温度を１℃下げるのに１分かかるので，20℃の水 500 g が０℃になるには $1(分) \times \frac{500(g)}{100(g)} \times \frac{20(℃)}{1(℃)} = 100(分)$ かかる。②０℃の水 100 g を全て０℃の氷にするのに４分かかるので，０℃の水 500 g が全て０℃の氷になるにはその５倍の 20 分かかる。③氷 100 g の温度を１℃下げるのに 0.5 分かかるので，０℃の氷 500 g が－10℃になるには $0.5(分) \times \frac{500}{100} \times \frac{10(℃)}{1(℃)} = 25(分)$ かかる。①～③より，100＋20＋25＝145(分) が正答となる。

問４　ウ．ふつう，固体から液体に変化するとき体積は大きくなるが，水は例外で，体積が小さくなる。

4 問１　図２の中央付近を横切っている前線を停滞前線といい，梅雨の時期の長雨の原因となる。したがって，図２は６月の天気図である。図３では，日本の西に高気圧，東に低気圧があり，西高東低の気圧配置になっている。これは冬によく見られる気圧配置なので，１月の天気図である。残りの図１は８月の天気図である。図１で，等圧線が輪になって「ＴＳ～」となっているものは台風を表す。

問２　日本付近の上空では偏西風という風が西から東に向かってふいている。このため，低気圧や高気圧は西から東へ移動する。したがって，図３の右にある２つの低気圧に着目すると，これらが東へ移動しているアが正答となる。

問３　強い上昇気流が生じて空気が激しく持ち上げられると積乱雲ができる。

問４　陸地と海では陸地の方があたたまりやすいので，陸地であたためられた空気は軽くなって上に動く。これが上

昇気流である。空気に含むことのできる水蒸気の量は温度によって決まっていて，温度が低いほど少ない。このため，空気が上昇して温度が下がると含むことのできる水蒸気の量が少なくなっていき，ある高さになると空気に含むことのできなくなった水蒸気が水てき（雲）となって現れる。このときの温度を露点といい，露点に達して雲ができた後の空気は水蒸気の量が少なくなるので，乾燥している。上空を流されて冷やされた空気は重くなって下に動く。これが下降気流である。下降気流が海面とぶつかることで海から陸に向かってふいてくる風が海風である。なお，夜間には陸地の方が冷えやすいので，陸地が高気圧となって陸地から海に向かって風がふく。これを陸風という。

平成 **29** 年度 解答例・解説

═══════════════ 《解答例》 ═══════════════

1 問1．受精　問2．A．たいばん　B．へそのお　問3．よう水　問4．イ　問5．ア　問6．ウ
問7．エ

2 問1．⑴イ　⑵イ　⑶31　問2．⑴192.5　⑵52.4　⑶16

3 問1．⑴ア　⑵イ　⑶エ　問2．イ，ウ，オ，キ，コ　問3．ウ　問4．エ　問5．ウ

4 問1．29　問2．72　問3．⑴①5　②0.5〔別解〕$\frac{1}{2}$　③30　⑵15　問4．43

═══════════════ 《解　説》 ═══════════════

1 問5，6　成長に必要な酸素や養分はへそのおを通してたいばんからもらい，体内でできた不要な二酸化炭素など
はへそのおを通してたいばんに送る。たいばんでは母親の血管とたい児の血管が集まっていて，ここで物質のやりと
りが行われる。母親とたい児の血管はつながっても接触してもいないので，両方の血液が混じり合うことはない。

　　問7　ヒトやイルカは，子どもが母親の体内である程度育ってから生まれる。このような子の生まれ方をたい生とい
い，ホニュウ類はふつう，たい生である。これに対し，魚類(タツノオトシゴ)，両生類，ハチュウ類(カメ)，鳥類
(ハト，ペンギン)は，卵で生まれる卵生である。

2 問1⑵　100gの水に溶ける質量が36gより小さくなると，溶けきれなくなった物質が結晶として出てくる。100g
の水に溶ける質量が36gより小さくなるのは，ホウ酸は100℃から90℃の間，食塩は20℃より低くなったときなの
で，先に出てくる結晶はイのホウ酸である。なお，アは食塩，ウはミョウバン，エは硝酸カリウムの結晶である。

　　⑶　食塩の結晶が出はじめるのが20℃より低くなったときである。ホウ酸は20℃の水100gに溶ける質量が5.0gな
ので，このとき出てくるホウ酸の結晶はおよそ36－5.0＝31(g)である。

　　問2⑴　表より，水の質量と硝酸カリウムの質量には比例の関係があることがわかる。硝酸カリウムは，水25gに
7.5gまで溶けるので，水175gには27.5×$\frac{175}{25}$＝192.5(g)まで溶ける。

　　⑵　〔濃度(%)＝$\frac{溶けている物質の質量(g)}{水溶液の質量(g)}$×100〕より，$\frac{27.5}{25+27.5}$×100＝52.38…→52.4%が正答となる。

　　⑶　硝酸カリウムは，水25gに27.5gまで溶けるので，100gの硝酸カリウムを溶かすには水が
25×$\frac{100}{27.5}$＝$\frac{2500}{27.5}$(g)必要である。したがって，加える水を$\frac{2500}{27.5}$－75＝15.90…→16gにすれば，すべて溶かすことが
できる。

3 問1　しん食作用によって川底などがけずりとられ，多量の土砂が生じる。これが川を流れていき，海まで運ばれ
ると，海では運ぱん作用がほとんどないので，土砂がたい積する。たい積した土砂は，ぞく成作用によってたい積岩
となる。

　　問2　ア，エ，カ，ク，ケは，いずれもマグマが冷えて固まってできた岩石で，火成岩に分けられる。

　　問3　地層は上にあるものほど新しい時代にたい積したものである。図4で，①と②では，同じ砂岩の層の上に②だ
けでい岩の層があるので，②の方が①より標高が高い地点の地層だと考えられる。図2より，地点aの方が地点bよ

り標高が高いことがわかるので，地点 a の地層は②である。また，図2より，地点 c より上流の部分では，地点 a の方が地点 b より等高線の間かくがせまく，斜面が急になっていることがわかるので，河川⑦は，図3で地点 c より上流の部分が急になっている河川αだと考えられる。したがって，ウが正答となる。

問4 ⑦の断層が②と③には見られるが，①と④には見られないことから，⑦は②と③よりは新しく，①と④よりは古いので，この条件を満たすのはエである。

問5 シジミの化石のように，地層ができた当時の環境を知る手がかりとなる化石を示相化石という。これに対し，示準化石とは，地層ができた時代を知る手がかりとなる化石のことである。

4 **問1** ばねの伸びはつるしたおもりの重さに比例する。図2で，ばねAは 10 g のおもりをつるすと 2 cm 伸びるので，25 g のおもりをつるすと $2 \times \frac{25}{10} = 5$ (cm)伸び，天井からおもりまでの距離は 24 + 5 ＝29(cm)になる。

問2 ばねの伸びを 38.4 − 24 ＝14.4(cm)にするには，$10 (g) \times \frac{14.4 (cm)}{2 (cm)} = 72 (g)$ のおもりをつるせばよい。

問3(1) ①$10 \times \frac{12}{24} = 5$ (cm) ②5 ÷ 10 ＝0.5(倍) ③図3のように棒の中心におもりをつるすと，おもりの重さはばねBとCに等しく分かれてかかるので，60 ÷ 2 ＝30(g)が正答となる。 **(2)** 伸びていないばねBとCの長さは 12 cmで，30 g のおもりをつるすとばねAのときの 6 cmの 0.5 倍の 3 cm伸びるので，12 + 3 ＝15(cm)が正答となる。

問4 ばねB〜Fについて，右表にまとめた。つるしたおもりの重さが 120 g なので，BとCにはそれぞれ 120 ÷ 2 ＝60(g)，Dには 120 g，EとFにはそれぞれ 120 ÷ 2 ＝60(g)の重さがかかる。したが

	B，C	D	E，F
もとの長さ	24÷2 = 12(cm)	24÷3 = 8 (cm)	24÷4 = 6 (cm)
10 g での伸び	2÷2 = 1 (cm)	$2÷3 = \frac{2}{3}$(cm)	2÷4 = 0.5 (cm)

って，ばねBとCはそれぞれ $1 \times \frac{60}{10} = 6$ (cm)，ばねDは $\frac{2}{3} \times \frac{120}{10} = 8$ (cm)，ばねEとFはそれぞれ $0.5 \times \frac{60}{10} = 3$ (cm)伸びるので，天井から棒Ⅰまでの距離は(12 + 6)＋(8 + 8)＋(6 + 3)＝43(cm)である。

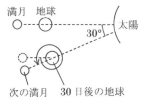

《解答例》

平成 ㉘ 年度 【解答例・解説】

《解答例》

1 問1．イ　　問2．(1)①A　②ア　(2)①ア　②オ　　問3．エ　　問4．ウ　　問5．ウ

2 問1．①オ　④ア　　問2．食物連鎖　　問3．(1)有機物　(2)ウ，エ　　問4．イ

3 問1．(1)重力　(2)50　(3)6　　問2．(1)3　(2)ウ　　問3．(1)イ　(2)ウ

4 問1．A．イ　B．ウ　C．ア　D．カ　E．オ　F．エ　　問2．C　　問3．二酸化炭素　　問4．エ
　　問5．イ，ウ，エ，オ，カ　　問6．(1)イ　(2)0.96

《解　説》

1 問1．月のクレーターはいん石の衝突によってできたと考えられている。

問2．(1)図1のA〜Dの月はすべて右半分が太陽の光によって光っている。それぞれの月を地球から見たときの
光り方を考えると，Aは光っている部分は見えないのでアの新月，Bは右半分が光って見えるのでエの上弦の
月，Cは光っている部分がすべて見えるのでイの満月，Dは左半分が光って見えるのでウの下弦の月である。
日食は太陽，月，地球の順に一直線に並んだときに，太陽が新月によってかくされる現象である。なお，日食
に対して，月食は太陽，地球，月の順に一直線に並んだときに，満月が地球の影に入って全部，または一部が
暗く見える現象である。新月や満月のたびに日食や月食が起こらないのは，地球が太陽のまわりを回っている
面に対して，月が地球のまわりを回っている面が少しかたむいているためである。　　(2)①図2のように南の空
で右半分が光って見える月が図1のBの位置にある上弦の月である。②同じ場所で同じ時刻に観測すると，月
は1日で約12度東がわに，恒星Sは1日で約1度西がわにずれて見える。このため，月は約30日で360度移
動して元の位置に，恒星Sは約1年(365日)で360度移動して元の位置に見えるようになる。

問3．月は地球のまわりを1周公転する間に1回自転している。このため，地球から月の裏側を見ることができ
きない。

問4．右図参照。満月から次の満月までは約30日であり，30日で地球
は約30度公転する。したがって，月は満月から次の満月までに約
360＋30＝390(度)地球のまわりを公転することになるので，満月か
ら次の満月までの日数は，月が地球のまわりを360度回るのに要す
る時間より多くなる。

問5．地球から見ると太陽と月の大きさがほぼ同じに見えることから，地球から太陽までの距離と地球から月
までの距離との比は，太陽の半径と月の半径との比と等しいと考えられる。月の半径を地球の□倍とすると，
150000000：380000＝109：□が成り立つので，□＝0.276…→0.28倍となる。

2 問1．①はカモシカ，②はハタネズミ，③はノウサギ，④はヤマドリ，⑤はイヌワシ，⑥はキツネである。

問3．(1)植物は光を受けると水，二酸化炭素などの無機物からでんぷんなどの有機物をつくり出す。植物のこ
のはたらきを光合成という。　(2)アのヤマドリは植物を食べるので一次消費者であるが，昆虫類も食べる
ので二次消費者でもある。イのノウサギ，オのカモシカ，カのハタネズミは植物を食べるので一次消費者であ
る。ウのキツネとエのイヌワシは一次消費者だけでなく，二次消費者も食べるので，二次消費者でもあり三
次消費者でもある。

(26)

問４．ホニュウ類Cでは魚Aにおける濃度の $5 \times 10 = 50$（倍）になっており，ホニュウ類DよりもDDTの濃度が高い。これは，魚Bが魚Aを食べることでDDTの濃度が高くなり，ホニュウ類Cがその濃度が高くなった魚Bを食べるためである。このように，食物連鎖を通して物質が濃縮していくことを生物濃縮という。

3 　問１．(2)月面上ではおもりがばねを引く力が地球上での6分の1になるので，$300（g）\times \dfrac{1}{6} = 50（g）$が正答となる。　　(3)月面上では分銅にはたらく重力も6分の1になるので，分銅の地球上での重さがおもりの重さと同じ300gになるときにつり合う。したがって，$300 \div 50 = 6$（個）が正答となる。

問２．(1)円板を左右に回転させるはたらきは，〔おもりの重さ×支点からの水平距離〕で求めることができる。点Aに貼り付けたおもりが円板を左に回転させるはたらきは $60（g）\times 2（cm）= 120$ なので，40gのおもりを貼り付ける位置を支点から右に□cmとすると，$40（g）\times □（cm）= 120$ が成り立つ。したがって，$□ = 3（cm）$となる。　　(2)BとCの支点からの水平距離は等しく，貼り付けたおもりの重さも等しいので，円板はつり合った状態になり，どちらの向きにも回転しない。

問３．(1)振り子が1往復する時間（周期（しゅうき）という）は振り子の長さ（ここでは糸の長さ）によって決まる。振り子の長さが長いほど周期は長くなるので，1往復する時間が 1.7 秒になるのは，振り子Yより糸の長さが長い振り子Zである。　　(2)右図参照。振り子はふつう，手をはなした位置(A)と同じ高さまで上がり，手をはなした位置にもどっていく。これは途中にくぎを打ち付けた場合でも成り立つが，この実験のように，くぎを打ち付けた位置が非常に低く，最高点に達しても手をはなした位置よりも低いときには，ウのように円をえがきながら点Bへ戻る。

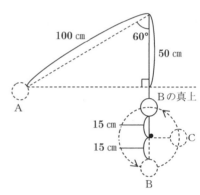

4 　問１，３．実験1より，A，C，Dは固体が溶けているア，イ，カのいずれかである。実験2より，B，Eは酸性のウかオのいずれかであり，D，Fはアルカリ性のエかカのいずれかである。実験3，4より，Bは二酸化炭素が溶けているウだとわかり，実験2の結果と合わせるとEはオだとわかる。実験5より，アルミニウムを溶かすのはオ以外にはカだけなので，Dはカだとわかり，実験2の結果と合わせると，Fはエだとわかる。実験7より，残ったAとCのうち，電流が流れるAはイ，電流が流れないCはアである。

問２．食塩，砂糖，水酸化ナトリウムのうち，加熱して黒くこげるのは炭素をふくんでいる砂糖である。

問４．酸性やアルカリ性の水溶液に金属が溶けたときに発生する気体は水素である。水素の性質として，水に溶けにくいということ以外に，空気より軽い，色やにおいがない，火をつけると燃えるなどの性質も覚えておこう。

問５．電流が流れない液体として，砂糖水，エタノール，純粋な水などを覚えておこう。

問６．(1)酸性とアルカリ性の水溶液を混ぜ合わせると，たがいの性質を打ち消し合う反応が起こる。この反応を中和という。塩酸と水酸化ナトリウム水溶液がちょうど中和すると中性の食塩水ができる。　　(2)塩酸X 50mLとアンモニア水Z 125mLがちょうど中和するので，アンモニア水Z 80mLとちょうど中和する塩酸Xは $50 \times \dfrac{80}{125} = 32（mL）$である。したがって，水酸化ナトリウム水溶液Y 250mL と $80 - 32 = 48（mL）$の塩酸Xがちょうど中和したことになるので，水酸化ナトリウム 1.0 gと塩酸X 50mL がちょうど中和することから，水酸化ナトリウム水溶液Y 250mL に溶けていた水酸化ナトリウムは $1.0 \times \dfrac{48}{50} = 0.96（g）$である。

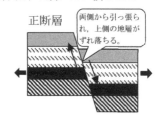

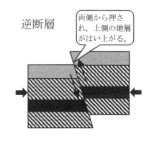

平成㉗年度 解答例・解説

━━━━━ 《解答例》 ━━━━━

1　問１．ウ　　問２．イ　　問３．①イ　②ア　　問４．(1)不整合　(2)ア　　問５．(1)断層　(2)イ　　問６．オ

2　問１．温度が上がってレールが膨張したときに，ぶつからないようにするため。　　問２．ウ　　問３．エ
　　問４．共鳴　　問５．エ，オ，ク，サ　　問６．(1)2.5　(2)26　(3)ウ

3　問１．ウ　　問２．イ　　問３．(1)ア　(2)①ウ　②エ　③キ　(3)ア

4　問１．二酸化炭素／アンモニア　　問２．食塩　　問３．(a)食塩　(b)ホウ酸　(c)消石灰　　問４．二酸化炭素
　　問５．(b)　　問６．72.6　　問７．45.0

━━━━━ 《解　説》 ━━━━━

1　問１．扇状地は，川が傾斜の急な山間部から平地にでるときに，川の流れの速さが急に遅くなるために土砂が積もってできる谷の出口を中心にできる扇形の地形である。れきを多く含んだ土砂が積もってできるので水はけがよく果樹園などに利用される。三角州は大きな川が海や湖にそそぐところに土砂がたい積してできる三角形の地形である。よって，ウが正答である。　　問２．砂岩は流水によって角がけずられた丸みを帯びた粒からできている。よって，イが間違いである。　　問３．泥→砂→れきの順に粒は大きくなり，粒の大きいものほどはやくたい積する。また，ふつう下の地層ほど古い地層である。れき岩（C）→砂岩（B）の順にたい積したことから，海が深くなったことがわかる。よって，①はイ，②はアが正答である。

問４．地層はふつう海底でつくられるので，平行に連続的に重なっている（整合）ことが多いが，隆起して地上で侵食されたあと，海底に沈み再びたい積が始まり地層ができることがある。このような地層の接し方を不整合という。よって，アの火山活動が最も関係がうすい。　　問５．大地が力を受けて地層が切れてずれた状態を断層という。両側に引っ張る力がはたらいて，上にあった地層がずれ落ちてできた断層を正断層という（右上図）。両側から押される力がはたらいたときは逆断層ができる（右図）。よって，問題の図は正断層だから，イが正答である。

問６．図１は，E層D層のたい積（a）→土地が隆起しH-H′の不整合面ができた→土地が沈降した→C層B層のたい積（d）→F-F′のずれ（b）→火成岩体Aの形成（c）の順にできたと考えられる。なお，火成岩体Aは全部の地層を突っ切っていることから最後にできたとわかる。よって，オが正答である。

2　問２．光が水中から空気中に出るとき，右図の実線のように折れ曲がって進むので，実際の10円玉よりも浅い（点線の）位置に10円玉があるように見える。

問３．電気抵抗の大きさは，金属ごとに違いはあるが，同じ金属ならば，断面積

に反比例し，長さに比例する。それぞれの電気抵抗の大きさを計算すると，アは$\frac{1}{0.25} \times 10 = 40$，イは$\frac{1}{4} \times 5 = 1.25$，表1より電気抵抗は鉄は銀の 6.3 倍，ニクロムは 69 倍だから，ウは$\frac{1}{5} \times 0.5 \times 6.3 = 0.63$，エは$\frac{1}{0.2} \times 2 \times 6.3 = 63$，オは$\frac{1}{10} \times 3 \times 69 = 20.7$，カは$\frac{1}{0.3} \times 0.1 \times 69 = 23$ である。よって，エが正答である。　問4．音源の振動が空気を伝わり，他のものを振動させて鳴らす現象を共鳴という。異なる振動数の音さでは共鳴は起こらない。問5．力の強弱は音の大きさには関係するが，音の高さには関係しない。音源の振動数が多いほど高い音になる。図1の場合，はじく部分の糸の長さが短く，糸の張りが強いほど高い音が出る。図2のようにコップをたたいて音を出す場合，水が多いほどコップは振動しにくくなるので水を減らした方が高い音が出る。図3の場合，ペットボトルではなく中の空気が振動して音を出すので，水を多くして，空気を少なくしたほうが振動しやすくなり高い音が出る。よって，エ，オ，ク，サが正答である。　問6．(1)$850 \div 340 = 2.5$(秒後)(2)サイレンを鳴らし終えた 25 秒後の救急車は人から，$850 + 13.6 \times 25 = 1190$(m)はなれている。1190m地点の救急車が出したサイレンが人に届くまでにかかる時間は，$1190 \div 340 = 3.5$(秒)だから，人がサイレンを聞いた時間は，$(25 + 3.5) - 2.5 = 26$(秒)である。(3)救急車が出すサイレンの音による振動の回数は同じでも，遠ざかっていくときには救急車がサイレンを出した時間より長い時間で同じ振動の回数を聞くので，1秒間の振動数は少なくなって低く聞こえ，近づいてくるときには短い時間で同じ振動の回数を聞くので，1秒間の振動数が多くなって高く聞こえる。よって，ウが正答である。

3　問2．メダカのオスは背びれに切れこみがあるが，メスにはない。
オスのしりびれは大きな四角形だが，メスのしりびれは三角形に近
い形をしている。　問3．(1)実験5より視覚刺激だけでも流れ走性

メダカのオス

メダカのメス

を示すことがわかる。よって，アは正しいが，ウは間違っている。実験4より圧力刺激だけでは流れ走性を示さないから，イは間違っている。また，エのように無関係かどうかはわからない。よって，正答はアである。(2)実験2ではメダカは水草などの浮遊物(周囲の物体)の動き(左から右)とは反対方向(右から左)に動いている。実験3では透明なビンを右から左へ動かしているから，メダカにとって水草は左から右へ動いていることになる。よって，実験3でも実験2と同じように周囲の物体と反対方向(右から左)に動いていることになる。実験5ではメダカは筒の回転方向と同方向に動いている。つまり，物体の動きに対する反応は実験2と逆である。実験5では，メダカはしま模様を背景としてとらえているので，しま模様の動く方向が上流で，景色についていかないと下流に流されてしまうと思っている。しかし実験2や3では，外の景色(背景)も見えるので，近くの物体の動く方向(左から右)から背景が反対方向(右から左)に動いたと思い，物体の動きとは逆の方向へ泳いだと考えられる。よって，①にはウ，②にはエ，③にはキが入る。(3).(2)の考察が正しければ，メダカの視覚に入る外の景色をなくしてしまえば，実験5と同様の結果がえられるはずである。よって，アが正答である。

4　問2．ホウ酸と二酸化炭素の水溶液は酸性，重そうと消石灰とアンモニアの水溶液はアルカリ性を示す。
問4．重そうは加熱すると，二酸化炭素を発生する。この性質はホットケーキやカルメ焼きをふくらませるのに利用されている。　問5．食塩(a)は$37.1 - 35.8 = 1.3$(g)，ホウ酸(b)は$14.9 - 4.8 = 10.1$(g)，重そうは$16.4 - 9.6 = 6.8$(g)が溶けきれずに出てくるが，消石灰(c)，二酸化炭素，アンモニアは温度が低いほうが溶解度が大きいので物質は出てこない。よって，(b)が正答である。　問6．物質の溶ける量は水の量に比例する。よって，40℃の水 200gに溶けることのできる食塩(a)は，$36.3 \times \frac{200}{100} = 72.6$(g)である。　問7．20℃の水 150gに溶けることのできるホウ酸(b)は，$4.8 \times 1.5 = 7.2$(g)だから，最初に溶かした(b)は$7.2 + 22.8 = 30.0$(g)である。よって，最初に溶かした(a)は，$75.0 - 30.0 = 45.0$(g)である。

━━━━━━━━━━ 《解答例》 ━━━━━━━━━━

1 問1．(ア)道管 (イ)蒸散 問2．②，④ 問3．(1)水面から水が蒸発していないことを確かめるため。
(2)0.8 問4．①，④

2 問1．ゆう点 問2．②，④ 問3．④ 問4．80 問5．(1)0.96 (2)⑤

3 問1．③ 問2．(1)② (2)68 問3．下図 問4．(1)6 (2)0.5 (3)③

4 問1．下図 問2．0.5 問3．1 問4．1.5 問5．③ 問6．反射光…② 屈折光…⑦

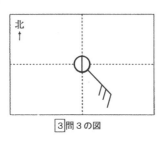

3 問3の図

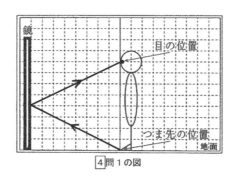

4 問1の図

━━━━━━━━━━ 《解 説》 ━━━━━━━━━━

1 問1．蒸散は葉の裏側に多くある気孔を通して行われる(気孔は葉の表や茎にもある)。気孔では，蒸散によって水蒸気が出て行くだけでなく，呼吸や光合成によって酸素や二酸化炭素も出入りしている。 問2．図1の①と②の部分をまとめて維管束という。道管の束は茎では内側(②)を通っており，外側(①)は養分が通る師管の束である。葉では，道管は表側(④)を通っている(図2で，気孔が下にあるので下が葉の裏側であると考えられる)。 問3．(1)植物からの蒸散量を正確に測定するために，水面に油を注ぎ，水面からの水の蒸発を防いでいる。なお，試験管Bでワセリンを切り口にぬったのは，切り口から水が出ていくことを防ぐためである。このようにすることで，試験管Bでの水の減少量が茎からの蒸散量であると考えることができる。
(2)試験管Bの結果より，茎から 100 cm³−97.7 cm³＝2.3 cm³ の水蒸気が蒸散したことがわかる。試験管Aで，水の体積が 100 cm³−79.7 cm³＝20.3 cm³ 減少していることから，葉全体(2250 cm²)からの蒸散量は $\overset{\text{茎からの蒸散量}}{20.3\ cm³−2.3\ cm³}$ ＝18 cm³ となるので，$18\ cm³ × \frac{100\ cm²}{2250\ cm²} = 0.8\ cm³$ が正答となる。 問4．気孔を完全に閉じた状態でも蒸散が行われる(このときの蒸散をクチクラ蒸散という)。表2の暗黒下での蒸散量はクチクラ蒸散によるものなので，光を当てた場合の蒸散量のうち気孔からの蒸散量は，トベラが 618 mg−40 mg＝578 mg，ソラマメが 1240 mg−640 mg＝600 mg だとわかる。したがって，ソラマメの蒸散量はトベラの約1倍である(①)。また，気孔からの蒸散量がほぼ同じであるのに対し，気孔の数はトベラの方が約2倍多いので，気孔1個あたりの蒸散量はソラマメの方が約2倍多いと考えることができる(④)。

2 問1．固体がとけて液体になるときの温度(T_b)をゆう点，液体が沸騰して気体になるときの温度(T_d)を沸点という。物質が固体⇔液体⇔気体と変化することを状態変化という。 問2．温度変化がない部分では，2つの物質の状態が混じっていること，蒸発と沸騰が異なる現象であることを覚えておこう。 問4．温度変化にかかる時間は物質の重さに比例するが，物質の重さが変化しても状態変化が起こる温度は変化しない(水で

あればゆう点は0℃，沸点は100℃）。氷を500gにするとbc間は　$1分×\dfrac{500g}{100g}=5分$　かかる。cd間について残りの5分で何℃上昇するかを考えると，100gのとき1分15秒で100℃上昇したことから，500gの氷（水）が100℃上昇するには　$1分15秒×\dfrac{500g}{100g}=6分15秒$　かかることになる。したがって，残りの5分では　$100℃×\dfrac{5分}{6分15秒}=80℃$　上昇する。　問5．(1)状態変化が起こると体積は変化するが，重さは変化しない。100℃の水の密度は$\dfrac{100}{104.3}$g/mL，20℃の水の密度は$\dfrac{100}{100.2}$g/mL　だから，$\dfrac{100}{104.3}÷\dfrac{100}{100.2}=0.960…→0.96倍$が正答となる。(2)表2より，20gの水蒸気の体積は20℃上昇するごとに1.8L大きくなっていることがわかるので，100℃で20gの水蒸気の体積は　35.8L−1.8L＝34L　であり，100gでは　$34L×\dfrac{100g}{20g}=170L$　である。100℃で100gの水の体積は104.3mL→0.1043Lだから，170L÷0.1043L＝1629.9…→約1600倍となる。

3 問2．(1)乾球と湿球の差が小さいときほど湿度が高く，差が0℃のときは湿度100％である。　(2)乾球が24℃，湿球が20℃を示している。示度の差は4.0℃であるため，表1より，このときの湿度は68％だとわかる。

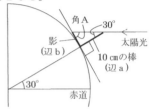

問3．風向は風が吹いていく方角ではなく，吹いてくる方角で表す（ここでは南東）。雲量が0～1のときは快晴，2～8のときは晴れ，9～10のときは曇りである。　問4．(1)右図のように考える。赤道と太陽光が平行であることから錯角を求めることで，角Aが60°だとわかる。これを表2にあてはめると，棒が辺a，影が辺bとなるので，影の長さは　$10cm×\dfrac{0.6}{1.0}=6cm$　となる。

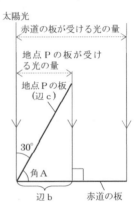

(2)図3をもとに，右図のように考える。地点Pの板が受ける光の量は辺bの長さ，赤道の板が受ける光の量は辺cの長さである（赤道の板と地点Pの板の長さは同じである）。太陽光と地点Pの板との間の角度は30°になるので，角Aは60°であり，これを表2にあてはめると，辺bと辺cの長さの比が0.6：1.2＝1：2　になることがわかる。したがって，1÷2＝0.5(倍)が正答となる。

4 問1．光が反射するときには，右図のように入射角と反射角が等しくなる。入射角と反射角を等しくするには，aとbの長さを同じにすればよい。　問2．右図では，目から下について確認したが，目から上についても同様に考えると，全身を見るのに必要な鏡の長さが身長の半分であることがわかる。身長の半分の長さの鏡があれば，そこに全身がぴったり映っているので，鏡に映る自分の像の長さは身長の半分(0.5倍)である。

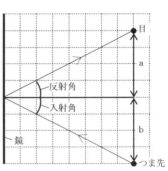

問3．A君がどこにいても，問2解説の通り，全身を映すのに必要な鏡の長さは身長の半分である。したがって，[実験1]と[実験2]で鏡に映る像の長さは同じである。　問4．A君から鏡までの距離と鏡から鏡の中のA君の像までの距離は等しい。このことから，A君からA君の像までは2m，A君からB君の像までは3mであることがわかる。したがって，B君の像の方が1.5倍離れているので，A君の像の方が1.5倍大きく見える。

問５，６．右図のように考える。問６の反射光は，問１解説同様，アと
イの長さが同じになるように進んでいく。また，屈折光は，図４を参考
にすると，アとウの長さが２：３になるように進んでいくことがわかる。
問５では，アクリル樹脂を通して見える部分は屈折光の矢印の向きと反
対方向に延長したところに見えるので，アクリル樹脂を通さないで見え
る部分よりも右側にずれる。

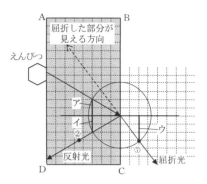

平成 25 年度 解答例・解説

《解答例》

1 問１．(1)D (2)K　　問２．9　　問３．②　　問４．(1)タンパク質 (2)ブドウ糖　　問５．41

2 問１．A．酸素　B．二酸化炭素　C．水素　　問２．①　　問３．480　　問４．塩酸…60　気体B…720
問５．12.0

3 問１．②　　問２．④　　問３．恒星名…ベテルギウス　星座名…オリオン　　問４．③　　問５．②，④
問６．①

4 問１．(1)×　(2)○　(3)○　(4)○　(5)×　　問２．(1)3　(2)C〔別解〕D，E，F，Gも可　　問３．10

《解　説》

1 問１．心臓の弁の向きに注目して，血液の流れが一方通行になるように考えよう。(1)は，肺で二酸化炭素と
酸素の交かんをしているのでD，(2)は，じん臓で老廃物を排出するのでKが正答となる。　問２．100mL の血
液にふくまれるヘモグロビンが 100%酸素と結びつくと 20mL の酸素をふくむので，95%では 20(mL)×$\frac{95(\%)}{100}$
＝19(mL)，50%では 20(mL)×$\frac{50(\%)}{100}$＝10(mL) となり，細胞へわたした酸素は 19－10＝9 (mL) である。
問３．問１の解説にあるように血液の流れは一方通行になるので，Eを流れる血液はAには流れず，一度心臓
と肺を通り，脳へ送られる。　問４．(1)原尿にふくまれる濃度が０％の物質を選ぶ。(2)原尿にふくまれる物質
の中で，尿にふくまれる濃度が最も低い物質を選ぶ。　問５．原尿が 170 kgなので，ふくまれる尿素は
170000(g)×$\frac{0.03(\%)}{100}$＝51(g)，排出される尿が 1.5 kgなので，ふくまれる尿素は 1500(g)×$\frac{2.0(\%)}{100}$＝
30(g) である。51－30＝21(g) の尿素が再び血液中にもどされることになるので，その割合は $\frac{21(g)}{51(g)}$×100＝
41.1…→41%となる。

2 問１，２．気体の性質や発生方法，集め方を覚えておこう。なお，問２で，二酸化炭素は③(下方置換法)で
集めることもあり，酸素も③で集めることは可能だが，水素は空気より軽いため③で集めることができないの
で，③は誤りである。　問３．実験１の表より，発生する酸素の体積は，過酸化水素水の体積に比例し，二酸
化マンガンの重さには比例しないことがわかる。したがって，34mL の過酸化水素水から発生する酸素の体積は
480mL である。この実験で二酸化マンガン自体は変化しないので，二酸化マンガンの重さは，酸素が発生する
体積ではなく，酸素が発生する速さに関係する。　問４．実験２の表で 1.1 g の石灰石に異なる体積の塩酸を
加えた結果より，1.1 g の石灰石を完全に反応させるには，20mL の塩酸が必要で，発生する二酸化炭素の体積
は 240mL だとわかるので，3.3 g の石灰石を完全に反応させるには，塩酸が 20(mL)×$\frac{3.3(g)}{1.1(g)}$＝60(mL) 必要で，
発生する二酸化炭素の体積は 240(mL)×$\frac{3.3(g)}{1.1(g)}$＝720(mL) となる。　問５．発生した気体3600mLのうち，水

酸化ナトリウム水溶液に吸収された $3600(\text{mL})-2400(\text{mL})=1200(\text{mL})$ が二酸化炭素の体積だとわかる。1200mL の二酸化炭素を発生させるのに必要な石灰石の重さは，問4より $1.1(\text{g})\times\dfrac{1200(\text{mL})}{240(\text{mL})}=5.5(\text{g})$ となる。また，実験3の結果より，1.3gの亜鉛が完全に反応すると 480mL の水素が発生することがわかるので，2400mL の水素(水酸化ナトリウムに吸収されずに残った気体)を発生させるのに必要な亜鉛の重さは $1.3(\text{g})\times\dfrac{2400(\text{mL})}{480(\text{mL})}=6.5(\text{g})$ となる。したがって，石灰石と亜鉛の合計は $5.5+6.5=12.0(\text{g})$ となる。

3 問1．地球は1日に1周回転をしている(自転という)。太陽の位置と地球での時刻のおよその関係は図Iの通りである。午後7時ごろは，図Iの午後6時ごろより1時間(24時間で360度より，1時間では $360\div24=15$(度)自転しているので，図1を図2の午後7時頃にあてはめると図IIのようになる。したがって，この日の火星の位置に最も近いものは②となる。

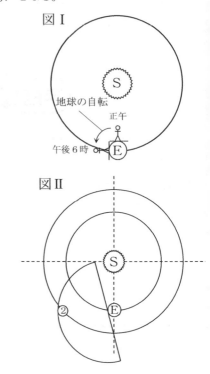

図I

図II

問2．地球が西から東に自転しているため，南の空では他の天体が東から西に動いているように見える。6時間後では，問1の解説より，$15(\text{度})\times6(\text{時間})=90(\text{度})$ 西へ動くので，地平線の下に移動している(図III参照)。

問4．月は太陽の光を反射させて光って見えるので，太陽と月と地球の位置が変わると，月の見える形が変わる。　問5．地球や金星などの惑星は一定周期で太陽の周りを回っている(公転という)。太陽と地球の間を通ることで太陽面通過が観測できるので，地球よりも太陽に近いところを公転している惑星(②の水星と④の金星)を選べよい。　問6．それぞれの惑星の特徴を覚えておこう。

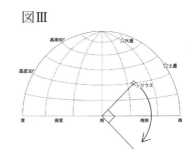

図III

4 問1．⑴沸騰した水の中から出てくるのは水蒸気の泡である。
⑸水に力を加えても体積は変わらないが，空気は力が加わることで体積が小さくなる。

問2．⑴棒が水平になるとき，左右につり下げられたおもりの重さの比は，支点(F)からの距離の逆の比と等しくなる。C－FとF－Hの距離の比は，$30(\text{cm}):20(\text{cm})=3:2$ なので，点Cと点Hにつり下げられたおもりの重さの比は $2:3$ となる。したがって，点Hには $2(\text{個})\times\dfrac{3}{2}=3(\text{個})$ のおもりが必要である。⑵AとKにつり下げたおもりの重心は，おもりの重さの比($A:K=3:2$)と逆の比の距離にあると考えることができるので，$AE:KE=2:3$ より，Eに5個のおもりがつり下げられていることと同じである。したがって，この状態で棒は水平になっているため，CからGの間(ひもとひもの間)であればどこに何gのおもりをつけてもどちらかにかたむくことはない。　問3．同じ量の熱でビーカーAが30℃になったのに対し，ビーカーBが29℃であったことから，水 200gを1℃上げる熱で 500gの鉄球を4℃上げることができたとわかる。熱の伝わりやすさと水の重さには反比例の関係があるので，水 200gを1℃上げる熱で水を4℃上げようとすると，$200(\text{g})\times\dfrac{1(℃)}{4(℃)}=50(\text{g})$ しか上げることができない。したがって，鉄は水よりも $500\div50=10(\text{倍})$ 温まりやすいことがわかる。

![平成 24 年度 解答例・解説]

《解答例》

1 　問1. ③　　問2. ⑤　　問3. ぎょう灰岩層　　問4. ①　　問5. ①　　問6. ②, ④, ⑤　　問7. ②

2 　問1. 内炎　　問2. Ⅰ, Ⅱ　　問3. ②　　問4. ⑤　　問5. ②　　問6. ②
　　問7. (1)名称…酸素　質量…307　(2)A, 4

3 　問1. ③　　問2. (1)③　(2)③　(3)③　　問3. ②, ④　　問4. ①, ⑤　　問5. (1)100　(2)1：1

4 　問1. ①　　問2. 鉄がふくまれているから。　　問3. (1)(ア)←　(イ)→　(2)②
　　問4. (1)Ⅰ, Ⅱ　(2)2　(3)1.8

《解　説》

1 　問1. 図2より, この地域の地層は, 南北方向は水平につながっていることがわかるので, 図1のがけCの左端では石炭層が真ん中にある。また, この地域の地層は東に向かって下がっているので, がけCの石炭層が東に向かって下がっている。図1のがけCの左端は, 道路からがけCを南向きに観察した図では右端に見えるので, 図の右端で真ん中にある石炭層が, 左に行くほど下がっている③が正答となる。　問2. がけAで中央(高さ2.5m)にある石炭層は, 西に45度上がっているので, 10mの道路をはさんで西側にあるがけBでは, がけAよりも10m高いところにあるはずである。がけの高さが5mだからがけBでは見つからず, がけBの地下にもない。

問4. つぶが小さいものほど遠くまで運ばれやすいので, 沖合の深いところに堆積しやすい。上方のつぶが小さくなっていったので, 海水面が上昇し, 堆積場所の深さが深くなっていったと考えられる。　問5. 石炭や石油などの化石燃料は, 生物の死がいなどが堆積し, 長い年月の間に変化してできたものである。　問6. 地層ができた時代の生物や, 生物の活動の痕跡を化石という。コハクとは, 木の樹脂が化石になったもので, 中に生物の化石をふくんでいることも多い。　問7. 唐津市の砂浜海岸は, 無色とうめいなセキエイの粒を多くふくむので, セキエイを多くふくむカコウ岩が正答となる。

2 　問1, 問4. 炎の外側から順に外炎, 内炎, 炎心という。内炎の部分は酸素が不足し, 不完全燃焼によって発生したすすが熱せられて明るく光るので, 最も明るく見える。　問2, 問3. 炎心部分には, ろうの気体が燃えずに残っているので, 実験Ⅱでは白色の煙が出てくるが, 内炎部分にはすすが発生しているので, 実験Ⅲでは黒色の煙が出てくる。　問5. 実験Ⅴでは, ロウソクが燃えたときに出る気体が上にあがって外に出て, 新たな空気が左側のガラス管から溝を通ってロウソクにとどくので, 燃え続ける。一方図の実験では, 右側のガラス管の下の方をふさいだため, ロウソクに新たな空気がロウソクに送られず, しばらくすると火が消える。問6. 実験Ⅵは, ロウソクのまわりの空気の流れを調べる実験である。ロウソクのまわりの空気は, 熱せられて上にあがっていくので, ②のような影ができる。問7. (1)反応の前後で, 反応にかかわる物質の質量の総和は変わらないので, ロウソクAと結びついた酸素は 407－100＝307(g) となる。(2)ロウソクAが燃えるとき

に発生する二酸化炭素は，ロウソクBよりも 289−275＝14（ g ） 多く，発生した水の質量は変わらない。また，発生した二酸化炭素と水に含まれる成分Xは，ロウソクAのほうがろうそくBよりも 315−305＝10（ g ） 多いので，ろうそくAに含まれる炭素はろうそくBよりも 14−10＝4 （ g ） 多い。

4 問2．(1)(2)エンマコオロギは昆虫のなかまである。昆虫はからだが頭部，胸部，腹部の3つの部分にわかれており，3対（6本）の足はすべて胸部から出ている。(3)同じ昆虫のなかまであるアメンボを選ぶ。　問3．エンマコオロギは卵，幼虫，成虫の順に成長し，幼虫と成虫のすがたが非常に似ている。このような成長のしかたをする虫は，トノサマバッタとコカマキリである。　問5．(1)二日目につかまえたエンマコオロギのオスのうち，$\frac{30}{60}＝\frac{1}{2}$ が背中に印がついていたので，1日目の数の2倍の 50×2＝100（匹） のエンマコオロギが庭にいると考えられる。(2)メスのエンマコオロギは $60×\frac{50}{30}＝100$（匹） いると考えられるので，オス：メス＝100：100＝1：1 となる。

4 問1．磁石につくのは，鉄などのわずかな金属に限られる。①〜⑤の中で磁石につくのは，鉄でできているぬい針だけである。　問3．(1)右手を使うと電磁石のN極の向きがわかる。右手の親指以外の4本の指で，コイルを電流が流れる向きに軽くにぎり，親指をのばすと，のばした親指の向きが電磁石のN極の向きになる。この電磁石は左側がN極になるので，（ア）では方位磁針のN極が左側を向き，（イ）では（ア）の反対向きになる。(2)同じ鉄くぎに巻くエナメル線の巻き数を2倍にしたので，同じ長さでのエナメル線の巻き数が2倍になっている。電磁石の強さはコイルの巻き数に比例するので，電磁石Bがクリップを引き付ける力は電磁石Aの2倍になる。

問4．(1)直列につながれた I と II は，電流の大きさが同じになる。(2)ニクロム線の断面積を2倍にすると，それぞれのニクロム線で電流の大きさが2倍になるので，回路を流れる電流も2倍になる。(3)グラフ1よりニクロム線の本数が2倍になると，電流が半分になることがわかる。図2の回路では，ニクロム線 I とニクロム線 II が直列につながれ，その部分とニクロム線IVが並列につながれているので，ニクロム線IVを流れる電流は，ニクロム線 I とニクロム線 II を流れる電流の2倍になる。今かりに，ニクロム線 I とニクロム線 II を流れる電流を1とすると，ニクロム線IVを流れる電流は2となり，ニクロム線IIIを流れる電流は 1＋2＝3 となる。このことから，ニクロム線IIIとニクロム線IVを流れる電流の比は III：IV＝3：2 とわかり，同じニクロム線が直列に2本つながれていれば，それぞれのニクロム線を流れる電流は等しいので，ニクロム線IVをふくむ並列部分は，ニクロム線 $1×\frac{2}{3}＝\frac{2}{3}$（本分） となる。したがって，ニクロム線が $1＋\frac{2}{3}＝\frac{5}{3}$（本） つながれている回路と考えることができ，その電流を□Aとすると，グラフ1を使って $\frac{5}{3}×□＝3.0$ より，$□＝\frac{9}{5}＝$ 1.8（A） となる。

社　会

━━━━━━━━━━━━━《解答例》━━━━━━━━━━━━━

1　問1．きりたんぽ　　問2．ア　　問3．武蔵野　　問4．法隆寺　　問5．熊野　　問6．ウ

　　問7．ふるさと納税　　問8．エ　　問9．エ　　問10．イ　　問11．ユネスコ　　問12．イ　　問13．◗

　　問14．ウ　　問15．九州の高速道路が交差する交通の要衝に位置するから。　　問16．ア

2　問1．(1)エ　(2)上皇　(3)ウ　(4)総議員の3分の2　　問2．永久の権利　　問3．エ　　問4．ア

　　問5．公職選挙法　　問6．エ　　問7．自己決定権　　問8．ウ

　　問9．(1)常任理事国　(2)ソ連とアメリカ合衆国による冷戦状態が続いていたから。　(3)イ

3　問1．ア　　問2．江田船山　　問3．姓<ruby>（かばね）</ruby>　　問4．イ　　問5．ウ　　問6．新羅　　問7．オ

　　問8．勘合をもつ正式な貿易船と倭寇を区別するため。　　問9．エ　　問10．ア　　問11．ウ，オ

　　問12．八幡　　問13．ベルサイユ　　問14．アメリカ合衆国　　問15．エ　　問16．イ　　問17．朝鮮

━━━━━━━━━━━━━《解　説》━━━━━━━━━━━━━

1　問1　つぶしたご飯を木の棒を包むようにまきつけたものを，焼いて鍋に入れると，きりたんぽ鍋になる。

　　問2　北緯35度，東経135度が兵庫県あたりだから，兵庫県より少し西側で少し南側の香川県はアと判断する。

　　問3　武蔵野は「武蔵国」に由来する。「万葉集」に初めて武蔵野の表記が現れた。

　　問4　「斑鳩<ruby>（いかるが）</ruby>」「奈良県」「1993年に世界遺産登録」から法隆寺を導く。

　　問5　熊野筆は，書筆・化粧筆などさまざまな場面で使われ，小学校で使われる書道の筆の多くも熊野筆である。

　　問6　メガネフレームは福井県鯖江市，タオルは愛媛県今治市，時計は愛知県や大阪府で生産がさかんであった。

　　問7　地方公共団体がふるさと納税を集めるための返礼品が豪華になりすぎるとの問題点が出て，自粛を政府が呼び掛けている。ふるさと納税をすると，納税金額から2000円を引いた金額が住んでいる地域の住民税や所得税から減額されることになる。そうすると，本来住民から集めることができる税収が減ってしまう地方公共団体が出てくることになる。それを防いで納税額を確保するために，返礼品を豪華にする動きが過熱した。

　　問8　三重県の県庁所在地は津市だからAは誤り。東海道新幹線は三重県を通っていないからBは誤り。

　　問9　夏の南東季節風が紀伊山地にぶつかるときに大雨を降らせるため，紀伊山地の南側に位置する尾鷲は，夏の降水量が特に多いことで知られるから，エを選ぶ。アは熊谷，イは一宮，ウは佐賀の降水量である。

　　問10　「人工的な熱」とあることから「あ」はヒートアイランド現象と判断する。また，山頂から乾いた暖かな空気が吹き下ろす現象をフェーン現象という。一般に空気は，湿った状態では100mの上昇や下降で約0.6℃変化し，乾いた状態では100mの上昇や下降で約1度変化する。例えば，地上で15℃の湿った空気が1000mの山を越えるために上昇すると，山頂では $0.6 \times \dfrac{1000}{100} = 6$（℃）下降した9℃の空気になる。ここから1000m下っていくと，空気の温度は $1 \times \dfrac{1000}{10} = 10$（℃）上昇して $9 + 10 = 19$（℃）になる。このように1000mの上昇下降をするだけで気温は上昇前よ

り4℃上がる。

問11　ユネスコは，国連教育科学文化機関の略称である。

問12　ももであれば山梨県や福島県，肉用牛であれば北海道や鹿児島県，宮崎県あたりが上位にくる。

問14　アは香川県，イは新潟県，ウは鳥取県，エは秋田県である。

問15　鳥栖が大分自動車道・九州自動車道・長崎自動車道などのハブの位置にあることに気付きたい。

問16　8地方区分は右表参照。

地方区分	属する都道府県
北海道	**北海道**
東北	青森県・岩手県・**秋田県**・宮城県・山形県・福島県
関東	千葉県・茨城県・**栃木県**・群馬県・**埼玉県**・神奈川県・**東京都**
中部	**新潟県**・富山県・石川県・福井県・山梨県・長野県・岐阜県・静岡県・**愛知県**
近畿	滋賀県・**三重県**・**奈良県**・和歌山県・京都府・大阪府・兵庫県
中国	鳥取県・島根県・岡山県・**広島県**・山口県
四国	徳島県・**香川県**・愛媛県・高知県
九州	福岡県・**佐賀県**・長崎県・大分県・熊本県・宮崎県・鹿児島県・沖縄県

2　問1(1)　「国民ぜんたいの考えで国を治め」とあることからエの民主主義を選ぶ。　　(3)　日本国憲法に非核三原則は規定されていないからAは誤り。自衛隊の最高指揮権は内閣総理大臣にあり，直接統括するのは防衛大臣だから，Bは正しい。　　(4)　総議員の3分の2以上で発議し，国民投票において有効投票の過半数の賛成をもって，天皇が国民の名において公布することが96条に規定されている。

問3　1789年はフランス革命につながることから人権宣言の内容と判断する。

問4　アが正しい。イとウは「身体の自由」，エは「経済活動の自由」にあてはまる。

問6　社会保障制度(年金保険)は，生存権を保障するための具体的な制度だからエが正しい。アは自由権(精神の自由の中の表現の自由)，イは請願権，ウは自由権(経済活動の自由)にあたる。

問7　新しい権利とは，日本国憲法に規定されていない基本的人権であり，自己決定権のほか，プライバシーの権利，知る権利，環境権などがある。

問8　高度経済成長期は1950年代後半から1973年までの期間を言い，グラフから判断することはできないから，ウが誤り。

問9(1)　常任理事国は非改選であり，5か国すべてが核保有国である。　　(2)　1946年〜1990年という期間が，冷戦(1947年〜1991年)の期間とほぼ一致していることに気が付きたい。　　(3)　アメリカの核の傘の下にある日本や韓国，オランダを除くNATO加盟国は会議に参加しなかったから，イを選ぶ。

3　問2　埼玉県の稲荷山古墳から出土した鉄剣と，熊本県の江田船山古墳から出土した鉄刀の両方から「ワカタケル」の文字が確認できたことから，ヤマト政権の支配は関東地方から九州中部に及んだと言われている。

問3　血族を示す名称が氏で，ヤマト政権との関係を表す名称が姓である。姓には，臣・連・大臣・大連・国造・伴造などがあったが，天武天皇が制定した八色の姓によって有名無実化した。

問4　唐招提寺を建設したのは鑑真だから，イが誤り。

問5　古代の吉備国が，律令制の時代になると備前国(岡山県南部)・備中国(岡山県西部)・備後国(広島県東部)・美作国(岡山県北部)に分かれていった。

問6　7世紀の東アジアの流れは，(唐が成立)→(唐と高句麗が対立)→(高句麗が百済と組んで新羅を攻撃)→(唐が新羅と組んで百済を滅ぼす)→(白村江の戦いで日本が大敗)→(高句麗が滅亡し，新羅が朝鮮半島を統一)

問7　文永の役は1274年，永仁の徳政令は1297年，六波羅探題の設置は1221年だから，Z→X→Y

問8　「勘合」，「倭寇と区別する」といった内容が書かれていればよい。

問9　ア．鳥獣戯画(平安時代末〜鎌倉時代)　イ．一遍上人聖絵「備前国福岡」(鎌倉時代末)　ウ．天橋立図(平安時代)　エ．唐獅子図屏風右隻

問10　イは千石どおし，ウは踏車(足踏み水車)，エは唐箕である。

問 11　天皇が神に誓う形式で発表されたのは五箇条の御誓文だからアは誤り。樺太・千島交換条約によって，日本は千島を獲得したからイは誤り。地租改正を始めた時の税率は地価の３％だったからエは誤り。

問 12　八幡製鉄所は，日清戦争の講和条約である下関条約で獲得した賠償金の一部を使って建設された。

問 13　ベルサイユはヴェルサイユでもよい。

問 14　アメリカ合衆国のニューヨーク州マンハッタンにあるウォール街の株式市場での株価大暴落(暗黒の木曜日)から世界恐慌は始まった。

問 15　太平洋戦争は 1941 年〜1945 年である。盧溝橋事件は日中戦争のきっかけだから，アは誤り。ソ連は，終戦直前に日ソ中立条約を破棄して満州に侵攻したから，イは誤り。五・一五事件は 1932 年に起きたから，ウは誤り。

問 16　所得倍増計画は，1960 年に池田勇人内閣が発表した長期経済計画だから，イがＧＨＱによる民主化と関係がない。

問 17　1950 年に起きた朝鮮戦争は，アメリカが支持する大韓民国とソ連が支持する北朝鮮による戦争であり，2018 年３月現在でも平和条約は結ばれておらず，休戦状態が続いている。

=== 《解答例》 ===

1 問1．一宮　　問2．阿武隈　　問3．伊豆　　問4．イ

問5．雪が積もってもどの色が点灯しているかわかるようにする　　問6．イ　　問7．ア　　問8．イ

問9．なまはげ　　問10．180　　問11．ハザードマップ　　問12．エ　　問13．千曲　　問14．8

問15．オ　　問16．ウ

2 問1．ア　　問2．エ　　問3．ウ　　問4．イ　　問5．少数派の意見　　問6．イ　　問7．マララ

問8．家計　　問9．ウ　　問10．政府の銀行　　問11．エ　　問12．インフレーション　　問13．ＧＤＰ

問14．イギリス　　問15．バラク・オバマ

3 問1．イ　　問2．和同開珎　　問3．藤原氏は娘を天皇のきさきとし，次の天皇の外祖父となったから。

問4．ア，オ　　問5．大輪田泊　　問6．ウ　　問7．ア　　問8．明　　問9．朱印状　　問10．元禄

問11．エ　　問12．領事裁判権　　問13．イ⇒オ⇒ア⇒エ　　問14．ウ　　問15．イ　　問16．成金

問17．立憲政友会

=== 《解　説》 ===

1 **問1**　中京工業地帯でせんい産業がさかんな都市には，一宮市(愛知県)，岐阜市・大垣市(岐阜県)などがある。

問2　東北地方に位置する高地には，阿武隈高地(福島県)，北上高地(岩手県)などがある。

問4　B．日本三大暴れ川は，利根川(坂東太郎)，筑後川(筑後次郎)，吉野川(四国三郎)である。

問5　現在では改良が加えられ，ＬＥＤを利用した薄型信号機も登場している。

問6　イ．九谷焼は，石川県南部の金沢市，加賀市，小松市あたりで生産される焼き物である。

問7　青森県が収穫量1位の農産物は，りんごとにんにくである。2位の県に注目しよう。

問8　ア．輪島市　イ．七尾市　ウ．金沢市　エ．小松市

問10　秋田県内を北緯40度線が通過し，兵庫県明石市を東経135度の標準時子午線が通ることから考える。八郎潟町は，東経140度，北緯40度に位置するから，その和は140＋40＝180(度)になる。

問11　ハザードマップ(防災マップ)には，火山噴火のほか，洪水や津波，土砂災害などの自然災害について，災害が起きたときに被害が発生しやすい地域や緊急避難経路，避難場所などが示されている。

問12　年少人口は15歳未満，生産年齢人口は15歳以上65歳未満，老年人口は65歳以上の人口である。

問13　信濃川以外にも都道府県によって名称が異なる河川として，淀川，紀ノ川などがある。淀川は滋賀県内では瀬田川，京都府内では宇治川と呼ばれ，紀ノ川は奈良県内では吉野川と呼ばれる。

問14　海に面していない県は，栃木県，群馬県，埼玉県，山梨県，長野県，岐阜県，滋賀県，奈良県の8県。

問15　静岡県東部に位置する三島は夏に降水量が多い太平洋岸の気候であり，青森県東部に位置する十和田は太平洋岸の気候であるが三島に比べて降水量は少ない。石川県に位置する七尾は冬に降水量(降雪量)が多い日本海側の気候である。

問 16　8 地方区分は，北海道地方，東北地方(福島県・青森県・秋田県)，関東地方，中部地方(愛知県・静岡県・新潟県・石川県・長野県)，近畿地方(奈良県)，中国地方，四国地方(高知県)，九州地方(大分県)。

2　問 1　公正に選挙を行うためのルールとして，一人一票とする平等選挙の原則，誰が誰に投票したかを明らかにする必要がない秘密選挙の原則，一定の年齢に達したすべての国民に選挙権が与えられる普通選挙の原則，有権者が候補者に対して直接投票する直接選挙の原則がある。

問 2　参議院議員は，定数 242 人(選挙区 146 人・比例区 96 人)で，3 年ごとに半数が改選されるからアとウは誤り。一度の通常選挙での選挙区は，人口比率によって 1 人区～6 人区に分けられるからイは誤り。比例代表制は政党名または候補者名を記入した票の合算数によるドント方式で，各政党に議席を配分する。各政党に配分された議席は，個人票の数によって当選者が決まる(非拘束名簿方式)。

問 3　A．1967 年～1993 年ごろまでは，60 歳代の投票率は 20 歳代の投票率の 2 倍を超えていない。

問 4　地方交付税交付金は，歳入の多い地方公共団体ほど少なく，歳入の少ない地方公共団体ほど多く配分される。この交付金は使いみちが限定されていないため，地方公共団体が自由に使いみちを決めることができる。これに対し，道路建設など，使う目的が指定されて国から地方公共団体に配分されるお金を国庫支出金という。

問 6　B．育児・介護休業法では，男女による差は設けられていない。

問 9　銀行は，預かった際の利子よりも貸し出す際の利子を高く設定することで利益を得るからAは誤り。貸し出す際の金利を上げると，借りる人や借りる金額が減るため，世の中に出回るお金の量は減るからBは正しい。

問 10　日本銀行は，紙幣を発行する「発券銀行」，政府の資金を管理する「政府の銀行」，一般の銀行と取引を行う「銀行の銀行」としての役割をもつ。

問 11　右図で，はじめに需要が D 1，供給が S 1 で示される商品があったとする。価格(均衡価格)は，需要曲線と供給曲線の交点が示す価格である。価格が下がる要因は，D 1 が D 2 の方向に移動する(需要が減る)か，S 1 が S 2 の方向に移動する(供給が増える)のいずれかである。

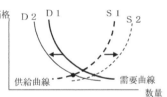

問 12　物価が持続的に上昇していくのがインフレーション，持続的に下落していくのがデフレーションである。

問 13　GDP(Gross Domestic Product)は国内総生産の略称であり，一定期間内に国内で生み出された付加価値の総額を意味する。

問 14　イギリスでは，国民投票の結果を受けて，残留派のリーダーであった当時のキャメロン首相が退陣し，新たに女性のメイ首相が就任した。2017 年 3 月，メイ首相はEUに対して 2 年後のEU離脱を通告した。

問 15　日本，アメリカ，イギリス，フランス，イタリア，ドイツ，カナダの 7 つの先進国をG 7 という。2014 年に起こったウクライナ問題のため，ロシアがG 8 から外されていることを覚えておこう。

3　問 1　ア，ウ，エは天智天皇(中大兄皇子)に関して述べた文である。天智天皇の死後に起きた壬申の乱は，天智天皇の弟の大海人皇子と，天智天皇の子どもの大友皇子が争った戦いであり，大海人皇子が勝利し天武天皇となった。

問 2　最古の貨幣は富本銭，流通していた貨幣のうち最古のものが和同開珎と言われている。

問 3　当時，生まれてきた子どもは母方の実家で祖父らによって育てられるのが慣習であった。

問 4　ア．後三年の役(1083 年)　イ．保元の乱(1156 年)　ウ．平将門の乱(935 年)・藤原純友の乱(939 年)

エ．遣唐使の停止(894 年)　オ．院政開始(1086 年)

問 6　ア．法隆寺(飛鳥時代)　イ．平等院鳳凰堂(平安時代)　ウ．東大寺南大門　エ．東大寺正倉院(奈良時代)

問 7　足利義満が建てた鹿苑寺金閣は北山にあるから，アは誤り。

問 8　勘合貿易は日明貿易ともいう。

問9　朱印状を与えられた貿易船を朱印船といい，その貿易を朱印船貿易と呼ぶ。朱印船貿易によって，東南アジアに日本町がさかえ，その後の鎖国政策によって，日本町は衰退していった。

問10　徳川綱吉のころにさかえた文化を元禄文化とよぶことを覚えておこう。

問11　アは徳川吉宗の享保の改革の内容である。イの天保の薪水給与令は水野忠邦のころに出された。ウの寛政異学の禁は松平定信によって出された。

問12　不平等条約の内容として，領事裁判権を認めたことと関税自主権がなかったことはしっかりと覚えておこう。

問13　国会(第1回帝国議会)の開設は1890年。ア．1877年　イ．1868年　ウ．1894年　エ．1881年　オ．1871年だから，日清戦争を除いて，イ→オ→ア→エになる。

問14　夏目漱石の代表作は『坊ちゃん』『吾輩は猫である』など。『学問のすゝめ』は福沢諭吉，『舞姫』は森鴎外，『みだれ髪』は与謝野晶子の代表作である。

問15　アメリカは議会の反対によって国際連盟に加盟していないから，イは誤り。

問16　成金は将棋に由来する言葉で，急に金持ちになった人々を意味する。

問17　立憲政友会出身の政治家には，伊藤博文，西園寺公望，原敬，高橋是清，犬養毅などがいる。

![平成28年度 解答例・解説]

━━━━━━━━━━━━━━━━━《解答例》━━━━━━━━━━━━━━━━━

1　問1．エ　　問2．エ　　問3．ア　　問4．茨城　　問5．ウ　　問6．イ　　問7．ウ　　問8．エ

　　問9．河口　　問10．市街地にある／海上にある　　問11．三角州　　問12．記号…ウ　名称…阿波踊り

　　問13．なす　　問14．有明　　問15．オ　　問16．ア

2　問1．モンテスキュー　　問2．ウ，カ　　問3．主権者である国民によって選挙された国会議員

　　問4．イ　　問5．衆議院の優越　　問6．(1)議院内閣制　(2)イ　　問7．(1)ア　(2)スポーツ　　問8．エ

　　問9．イ　　問10．(1)高等裁判所　(2)国民審査　　問11．エ

3　問1．推古　　問2．男性の方が税負担が重いから。　　問3．エ　　問4．望月

　　問5．ウ⇒ア⇒イ⇒オ　　問6．足軽　　問7．ア，オ　　問8．歌舞伎　　問9．徳川家光　　問10．ウ

　　問11．安政の大獄　　問12．ア　　問13．イ　　問14．平塚らいてう　　問15．エ　　問16．ひめゆり

　　問17．ウ

━━━━━━━━━━━━━━━━━《解　説》━━━━━━━━━━━━━━━━━

1　問1．アは道南，イは道央，ウは道北，エは道東にあたる地域である。道南には函館，道央には札幌，道北
　には旭川，道東には釧路が位置している。

　問2．岩手県は，北海道に次いで日本で2番目に面積が広いから，面積が1位であるエが正答。

　問3．ア．B…庄内平野は火山灰土からなる土地ではない。また，火山灰土は稲の生育に適さない。
　C…湖を干拓して農地を確保したのは秋田県である。秋田県の八郎潟が干拓され，大潟村がつくられた。

　問4．「納豆せんべい」は大きなヒント。水戸納豆は納豆のブランドとして有名である。

　問5．東京国際空港は，2010年に国際線ターミナルが開業したことから，年々出入国者数が増えているウが正
　答となる。アは成田国際空港，イは関西国際空港，エは中部国際空港である。

　問6．航空機では，小型・軽量・高価な集積回路が主に輸送されているから，イが正答。アは名古屋港，ウは
　横浜港，エは東京港である。

　問7．アは千葉県の成田国際空港，イは静岡県の静岡空港，エは宮崎県の宮崎空港である。

　問8．内陸に位置する松本は，1年を通して降水量が少なく，冬の気温が低い。この条件にあてはまるのはイ
　とエであり，イは冬の気温が特に低いことから，冷帯気候に属する釧路である。よって，エが正答。アは関空
　島，ウは宮崎である。

　問10．市街地にある大阪国際空港は，騒音公害に配慮して，夜間の離発着を禁じている。

　問11．日本では，扇状地は，河川が山間部から平地に出た付近にれきや砂が積もってでき，三角州は，平野の
　河口付近に土砂が積もってできる。

　問12．アはよさこい祭り(高知県)，イは花笠祭り(山形県)，エは唐津くんち(佐賀県)の写真である。

問 13. 「なす」は，促成栽培（温暖な気候をいかして農作物の生長をはやめ出荷時期をずらす栽培方法）でつくられる農作物である。

問 14. 有明海では主に海苔の養殖が行われている。なお，2016 年 1 月 16 日より，佐賀空港の愛称は「九州佐賀国際空港」に変更された。

問 15. Aは，九州地方で最も空港数が多いので，離島の多い沖縄県である。Bは対馬などに空港のある長崎県である。県内に一つしか空港がないCは宮崎空港だから，オが正答となる。

問 16. イ．Aについて，岩手県などがあてはまらない。　ウ．Aについて，東京都などがあてはまらない。原子力発電所は，大都市圏から離れたところにつくられる。　エ．Bについて，長野県などがあてはまらない。なお，2019 年に大阪府の大仙古墳（仁徳天皇陵）が世界遺産に登録された。

2　問 1．モンテスキューはフランスの法学者である。

問 2．ウとカは内閣の仕事である。

問 3．日本国憲法の三大原則の 1 つに「国民主権」があること，国会が国民の代表者で構成される機関であることなどから考える。

問 4．イ．2016 年夏に実施される参議院議員通常選挙から，鳥取・島根で 1 区 2 名，徳島・高知で 1 区 2 名の定数となった。また，選挙権年齢が満20歳以上から満18歳以上に引き下げられたので，合わせて覚えておこう。

問 5．衆議院の優越の代表例として，予算の先議権・内閣不信任決議などがあげられる。

問 6．⑴衆議院で内閣不信任決議案が可決されると，衆議院の解散もしくは内閣が総辞職することは，この議院内閣制にもとづく。　⑵ア．過半数が国会議員の中から選ばれればよい。　ウ．内閣総理大臣のみならず，国務大臣も文民（少なくとも現在自衛隊員でない者）でなければならない。　エ．内閣は法律案を国会に提出することができる。

問 8．中国は 2000 年代の後半から急速に経済成長を遂げ，海外旅行できる富裕層が増加した。したがって，2004 年から 2014 年にかけて，全体に占める割合が大きくなっているエが正答。

問 9．イ．B…1936 年度のみ，国家公務員の方が地方公務員より多い。

問 10．⑴高等裁判所は，札幌・仙台・東京・名古屋・大阪・広島・高松・福岡に置かれている。
⑵国民審査で有効投票の過半数が罷免（やめさせること）を可とした場合，その裁判官は罷免される。

問 11．エ．A…控訴ではなく上告ならば正しい。　B…民事裁判ではなく刑事裁判ならば正しい。

3　問 1．推古天皇の摂政として聖徳太子が活躍し，十七条の憲法や冠位十二階の制定を行った。

問 2．表 2 を見ると，男性にのみ調・庸といった税の負担義務が課せられていることがわかる。

問 3．アは兼好法師，イは鴨長明，ウは紀貫之，エは清少納言によって書かれた文学作品である。

問 4．望月とは満月のこと。和歌には，3 人の娘が立后したことを喜んだ道長の満ち足りた様子が詠まれている。

問 5．エは平安時代末期（1159 年）のできごとなので除外する。アは 1232 年，イは 1274 年・1281 年，ウは 1221 年，オは 1297 年のできごとである。

問 6．「軽い装備」とあることに着目しよう。

問 7．アは九州の戦国大名が行ったことがら，オは織田信長が行ったことがらである。

問 8．出雲阿国の踊りを「かぶき踊り」という。

問 9．「生まれながらの将軍」に着目する。

問 10．アは雪舟の『秋冬山水図』（室町時代），イは狩野内膳の『南蛮屏風』（安土桃山時代），ウは俵屋宗達の『風神雷神図屏風』（江戸時代），エは狩野永徳の『唐獅子図屏風』（安土桃山時代）である。

問 11．井伊直弼は，幕府に反対する者を安政の大獄(1858～1859 年)で処罰したために反感を買い，1860 年，桜田門外で暗殺された(桜田門外の変)。

問 12．ア．B…工場制手工業をマニュファクチュアともいうので，覚えておこう。

問 13．イ．富岡製糸場は綿糸ではなく生糸の増産を目指して設立された。開国当初は生糸が日本の主要な輸出品目になっていたことから考える。

問 14．平塚らいてうは，市川房枝らとともに「新婦人協会」の設立にたずさわった人物としても知られている。

問 15．エの風刺画には，朝鮮半島(栗として描かれている)を勢力下におくロシアに，日本を立ち向かわせようとするイギリスとアメリカが描かれている。アは，日清戦争直前の東アジアの風刺画で，朝鮮(魚)をめぐって対立する日本(左)と清(右)，漁夫の利を狙うロシア(中央)が描かれている。イは，ノルマントン号事件(1886 年)の風刺画である。ウは，19 世紀末の列強による中国分割の風刺画である。

問 17．アは女優，イは歌手，エはマラソン選手で，ア～エのいずれも国民栄誉賞を受賞している。

平成 27 年度 解答例・解説

《解答例》

1　問 1．ウ　問 2．(1)ア　(2)エ　問 3．イ　問 4．岡山　問 5．イ　問 6．エ　問 7．六ヶ所
　問 8．カルデラ　問 9．(1)北上　(2)リアス海岸　問 10．(1)ア　(2)地熱　問 11．ア　問 12．秋田すぎ
　問 13．関東　問 14．ア

2　問 1．リンカン　問 2．ドイツ〔別解〕プロイセン　問 3．ウ　問 4．(1)エ　(2)4　問 5．ポツダム
　問 6．1946, 11, 3　問 7．(1)象徴　(2)エ　問 8．(1)イ　(2)エ　問 9．(1)法の下　(2)ア　(3)ウ, カ
　問 10．18

3　問 1．ア　問 2．エ　問 3．空海　問 4．オ⇒イ⇒エ⇒ウ　問 5．中尊寺金色堂　問 6．厳島
　問 7．尚　問 8．ア　問 9．徳川家康　問 10．姫路　問 11．ウ　問 12．イ　問 13．イ
　問 14．ア, オ　問 15．蝦夷　問 16．ウ　問 17．シャクシャイン　問 18．イ

《解　説》

1　表 1 について，問題文の条件より，①・②・③・④・⑨・⑩・⑪には，愛知県・石川県・茨城県・岩手県・大分県・大阪府・岡山県のいずれかが入る。

問 1．ウ．①には大阪府が入る。面積の小さい順に香川県→大阪府となることは覚えておこう。

問 2．(1)②には愛知県が入る。愛知県は，豊田市を中心に自動車産業がさかんだから，ア～エのうち，最も輸送用機械の割合が高いアが正答。

(2)ア．組み合わせは正しいが，三重県の都市である。　イ．刈谷市では自動車産業がさかんである。

ウ．組み合わせは正しいが，岐阜県の都市である。

問 3．③には茨城県が入る。茨城県では，大消費地である東京に向けた近郊農業がさかんに行われている。

イ．Aは千葉県が 1 位であること，Bは茨城県が 1 位であること，Cは熊本県が 1 位であることに着目する。

問 4．「県花」がモモの花であることから，④が岡山県であることを見ぬく。

問 5．ア．夏の降水量が多いから，太平洋側の気候の蒲郡である。　イ．1 年を通して降水量が少ないから，

瀬戸内の気候の今治である。瀬戸内海地方は、夏に南東から吹く季節風は四国山地に、冬に北西から吹く季節風は中国山地にさえぎられるため、1年を通して雨が少ない。　ウ．1年を通して温暖だから、南西諸島の気候の宮古島である。　エ．冬の降水量が多いから、日本海側の気候の輪島である。

問6．エ．沖縄県を走るモノレールは、「ゆいレール」の愛称で親しまれている。

問8．カルデラ…火山の活動によって形成された円形のくぼ地のこと。

問9．⑨には岩手県が入る。⑵リアス海岸はYの三陸海岸以外にも、若狭湾・志摩半島などに見られる。

問10．「由布院温泉」「別府温泉」などから、⑩には大分県が入る。　⑴イ．愛知県　ウ．茨城県　エ．石川県
⑵地熱発電所は、地下の蒸気を利用して発電を行うため、火山の近くにつくられることが多い。大分県にある八丁原発電所は、日本最大の地熱発電所である。

問11．輪島温泉は石川にある温泉だから、⑪には石川県が入る。B…日本三名園／偕楽園(茨城県)　兼六園(石川県)　後楽園(岡山県)

問12．日本三大美林…木曽ひのき(長野県)　秋田すぎ(秋田県)　青森ひば(青森県)

問13．「ハ行」ではじまる都道府県は、北海道(北海道地方)，福島県(東北地方)，福井県(中部地方)，兵庫県(近畿地方)，広島県(中国・四国地方)，福岡県(九州地方)の6つである。

問14．イであれば、面積の小さい沖縄県が茨城県より上位である。　ウであれば、観光業のさかんな沖縄県が1位である。　エであれば、秋田県が1位となり、大阪府や愛知県のような大都市は下位となる。

2　問1．南北戦争のさ中の1863年に、リンカンはゲティスバーグで「人民の、人民による、人民のための政治」の演説を行った。

問2．君主権の強いドイツ(プロイセン)の憲法の研究のため、伊藤博文らがヨーロッパに留学した。

問3．ウ．A…大日本帝国憲法は、天皇によって国民に与えるという形で出された欽定憲法であった。

問4．⑵右表参照。表内の○番号は当選順を示す。

政党名	A党	B党	C党
得票数	2000	1000	700
÷1	2000①	1000②	700④
÷2	1000②	500⑥	350
÷3	666.7⑤	333.3	233.3
÷4	500⑥	250	175
当選者数	4人	2人	1人

問6．日本国憲法は、1946年11月3日に公布され、その半年後の1947年5月3日に施行された。

問7．エ．C…福利とは、幸福と利益のこと。

問8．⑵A．国防支出総額が最も多いからアメリカ合衆国である。
B．国防支出総額の割にGDPに占める割合が低いから、近年経済発展が著しい中国である。人口が世界で最も多いことから、正規兵力も多い。　C．国防支出総額の割にGDPに占める割合が高いからロシアである。
D．国防支出総額・GDPに占める割合・正規兵力が、いずれも4か国中最も少ない(低い)から日本である。よって、エが正答。

問9．⑵アは、「精神の自由」ではなく「経済活動の自由」について述べた文である。
⑶アは請求権、イとオは憲法に規定されていない新しい人権、エは参政権の一つである。

3　問1．ア．物部氏ではなく蘇我氏ならば正しい。
問2．エは、柿右衛門様式でつくられた古伊万里(伊万里焼)で、17世紀の作品である。　アは漆胡瓶、イは螺鈿紫檀五弦琵琶、ウは紺瑠璃杯で、いずれも東大寺の正倉院宝物である。

問4．アは、奈良の吉野の出来事なので、これを除外する。
イ．鎌倉時代(1221年)　ウ．安土桃山時代(1582年)　エ．室町時代(1467年)　オ．平安時代(1156年)

問5・6・10．中尊寺金色堂は岩手県、厳島神社は広島県、姫路城は兵庫県に位置する世界文化遺産である。

問8．石見銀山は島根県にあった銀山だから、アが正答。

問9．3代将軍徳川家光によって，日光の地に初代将軍徳川家康を祀る東照宮が移された。

問11．ア．毛利氏ではなく斎藤氏ならば正しい。毛利氏は中国地方の戦国大名である。　イ．長篠の戦いは愛知県で起こった戦いである。　エ．富山藩ではなく加賀藩ならば正しい。

問12．イ．18世紀前半(1716～1745年)　ア．17世紀前半　ウ・エ．18世紀後半

問13．イ．B…地租改正は，土地の所有者に税の負担義務を負わせて地券を交付し，課税の対象を収穫高から地価の3％に変更した政策である。江戸時代の年貢と変わらない重い負担が課せられたため，農民は不満を抱き，各地で地租改正反対一揆が起こった。これにより，1877年，政府は地租を3％から2.5％に引き下げた。

問14．イ．電気冷蔵庫ではなくクーラーならば正しい。　ウ．「所得倍増」を唱えたのは佐藤栄作内閣ではなく池田勇人内閣である。　ウ．四大公害病についての裁判は全て被害者側の勝訴となった。

問15．平安時代，征夷大将軍の坂上田村麻呂は，蝦夷の首長であるアテルイを降伏させ，蝦夷を平定した。

問16．ア．熊本県に関して述べた文である。　イ．多賀城は現在の宮城県に置かれた。　エ．木戸孝允は長州藩(現在の山口県)出身の人物である。

問18．イ．1875年，日本とロシアの間で結ばれた千島・樺太交換条約により，千島列島は日本領に，樺太はロシア領になった。したがって，ポーツマス条約で獲得した地域に千島列島は含まれない。

平成㉖年度　解答例・解説

《解答例》

1　問1．(1)カ　(2)オ　問2．イ　問3．ウ〔別解〕イ　問4．ヒートアイランド　問5．ア
　　問6．7　問7．エ　問8．減反政策　問9．ア　問10．1，1，午前1　問11．島根
　　問12．イ　問13．(1)かつお　(2)メタンハイドレート　問14．鹿児島　問15．与那国島

2　問1．(1)ウ，カ，ク　(2)イ　問2．(1)条例　(2)オンブズマン〔別解〕オンブズパーソン
　　問3．ベンチャー企業　問4．生存権　問5．(1)累進課税　(2)エ　問6．財政
　　問7．(1)デフレーション　(2)ア　(3)アベノミクス　問8．イ　問9．(1)エ　(2)イ

3　問1．イ，エ　問2．板付　問3．エ　問4．ウ　問5．藤原純友　問6．ア　問7．倭寇
　　問8．酒井田柿右衛門　問9．文禄　問10．イ　問11．エ　問12．ウ　問13．天保
　　問14．鹿鳴館　問15．イ　問16．サラエボ事件　問17．ア　問18．イ⇒ア⇒オ⇒ウ

《解　説》

1　問1．(1)A．石狩平野　B．十勝平野　C．根釧台地　石狩平野では稲作，十勝平野では畑作，根釧台地では酪農がさかんに行われているから，カが正答。

問2．ア．山形県　イ．宮城県　ウ．岩手県　エ．秋田県　宮城県で行われる七夕まつりは，青森県の「ねぶた祭」，秋田県の「竿燈祭り」，山形県の「花笠祭り」と並ぶ東北四大祭りの1つである。

問3．イ．茨城県は，政令指定都市を持たない都道府県の中では，東京都に次いで人口が多い。
ウ．霞ヶ浦は，日本で二番目に面積の大きい湖である。

問5．ア．北海道にある山である。　イ．鹿児島県にある山で，「薩摩富士」と呼ばれる。　ウ．青森県にある山で，「津軽富士」と呼ばれる。　エ．鳥取県にある山で，「伯耆富士」と呼ばれる。

問6．岐阜県は，福井県・石川県・富山県・長野県・愛知県・三重県・滋賀県の7県と隣接する。

問7．新潟県は，冬に降水量の多い日本海側の気候に属する。よって，エが正答。

ア．愛媛県松山市(瀬戸内の気候)　イ．高知県高知市(太平洋側の気候)　ウ．北海道稚内市(北海道の気候)

問8．減反…(米の)作付面積を減らすこと。

問9．滋賀県は，大都市へのアクセスがよいなどの理由で，ほかの県に比べて，人口が増加している。よって，アが正答。イは兵庫県，ウは大阪府，エは和歌山県。

問10．経度差15度で1時間の時差が生じる。日本は，兵庫県明石市を通る東経135度の経線を，イギリスのロンドンは，経度0度の本初子午線をそれぞれ標準時子午線としているから，時差は，(135－0)÷15＝9(時間)　日本の方が東経180度の経線に近いため，時刻は日本の方が早い。よって，日本の時刻の9時間前がロンドンの時刻となる。

問12．イの新居浜市では，食品工業ではなく石油化学工業がさかんである。

問13．(2)メタンは天然ガスの主成分であり，将来的に資源として用いることができるのではないか，と期待がもたれている。

問14．鹿児島県には屋久島，種子島のほか，奄美諸島など数多くの島々が属している。

問15．右表参照。

最北端		最西端	
島名	所属	島名	所属
択捉島	北海道	与那国島	沖縄県
最東端		最南端	
島名	所属	島名	所属
南鳥島	東京都	沖ノ鳥島	東京都

2　問1．(1)ア・イ・エ・オ・キはいずれも，国会の仕事である。

(2)イ．行政改革では，費用や人員を削減するため，国営の事業を減らす取り組みがなされた。

問2．(2)日本でオンブズマン(オンブズパーソン)制度をいち早く導入した地方公共団体は，神奈川県川崎市である。

問4．生存権は，憲法25条に規定されており，生活保護制度の前提となっている。

問5．(1)累進課税は，所得税などに用いられ，所得の多い人から所得の少ない人へ所得を移すこと(所得の再分配)を目的としている。

(2)ア．2012年度の国の税金における直接税と間接税の比率は，およそ6：4で，直接税の方が高かった。

イ．間接税ではなく直接税。間接税は，税を負担する人と納める人が異なる税である。　ウ．消費税は間接税である。

問7．(1)デフレーションに対し，物価の上昇が続く状況をインフレーションという。

(2)景気が悪いとき，政府は消費を活発にするため減税を行い，雇用をつくり出すため，公共事業を増やす(財政政策)。よって，アが正答。

(3)アベノミクス…2013年時点の首相である安倍晋三の名字と，エコノミクス(経済学)をかけあわせた造語。

問8．A．社会保障関係費　C．地方交付税等

問9．(2)イ．雇用保険制度ではなく介護保険制度。

3　問1．イ．志賀島で発見された金印は，57年に奴国の王が漢に使いを送ったときに授かったもので，「漢委奴国王」と刻まれている。　エ．弥生時代には，すでに身分の上下関係や貧富の差はあったものと考えられている。

問3．エの西海道は，現在の九州全体をいい，大宰府が管轄した。

問4．aは，かつての百済に含まれる地，bは，かつての新羅に含まれる地である。日本が朝鮮半島に軍を送ったのは，百済を助けるためだったことから，Y・aの組み合わせであるウが正答。なお，Xは，大海人皇子(天武天皇)について述べたものである。

問5．藤原純友と同時期に，平将門は「新皇」を名乗り，関東で乱を起こした。

問6．ア．北条泰時ではなく北条時宗。

問8．酒井田柿右衛門の赤絵の技法は，現代にも受け継がれ，同様の雰囲気の色絵が描かれたものも，「柿右

衛門様式」と呼ばれている。

問9．1592年の1度目の出兵を文禄の役，1597年の2度目の出兵を慶長の役という。

問10．イ．関ヶ原は，現在の岐阜県にある地である。

問11．島原・天草一揆は1637年に起こった。　ア．1613年　イ．1635年　ウ．1615年　エ．1641年

問12．ウ．東洲斎写楽ではなく歌川(安藤)広重。

問13．水野忠邦は，天保の改革で，株仲間を解散させたり，農民を村に帰したりした。

問14．鹿鳴館の建設は，不平等条約の改正を目指す，外務卿の井上馨によって企画された。

問15．ア．犬養毅首相など　ウ．原敬　エ．伊藤博文

問16．サラエボは，バルカン半島に位置する都市である。当時，バルカン半島は紛争の火種を抱えており，「ヨーロッパの火薬庫」と呼ばれていた。

問18．ア．1965年　イ．1956年　ウ．1972年　エ．1951年　オ．1971年

よって，エを除外して古い順に並べればよい。

※出典…②問5⑵ア『日本国勢図会 2013/14』

平成25年度　解答例・解説

━━━━━━━《解答例》━━━━━━━

① 問1．北緯38　問2．12　問3．X．伊吹　Y．鈴鹿　Z．木曽　問4．記号…ウ／若狭

　問5．三角州　記号…エ　問6．ウ　問7．⑴カ　⑵秋田県　⑶ア　⑷うめ　⑸ウ

　問8．⑴ウ　⑵ウ　問9．LCC

② 問1．イ　問2．⑴エ　⑵国務大臣　⑶良心　問3．エ　問4．吉田茂　問5．石炭　問6．ア

　問7．水俣病　問8．第四次中東戦争　問9．イ　問10．ウ　問11．ア　問12．3

　問13．エ

③ 問1．イ　問2．エ　問3．イ　問4．桓武　問5．白河　問6．エ　問7．ウ

　問8．六波羅探題　問9．応仁の乱　問10．山口　問11．ア，エ，オ　問12．本能　問13．上方

　問14．ア　問15．ア⇒オ⇒ウ⇒エ　問16．鳥羽・伏見　問17．湯川秀樹　問18．ア

━━━━━━━《解　説》━━━━━━━

① 問2．1海里は1852mだから，領海の範囲は海岸線から約22km。

問3．Z．木曽川は，揖斐川・長良川と並ぶ木曽三川の1つ。

問4．ウ．リアス式海岸は，海岸線と山地と距離が近いため，交通の便が悪く大都市は形成されにくい。

問5．扇状地は，河川が山間部から平地に出た付近で土砂を堆積させてでき，三角州は，平野の河口付近で土砂が三角形に積もってできる。

問6．ウ．a.西日本に集中しており，山地が範囲外になっているから，8月平均気温24℃以上。b.北海道・東北地方に集中しているから，1月平均気温0℃以下。c.九州地方・四国および近畿地方の南部などの太平洋側に集中しているから，8月降水量200mm以上。d.日本海側に集中しているから，1月降水量200mm以上。

問7．⑴カ．(あ)北海道・鹿児島県・宮崎県より畜産。(い)東北・北陸地方に集中しているから米。(う)長野県・関東地方に集中しているから野菜。(え)山梨県・和歌山県・愛媛県のみに見られるから果実。⑷和歌山県。

(5)ア．鹿児島県・宮崎県の順に多い。イ．北海道が第1位。ウ．豚の飼養頭数第1位は鹿児島県だから正しい。エ．鶏卵の生産量は茨城県が最も多い。

問8．(1)ウ．A．パルプ・紙・紙加工品，B．窯業・土石製品，C．化学工業および石油製品・石炭製品にそれぞれ着目する。(2)ア・エならば，愛知県が最も高い。イも同様に，この3県の中では愛知県が最も高い(印刷・印刷関連業は大都市に集中する)。よって，残ったウが正答。

2 問1．ア．GHQの指導に基づく。ウ．最高法規性→平和主義。エ．改正に厳しい要件が課せられている硬性憲法である。

問2．(1)ア．国会のみが国権の最高機関。イ．政令は内閣，条例は地方公共団体が定める。ウ．憲法の改正については，両院対等である。

問3．小笠原諸島の日本返還は1968年。なお，奄美群島の返還は1953年。

問5．エネルギー革命により，日本国内の炭鉱の閉鎖が相次いだ。

問6．ア．Xの減少とYの登場・増加が連動していることを読み取る。

問8．第四次中東戦争は，イスラエルとシリア・レバノンなどのアラブ諸国の戦い。多くの先進諸国がイスラエル寄りだったため，アラブ諸国らがイスラエル支援国家に対して石油の輸出を禁止し，石油価格が高騰した。

問10．ウ．日本国憲法第25条に規定されており，社会権の一つである。

問11．ア．1986年，イ．2001年，ウ．1997年，エ．1991年。

問13．エ．愛媛県の県庁所在地。2012年時点，四国に政令指定都市はない。

3 問1．イ．島根県。世界文化遺産の石見銀山から考えよう。

問2．エ．隋ではなく唐。隋は7世紀前半(飛鳥時代)にほろんだ。

問3．イ．西の右京と東の左京に分けられた。

問6．ア．左大臣→太政大臣。イ．安徳天皇と高倉天皇が逆。ウ．東国を中心に武士団を形成したのは源氏。

問7．ア．親鸞→法然。イ．法然→親鸞。エ．日蓮→道元。

問9．応仁の乱は，室町幕府8代将軍の足利義政の跡つぎをめぐって起こった戦い。西軍と東軍に分かれ，11年にわたって続けられた。

問11 ア．織田信長は，仏教勢力に対抗するため，キリスト教を保護した。イ．豊臣秀吉の政策である。ウ．織田信長の後継争い。エ．織田・徳川の連合軍による。オ．後に信長の代名詞となった。

問14．ア．喜多川歌麿ではなく菱川師宣。

問15．黒船の来航1853年〜大政奉還1867年。ア．1858年，イ．1868年，ウ．1863年(薩英戦争)，エ．1866年(薩長同盟)，オ．1860年。イ．江戸城の無血開城は，戊辰戦争のさ中に起こった出来事。

問18．ア．削減目標は，発展途上国ではなく先進国に課せられた。

平成 24 年度 解答例・解説

=== 《解答例》 ===

1 問1．ア　問2．イ　問3．ウ　問4．7　問5．イ　問6．シリコンロード
　　問7．地名…天橋立　位置…イ　問8．モーダルシフト　問9．エ　問10．ラムサール条約

2 問1．(1)2001　(2)ウ→オ→ア→イ　問2．①元号〔別解〕年号　②昭和

3　問1．ウ　　問2．魏志倭人伝　　問3．稲荷山　　問4．イ　　問5．鎮護国家　　問6．行基

　　問7．ア　　問8．けびいし〔別解〕けんびいし　　問9．中尊寺金色堂　　問10．エ　　問11．惣

　　問12．ウ　　問13．打ちこわし　　問14．新貨条例　　問15．ウ

═══════════ 《解　説》 ═══════════

1　問1．ロンドンは北緯51度に位置する。イ．カイロ・北緯30度，ウ．デリー(ニューデリー)・北緯28度，

エ．ワシントン・北緯38度。

問2．ア．日本の炭鉱はほとんどが閉鎖された。　ウ．日本は加盟していない。　エ．オイルショックは1973年

の第四次中東戦争がきっかけで起こった。

問3．鉄道は旅客輸送の割合が高く，船舶は貨物輸送の割合が高い。

問4．(鹿児島県)―熊本県―福岡県―佐賀県―福岡県―山口県―広島県―岡山県―兵庫県―(大阪府)。

問5．ア．乳用牛，ウ．豚，エ．ブロイラー(肉用若鶏)。

問7．天橋立は京都府にある。雪舟の描いた天橋立図が有名。

問9．エ．中京工業地帯は自動車の生産が多いので，機械工業の割合が最も高い。ア．京浜工業地帯，

イ．阪神工業地帯，ウ．京葉工業地域。

2　問1．⑵九州・沖縄サミットは2000年に開かれた。　ア．2008年，イ．2009年，ウ．2001年，オ．2003年。

問3．⑴リオデジャネイロで開かれた国連環境開発会議(地球サミット)は「持続可能な開発」をテーマに開催

された。

⑵A．二酸化炭素排出量が最大の中国。　B．一人当たり二酸化炭素排出量が多いアメリカ。　C．一人当たり

二酸化炭素排出量の少ないインド。

問5．ア．過疎化が進んでいる島根県では，65歳以上の割合が非常に高い。　イ．14歳以下の割合が低く，15〜

64歳の割合が高い東京都。　ウ．14歳以下の割合が65歳以上の割合を上回っている沖縄県。残ったエが佐賀県。

3　問1．ウ．ヒスイは勾玉などに用いられた。　ア．日本では，岩手県の採掘量が多い。　イ．香川県で多く採

れる。讃岐岩。　エ．全国各地で採れるが，中でも大分県の姫島の黒曜石産地は国の天然記念物に指定されて

いる。

問3．熊本県の江田船山古墳から「獲加多支鹵大王」と記された鉄刀が出土していることから，大和政権の勢

力が関東から九州まで及んでいたことがわかる。

問4．イ．渡来人が伝えたのは須恵器。土師器は弥生土器を発展させたもの。　エ．仏教が百済から公式に日本

に伝わったのは6世紀中ごろと考えられている。

問6．行基は民衆からの信頼が厚く，橋や用水路などを作る際にその指導をしていた。

問7．防人は白村江の戦いに敗れてからおかれ，九州北部の防衛にあたった。ア〜ウの歌は『万葉集』，エの

歌は『古今和歌集』に収録されている。　イ．山上憶良，ウ．小野老，エ．阿倍仲麻呂。

問8．検非違使は現代の警察や司法に近い役割を担っていた。

問９．同じ時代の阿弥陀堂に藤原頼通が建てた平等院鳳凰堂がある。

問10．エ．歌舞伎。安土桃山時代に出雲阿国がはじめたとされる。ア．竹崎季長の戦いのようすを描いた『蒙古襲来絵詞』（文永の役），イ．時宗を開いた一遍がはじめた踊り念仏，ウ．運慶・快慶作の金剛力士像がある東大寺南大門。

問11．惣が中心となり，土倉や酒屋などをおそって借金の証文をうばうことを土一揆という。

問12．⑫は1588年に出された刀狩令。刀狩は一揆を防ぐために行われた。

問14．「銭」は1円の100分の1，「厘」は1銭の10分の1にあたる。

問15．直接国税15円以上は1890年当時における選挙権の要件の一つ。当初の徴兵令には免除規定が多くあり，代人料270円を納めた者は兵役が免除されるなどの規定があった。

■ ご使用にあたってのお願い・ご注意

（1）問題文等の非掲載

著作権上の都合により，問題文や図表などの一部を掲載できない場合があります。

誠に申し訳ございませんが，ご了承くださいますようお願いいたします。

（2）過去問における時事性

過去問題集は，学習指導要領の改訂や社会状況の変化，新たな発見などにより，現在とは異なる表記や解説になっている場合があります。過去問の特性上，出題当時のままで出版していますので，あらかじめご了承ください。

（3）配点

学校等から配点が公表されている場合は，記載しています。公表されていない場合は，記載していません。

独自の予想配点は，出題者の意図と異なる場合があり，お客様が学習するうえで誤った判断をしてしまう恐れがあるため記載していません。

（4）無断複製等の禁止

購入された個人のお客様が，ご家庭でご自身またはご家族の学習のためにコピーをすることは可能ですが，それ以外の目的でコピー，スキャン，転載（ブログ，ＳＮＳなどでの公開を含みます）などをすることは法律により禁止されています。学校や学習塾などで，児童生徒のためにコピーをして使用することも法律により禁止されています。

ご不明な点や，違法な疑いのある行為を確認された場合は，弊社までご連絡ください。

（5）けがに注意

この問題集は針を外して使用します。針を外すときは，けがをしないように注意してください。また，表紙カバーや問題用紙の端で手指を傷つけないように十分注意してください。

（6）正誤

制作には万全を期しておりますが，万が一誤りなどがございましたら，弊社までご連絡ください。

なお，誤りが判明した場合は，弊社ウェブサイトの「ご購入者様のページ」に掲載しておりますので，そちらもご確認ください。

■ お問い合わせ

解答例，解説，印刷，製本など，問題集発行におけるすべての責任は弊社にあります。

ご不明な点がございましたら，弊社ウェブサイトの「お問い合わせ」フォームよりご連絡ください。迅速に対応いたしますが，営業日の都合で回答に数日を要する場合があります。

ご入力いただいたメールアドレス宛に自動返信メールをお送りしています。自動返信メールが届かない場合は，「よくある質問」の「メールの問い合わせに対し返信がありません。」の項目をご確認ください。

また弊社営業日（平日）は，午前9時から午後5時まで，電話でのお問い合わせも受け付けています。

2025 春

株式会社教英出版

〒422-8054　静岡県静岡市駿河区南安倍3丁目12-28

TEL　054-288-2131　　FAX　054-288-2133

URL　https://kyoei-syuppan.net/

MAIL　siteform@kyoei-syuppan.net

2025　28の1　早稲田佐賀中 7年分

平成30年度（2018年度）

中学校入学試験問題

【1月A日程】

算　数

（60分）

注　意

「始め」の合図があるまでは問題を開いてはいけません。

1　「始め」という合図で始め，「やめ」という合図ですぐにやめなさい。

2　問題は1ページから6ページまでです。

3　解答を始める前に，まず，解答用紙に受験番号と氏名を記入しなさい。
　　受験番号は5桁です。算用数字で横書きにしなさい。

4　答えは，すべて解答用紙に記入しなさい。

5　質問や用があるときは，声を出さずに静かに手をあげなさい。
　　問題の内容についての質問は受け付けません。

6　分度器，定規，コンパス，計算機類の使用は認めません。

- -

7　比で答えるときは，最も簡単な整数の比にしなさい。

8　分数で答えるときは，約分して最も簡単な形にしなさい。

9　円周率を用いるときは，3.14として計算しなさい。

10　角すいや円すいの体積は，「底面積×高さ÷3」で計算しなさい。

早稲田佐賀中学校

1 次の □ にあてはまる数を求めよ。

(1) $2\dfrac{2}{7} \times \left(4\dfrac{1}{4} - 4\dfrac{1}{6} \div 6\dfrac{2}{3}\right) - \dfrac{9}{7} = $ □

(2) 分母と分子の和が114で，約分すると $\dfrac{6}{13}$ になる分数は □ である。

(3) たてと横の長さの比が 1:2 の長方形がある。たてと横の長さをそれぞれ 2 m ずつ伸ばして新しく長方形を作ったところ，たてと横の長さの比が 3:5 になった。新しい長方形の面積は，もとの長方形の面積に比べて □ m² 大きくなった。

(4) 5%の食塩水 200 g に，10%の食塩水 □ g と水を加えてよくかき混ぜると，7%の食塩水が 500 g できた。

(5) 右の図のような，テーブルを挟んで 2 人掛けと 3 人掛けのソファーがある。そのソファーに，父，母，兄，弟，妹の 5 人が座るとき，父と母が隣り合うように並んで座る方法は □ 通りある。

(6) 右の図のような，正五角形 ABCDE と，その一辺が
ちょうど重なるような正三角形 FCD がある。角アの大
きさは [   ] °である。

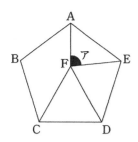

(7) 右の図のような，一辺の長さが 4 cm の正方形がある。
その内部に半円が 2 つと半径 4 cm の円の一部が 1 つあ
る。このとき，斜線部分の面積は [   ] cm² である。

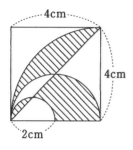

(8) 右の図のような，直角二等辺三角形 ABC を，直線 ℓ を
軸として 1 回転させてできた立体の体積は [   ] cm³
である。

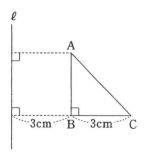

— 2 —

2　　n は奇数とする。$\langle n \rangle = 1 + 2 + 3 + \cdots + n$ とする。次の問いに答えよ。

(1)　$\langle 11 \rangle$ の値を求めよ。

(2)　$\langle 101 \rangle$ を 101 で割った商を求めよ。なお，この問題は解答までの考え方を示す式や文章，図を書け。

(3)　$\dfrac{\langle n \rangle}{n} + \dfrac{\langle n + 2 \rangle}{n + 2} + \dfrac{\langle n + 4 \rangle}{n + 4} + \dfrac{\langle n + 6 \rangle}{n + 6} = 2018$ となるような，n の値を求めよ。

3　　A君とB君が，ある長さのプールを1往復する。2人は同時にスタートして，A君は分速72 m で，B君は分速60 m で泳ぐ。A君は折り返してから3 m のところでB君とすれ違った。次の問いに答えよ。

(1)　A君とB君がすれ違うのはスタートしてから何秒後か。

(2)　このプールの片道の長さを求めよ。

(3)　A君がゴールしたとき，B君はゴールまで何 m のところにいるか。

4 たて 12 cm，横 20 cm の長方形 ABCD を，たて 3 等分，横 5 等分した図形がある。次の問いに答えよ。

(1) 右の図のように，点 E をとり直線 BD と直線 EC の交点を F とする。三角形 FBC の面積を求めよ。

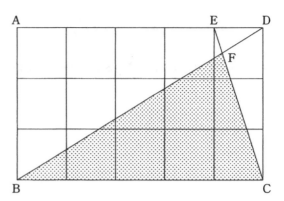

(2) 右の図のように，点 G をとり直線 BG と直線 EC の交点を H とする。三角形 FBH の面積を求めよ。

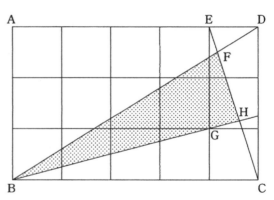

(3) 右の図のように，辺 BC 上に BI = 7 cm となる点 I をとる。直線 IF と直線 BG の交点を J とする。三角形 FJH の面積を求めよ。

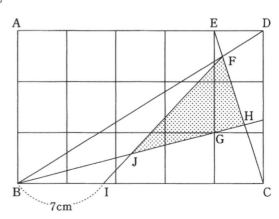

5 1辺の長さが9cmの立方体がある。**図1**のように各面の中央に，1辺の長さが3cmの正方形の形をした穴を，穴を開けた面と穴の側面が垂直になるように，向かい側の面を突き抜けるまで開ける。どの面も正面から見ると**図2**のように見える。次の問いに答えよ。

(1) この立体の体積を求めよ。

(2) この立体を A，B，C を通る平面で切断したとき，三角形 ABC の面積と切断面の面積比を求めよ。

(3) 切断した立体のうち，頂点 D を含む立体の体積を求めよ。

図1

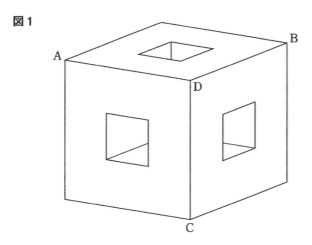

図2

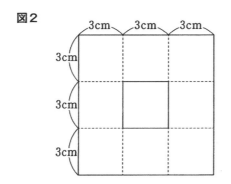

平成30年度（2018年度）

中学校入学試験問題

【1月A日程】

理　科

（40分）

注　意

「始め」の合図があるまでは問題を開いてはいけません。

1　「始め」という合図で始め，「やめ」という合図ですぐにやめなさい。

2　問題は1ページから6ページまでです。

3　解答を始める前に，まず，解答用紙に受験番号と氏名を記入しなさい。
　　受験番号は5桁です。算用数字で横書きにしなさい。

4　答えは，すべて解答用紙に記入しなさい。

5　質問や用があるときは，声を出さずに静かに手をあげなさい。
　　問題の内容についての質問は受け付けません。

6　定規，コンパス，計算機類の使用は認めません。

1　次の各問に答えよ。

問1　長さが100 cm，重さが100 gで太さと密度が一様な棒（重心が点O）と，1個あたりが100 gのおもりをいくつか準備する。図1のように最初，点Oの位置に糸を取り付けてつるすと，棒は水平な状態を保ってつり合った。棒上の点Aと

図1
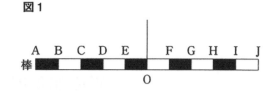

B，BとC，CとD，DとE，EとO，OとF，FとG，GとH，HとI，IとJの間隔は全て10 cmである。また，棒の重さは全て棒の重心にかかっていると考えることができる。
※重心…その点を支えると，物体のバランスをとって全体を支えることができるような一点。

(1)　図2のように，点Aにおもりを2個つるすと棒が傾いたため，点Gにおもりをつるして，棒を水平につり合わせた。点Gにつるしたおもりは何個か。

図2

(2)　図3のように，棒をつるす糸の位置を点Fにずらし，点Aにおもりを2個，点GとIにおもりを1個ずつつるしたところ，棒が傾いたので，さらにおもりをつるすことで，棒を水平につり合わせた。棒が水平につり合うためのおもりのつるし方として正しいものを，次のア〜カの中から全て選び，記号で答えよ。

図3
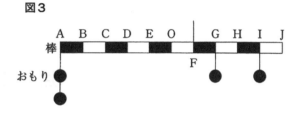

　ア　点Eにおもりを2個，点Gにさらにおもりを5個つり下げる。
　イ　点Oにおもりを1個，点Hにおもりを5個つり下げる。
　ウ　点Gにさらにおもりを1個，点Hにおもりを4個つり下げる。
　エ　点Jにおもりを2個つり下げる。
　オ　点Hにおもりを2個，点Jにおもりを1個つり下げる。
　カ　点Hにおもりを3個，点Iにさらにおもりを1個つり下げる。

(3)　図4のように，点Aにおもりを4個，点BとGにおもりを2個ずつ，点CとDとJにおもりを1個ずつつるした。このおもりをつるした棒を水平につり合わせるためには，棒とおもり全体の重心の位置を糸でつるせばよい。水平につり合わせるためにはどの点を糸でつるせばよいか。OおよびA〜Jの中から1つ選び，記号で答えよ。

図4
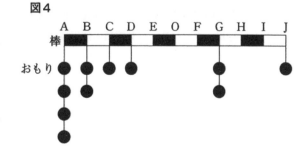

問2　図5のような，1辺が120cmで重さが100g，厚さが薄くて均一な直方体の板を，6枚準備する。この板の重心は直方体の中心にある。次の各問に答えよ。

(1)　図6は，図5の板2枚を水平な台の上に置き，ピッタリと重ねた図である。

　　　この2枚の板のうち，上の板を図7のように手前と奥の辺はそろえたまま，図の右の方へゆっくりと移動させていく。移動させる距離がある距離をこえると，上の板は，下の板から落ちるように傾いた。上の板が下の板から傾く直前で移動を止めたとき，上の板と下の板のずれ幅は何cmか。

(2)　水平な台の上で，板3枚をピッタリと重ねて置き，一番上の板を，真ん中の板が動かないようにして，(1)のように図の右の方へゆっくりと移動させ，一番上の板が真ん中の板の上で傾く直前で移動を止める。次に，一番上の板が真ん中の板の上で動かないようにしながら，真ん中の板を図の右の方へゆっくりと移動させ，真ん中の板が一番下の板の上で傾く直前で移動を止める（図8）。このとき，一番上の板の右端と，一番下の板の右端のずれ幅は何cmか。

(3)　最後に水平な台の上で，板6枚をピッタリと重ねて置き，一番上の板を上から二番目の板が動かないようにして(1)のように図の右の方へゆっくりと移動させ，一番上の板が上から二番目の板の上で傾く直前で移動を止める。その後は(2)のように，上から二番目の板，上から三番目の板，上から四番目の板，上から五番目の板と，同じことを繰り返していく。上から五番目の板が，一番下（上から六番目）の板の上で傾く直前で移動を止めたとき（図9），一番上の板の右端と，一番下の板の右端のずれ幅は何cmか。

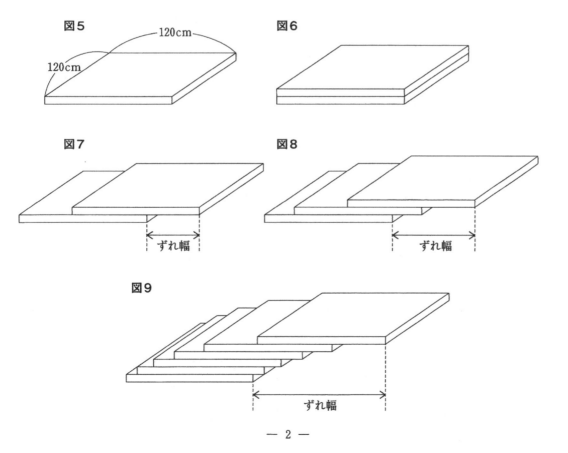

図5　120cm　120cm

図6

図7　ずれ幅

図8　ずれ幅

図9　ずれ幅

2 光合成の実験について，次の文章を読んで，下の各問に答えよ。

　　光合成研究は，1771年に，イギリスの化学者プリーストリーによる研究から始まった。プリーストリーは，1774年に酸素を発見し「脱フロギストン空気」と名づけた。1804年にスイスのソシュールは，植物は二酸化炭素が無いと生きていけないことをつきとめ，さらに，植物がつくった有機物と放出した酸素の総重量は，植物が取り込んだ二酸化炭素の重量よりも大きいことを発見した。また，光合成には水が必要であることを発見し「二酸化炭素＋水→植物の成長＋酸素」という光合成のメカニズムの大部分をあきらかにした。そして，1862年にドイツの植物学者ザックスは，「葉の緑色の粒を顕微鏡で見たときに現れる白い粒は，取り込まれた二酸化炭素に関係があるのではないか。」と考えた。そこでザックスは「植物のつくる物質は何だろう？」という疑問をもち，以下のような実験を行った。ただし，**操作1〜6**の順序は正しく並んでいない。実験の結果，葉の一部が青紫色に変化した。

　　操作1　葉を熱湯にひたす。　　　　　　**操作2**　葉をヨウ素液にひたす。
　　操作3　葉に十分な光をあてる。　　　　**操作4**　葉を取り出し，水あらいをする。
　　操作5　葉の一部をアルミニウムはくでおおい，光があたらないように暗所に丸1日おく。
　　操作6　葉をあたためたアルコールにひたし，5分程度保温する。

問1　ザックスの行った実験の操作1〜6の順序を，正しい順に番号を並びかえよ。

問2　**操作1**において，葉を熱湯にひたした理由として，最も適当なものを次のア〜エの中から1つ選び，記号で答えよ。
　　ア　葉を脱色するため。　　　　　　　　イ　葉の表面のうぶ毛を取りのぞくため。
　　ウ　葉の組織をやわらかくするため。　　エ　葉の表面を殺菌するため。

問3　**操作5**において，暗所に丸1日おいた理由として，最も適当なものを次のア〜エの中から1つ選び，記号で答えよ。
　　ア　茎の成長をはやめるため。　　　　　イ　植物のつくる物質をつくらせないため。
　　ウ　水分の吸収を増加させるため。　　　エ　酸素の放出をさかんにするため。

問4　**操作5**において，アルミニウムはくでおおった部分は，青紫色にならなかった。これは，植物のつくる物質がなかったからである。その理由として，最も適当なものを次のア〜オの中から1つ選び，記号で答えよ。
　　ア　光があたって植物のつくる物質がより多くできたから。
　　イ　光があたっていないため，植物のつくる物質が分解されてしまったから。
　　ウ　植物のつくる物質はできたが，アルミニウムはくと反応して，分解されてしまったから。
　　エ　植物のつくる物質はできたが，空気中に放出してしまったから。
　　オ　葉の内部に，光合成が行われる構造物がなかったから。

問5　**操作6**において，アルコールにひたして保温した理由として，最も適当なものを，問2のア〜エの中から1つ選び，記号で答えよ。

問6　光合成は海綿状組織やさく状組織，こう辺細胞で行われる。これらの組織や細胞の中に含まれる緑色の粒の名前を漢字で答えよ。

問7　この実験の結果から，植物のつくる物質の名前を答えよ。

3 水の変化に関する実験の文章を読んで，下の各問に答えよ。

実験 図1のような装置を用いて，水の冷却を行った。ビーカーには氷を入れ，さらに水と食塩を混ぜたものを加えた。試験管を冷やしたときの時間と試験管内の水の温度の関係を図2に表す。

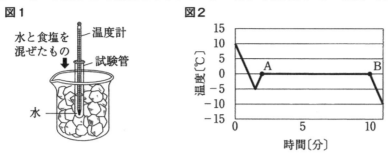

問1　水は0℃で氷となるが，水に食塩などの物質を溶かした水溶液では0℃より低い温度でも液体として存在する。このような水溶液の特徴に関係する文として正しく述べたものを，次のア〜エの中から1つ選び，記号で答えよ。

　ア　机に水滴があったが，しばらく放置しておくと水滴はなくなっていた。
　イ　砂糖は，水の温度が高いほどよく溶ける。
　ウ　同じ量で比べると，水よりもスポーツドリンクを凍らせるほうが時間がかかる。
　エ　冷凍庫の中に長時間入れていた氷の大きさが小さくなった。

問2　図2において，点Aから点Bにかけて温度は変化しなかった。次の各問に答えよ。
　(1)　液体から固体に変わる変化を何というか。
　(2)　(1)の変化が起きるときの温度を何というか。
　(3)　水から氷に変化するときの熱の出入りとして正しいものを，次のア〜ウの中から1つ選び，記号で答えよ。
　　　ア　水から熱が出る。　　イ　水に熱が入る。　　ウ　水への熱の出入りはない。

問3　ある冷凍庫を用いて，水100gの温度を1℃下げるには，1分かかる。一方，氷100gの温度を1℃下げるには0.5分かかる。また，0℃の水100gを全て0℃の氷にするためには4分かかる。この冷凍庫を使って20℃の水500gを冷却して−10℃の氷にするためには何分かかるか。ただし，水，氷，それぞれの状態において，どの温度でも冷却にかかる時間は同じであるものとする。

問4　物質の重さと体積に関する文として，誤りを含むものを，次のア〜エの中から1つ選び，記号で答えよ。
　ア　固体から液体に変化するとき，どんな物質でも重さは変化しない。
　イ　液体から気体に変化するとき，どんな物質でも重さは変化しない。
　ウ　固体から液体に変化するとき，どんな物質でも体積は大きくなる。
　エ　液体から気体に変化するとき，どんな物質でも体積は大きくなる。

　次の各問に答えよ。

　図1，2，3は平成28年の1月，6月，8月のいずれかの天気図である。なお，図中のHは高気圧を，Lは低気圧を示しており，また，図中の記号 ▽▽▽ ，▼▼▼ ，●▲● ，▲▲▲ は温度の異なる空気がぶつかる境目である。さらに，図中の曲線および点線は等しい気圧を結んだ線（等圧線）である。

問1　図1，2，3はそれぞれ何月の天気図か。

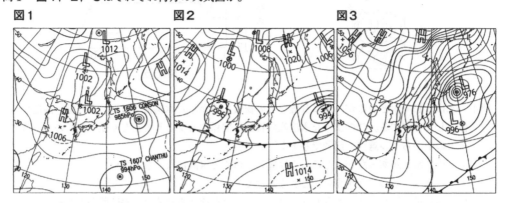

図1　　　　　　　　　　　図2　　　　　　　　　　　図3

問2　図3の翌日の天気図と考えられるものを，次のア〜エの中から1つ選び，記号で答えよ。

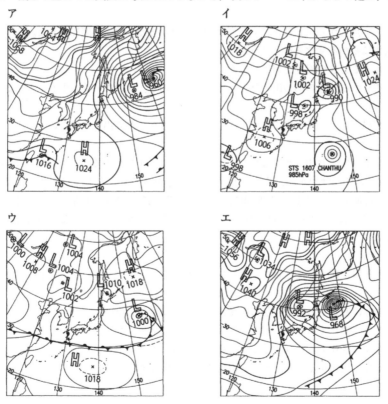

ア　　　　　　　　　　　　　　　　イ

ウ　　　　　　　　　　　　　　　　エ

問3　近年，ゲリラ豪雨が頻繁にニュースで話題となっている。ゲリラ豪雨とは，発生する予想が難しく，短時間で，狭い範囲に非常に多量に降る雨のことである。このような雨をもたらす雲を何というか，次のア〜エの中から1つ選び，記号で答えよ。

　　　ア　高積雲　　　イ　巻層雲　　　ウ　積乱雲　　　エ　層雲

問4　海に面した唐津では，昼間，非常に強い海風が吹く。この風の原理を考えてみよう。次の文章中の空欄にあてはまる語句の組み合わせとして，最も適切な組み合わせを下のア〜クの中から1つ選び，記号で答えよ。ただし，同じ番号の空欄には同じ語句が入る。

　　　陸地であたためられた空気が（　①　）気流となって上空に上がる。そのため，その地域は（　②　）気圧となる。この（①）気流によって空気は上空に上がるにつれて，徐々に温度が下がっていき，露点に達したところで雲ができる。よって，雲ができた後の空気は（　③　）。次に，この（③）空気は上空を流れて冷やされ，海上に降りてくる。この場合に（　④　）気流が生じる。よって，この地域は（　⑤　）気圧となる。そのため，（④）気流が海面とぶつかり，放射状に空気が広がる流れができる。これを風と呼んでいる。風は気圧の高いところから気圧の低いところに向かって吹くため，唐津では非常に強い海風が吹くのである。

	①	②	③	④	⑤
ア	上昇	高	湿っている	上昇	高
イ	下降	低	湿っている	下降	低
ウ	上昇	低	湿っている	下降	高
エ	下降	高	乾燥している	上昇	低
オ	上昇	低	乾燥している	下降	高
カ	下降	高	湿っている	上昇	低
キ	上昇	低	乾燥している	上昇	低
ク	下降	低	湿っている	下降	高

教英出版

平成30年度（2018年度）

中学校入学試験問題

【１月Ａ日程】

社 会

（40分）

注 意

「始め」の合図があるまでは問題を開いてはいけません。

1　「始め」という合図で始め、「やめ」という合図ですぐにやめなさい。

2　問題は１ページから11ページまでです。

3　解答を始める前に、まず、解答用紙に受験番号と氏名を記入しなさい。
　　受験番号は５桁です。算用数字で横書きにしなさい。

4　答えは、すべて解答用紙に記入しなさい。

5　文章で答える問題は、句読点も１字とする。

6　質問や用があるときは、声を出さずに静かに手をあげなさい。
　　問題の内容についての質問は受け付けません。

1 A君は夏休みの自由研究として、動物を表す漢字が含まれる市区町村名とその市区町村に関係する情報について調べた。表1を見て、あとの各問に答えよ。

表1

市区町村名	都道府県名	市区町村に関係する情報
鹿角市	秋田県	米を原料とした郷土料理（ ① ）の発祥の地であるとされる。
丸亀市	香川県	②丸亀市役所は北緯（X）度17分、東経（Y）度48分にある。
練馬区	東京都	③荒川と多摩川にはさまれた関東平野西部に広がる台地に位置する。
斑鳩町	奈良県	1993年に「（ ④ ）地域の仏教建造物」が世界遺産に登録された。
（ ⑤ ）町	広島県	江戸時代から伝わる筆の製造を産業の中心として栄えてきた町である。
燕市	新潟県	⑥ある生活用品の生産が伝統的にさかんである。
鷹栖町	北海道	⑦近年、町への寄附金が増えている。
尾鷲市	⑧三重県	⑨太平洋側の気候に属する都市である。
熊谷市	埼玉県	⑩夏場の高温・猛暑に関する多くの最高記録が観測されている。
犬山市	愛知県	「犬山祭の車山行事」が（ ⑪ ）の無形文化遺産に登録された。
那須烏山市	⑫栃木県	ふれあい農園や観光⑬果樹園で農業を体験できる。
⑭鳥栖市	佐賀県	⑮物流施設の集積場であり、多くの工場が立地する。

問1 （ ① ）に入る郷土料理名を答えよ。

問2 下線部②について、（X）・（Y）に入る数字の組み合わせとして正しいものを、次のア～エの中から一つ選び、記号で答えよ。
　　ア　X－34　Y－133　　　　イ　X－34　Y－137
　　ウ　X－38　Y－133　　　　エ　X－38　Y－137

問3 下線部③について、荒川と多摩川にはさまれた関東平野西部に広がる台地を何というか、答えよ。

問4 （ ④ ）に入る寺院の名称を答えよ。

問5 （ ⑤ ）に入る適語を答えよ。

問6 下線部⑥について、燕市でさかんに生産されているものとして正しいものを、次のア～エの中から一つ選び、記号で答えよ。
　　ア　メガネフレーム　　　イ　タオル
　　ウ　ナイフとフォーク　　エ　時計

問7　下線部⑦について、鷹栖町では、近年町への寄附金が増えている。この現象の背景には、希望する人が自発的に自分で選んだ自治体に寄附金を送るという税制度が関係していると推測できる。2008年からはじまったこの税制度を何というか、答えよ。

問8　下線部⑧について、三重県に関して述べたA・Bの文の正誤の組み合わせとして正しいものを、次のア～エの中から一つ選び、記号で答えよ。
　　A　県庁所在地は大津市である。
　　B　新幹線の駅がある。
　ア　A－正　B－正　　イ　A－正　B－誤　　ウ　A－誤　B－正　　エ　A－誤　B－誤

問9　下線部⑨について、次の図は表1中にある太平洋側の気候に属する都市（尾鷲・熊谷・犬山・鳥栖）の近くにある観測地点（尾鷲・熊谷・一宮・佐賀）の月降水量と年降水量の平均を表した図である。尾鷲を示すものとして正しいものを、次のア～エの中から一つ選び、記号で答えよ。

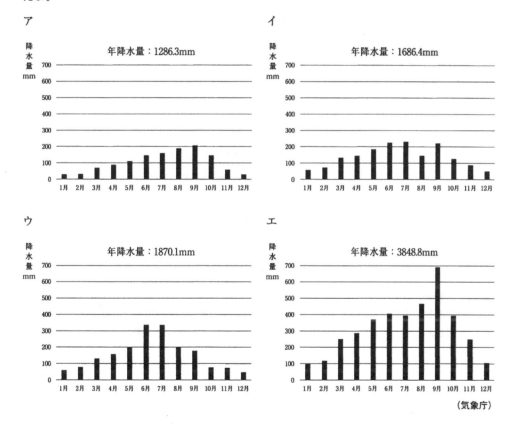

（気象庁）

問10　下線部⑩について、熊谷市が夏場に高温となる理由についてA君は、次の文章の通りに考えた。文章中の（　あ　）・（　い　）に入る適語の組み合わせとして正しいものを、次のア～カの中から一つ選び、記号で答えよ。

> 　大都市で発生する人工的な熱などのために気温が高くなる（　あ　）現象の影響を受けた熱風と、山地を越えて吹き下りるときに気温が高くなる（　い　）現象の影響を受けた熱風が、一般的に日中の最高気温となる午後2時過ぎに熊谷市の上空付近で交差するためではないかと考えた。

	ア	イ	ウ	エ	オ	カ
（あ）	ヒートアイランド	ヒートアイランド	エルニーニョ	エルニーニョ	フェーン	フェーン
（い）	エルニーニョ	フェーン	ヒートアイランド	フェーン	ヒートアイランド	エルニーニョ

問11　（　⑪　）に入る国際連合の機関名の略称をカタカナ4字で答えよ。

問12　下線部⑫について、次の表2は、栃木県で生産がさかんな農畜産物の産出額・飼育頭数上位3道県についてまとめたものである。A・Bの組み合わせとして正しいものを、次のア～エの中から一つ選び、記号で答えよ。

表2

順位	A	B
1	栃木県	北海道
2	福岡県	栃木県
3	長崎県	熊本県

（生産農業所得統計2015年）

ア　A－いちご　B－肉用牛　　　　イ　A－いちご　B－乳用牛
ウ　A－もも　　B－肉用牛　　　　エ　A－もも　　B－乳用牛

問13　下線部⑬について、果樹園を表す地図記号を解答欄に記入せよ。

問14　下線部⑭について、日本には県名に「鳥」という漢字を使用している県が1つある。その県の形として正しいものを、次のア～エの中から一つ選び、記号で答えよ。なお、県境と海岸線は同じ線で示しており、ア～エの縮尺は異なっている。便宜上、離島は省いて表示している。

ア　　　　　　　　　　　イ　　　　　　　　　　ウ　　　　　　　　　エ

問15　下線部⑮について、佐賀県鳥栖市は物流施設の集積場となっている。鳥栖市に物流施設が集まっているのはなぜか、その理由を次の資料1・2の内容を踏まえ、25字以内で説明せよ。

資料1　九州の7県の主要都市

★：鳥栖市
●：九州における人口上位10都市

資料2　九州の高速道路

○：高速道路のインターチェンジ

問16　表1にある都道府県について説明した次のA～Cのうち、正しく述べているものはどれか。最も適当なものを、次のア～キの中から一つ選び、記号で答えよ。

　　A　8地方区分で分類した際、九州地方に分類される都道府県は1つである。
　　B　8地方区分で分類した際、関東地方に分類される都道府県は2つである。
　　C　8地方区分で分類した際、中部地方に分類される都道府県は3つである。

ア　A　　　イ　B　　　ウ　C　　　　エ　AとB
オ　AとC　カ　BとC　キ　AとBとC

2　次の文章を読み、あとの各問に答えよ。

　人権（基本的人権）は、個人が人間らしさを保ち、自立して生きていけるための基本的な権利であり、「すべて国民は、個人として尊重される」という考えをもとに、人が人である以上、普遍的に必要なものとされている。また、①日本国憲法では、基本的人権を「侵すことのできない（　②　）」と規定し、これを維持していくには、「国民の不断の努力」が必要である、と定めている。

　人権の保障が確立するまでには、③長年にわたる人々の努力があり、また、その時代の政治や経済の体制、社会状況などに応じて変化してきた。近代になるとまずは、18世紀に④自由権が形成され、ついで19世紀に⑤参政権、そして20世紀に入ると、人々の人間らしい生活を保障しようとする⑥社会権が獲得された。

　さらに、複雑で多様化した現代社会では、情報社会の形成や公害・環境問題の深刻化など、予想ができなかったような現象や問題が生じている。そこで、それらに対応した⑦新しい人権の保障が求められるようになった。知る権利、プライバシーの権利、⑧環境権がその代表例であり、日本国憲法との関連づけや法制度の整備が行われている。

　また、近年は、人権を国際的に保障しようとする動きが高まっている。第二次世界大戦後、⑨国際連合は、1948年に国際平和の維持と国際協力による人権の尊重を目的に世界人権宣言を採択した。その後、国際人権規約や人種差別撤廃条約などを採択し、国際的な人権の拡大に努めている。今日では、世界規模で人権を保障するために、条約などに定められた人権の国際的な基準に基づいて、差別を解消していくことが重要となっている。

問1　下線部①について、次の(1)～(4)の間に答えよ。

(1)　次の文章は、1947年に当時の文部省が発行した中学校1年生用社会科の教科書「あたらしい憲法のはなし」の一部である。文章中の（　　　　）にあてはまる語句として正しいものを、次のア～エの中から一つ選び、記号で答えよ。

> 　みなさんがあつまって、だれがいちばんえらいかをきめてごらんなさい。いったい「いちばんえらい」というのは、どういうことでしょう。勉強のよくできることでしょうか。それとも力の強いことでしょうか。いろいろきめかたがあってむずかしいことです。
> 　国では、だれが「いちばんえらい」といえるでしょう。もし国の仕事が、ひとりの考えできまるならば、そのひとりが、いちばんえらいといわなければなりません。もしおおぜいの考えできまるなら、そのおおぜいが、みないちばんえらいことになります。もし国民ぜんたいの考えできまるならば、国民ぜんたいが、いちばんえらいのです。こんどの憲法は、（　　　　）の憲法ですから、国民ぜんたいの考えで国を治めてゆきます。そうすると、国民ぜんたいがいちばん、えらいといわなければなりません。

　ア　帝国主義　　イ　社会主義　　ウ　資本主義　　エ　民主主義

(2)　日本国憲法第1条では、天皇の地位について定めているが、2017年6月には天皇の退位等に関する特例法が成立し、約200年ぶりに天皇の生前退位が実現することになった。この法律によると生前退位した天皇の呼称を何というか、答えよ。

(3) 日本国憲法が定めている平和主義について述べた次のA・Bの文の正誤の組み合わせとして正しいものを、次のア～エの中から一つ選び、記号で答えよ。

    A　日本国憲法は、戦争放棄の目的を達するため、非核三原則を規定している。

    B　自衛隊は、軍人でない内閣総理大臣と防衛大臣によって指揮される。このような原則を、文民統制（シビリアン・コントロール）という。

ア　A―正　B―正　　　　イ　A―正　B―誤

ウ　A―誤　B―正　　　　エ　A―誤　B―誤

(4) 次の条文は、日本国憲法第96条の一部である。条文中の（　　　）に入る言葉を答えよ。

> この憲法の改正は、各議院の（　　　）以上の賛成で、国会が、これを発議し、国民に提案してその承認を経なければならない。

問2　（　②　）に入る適語を答えよ。

問3　下線部③について、次の文は、1789年に出された人権の保障を確立した歴史的な宣言の一部である。この宣言が出された国として正しいものを、次のア～エの中から一つ選び、記号で答えよ。

> 第1条
> 人は生まれながらに、自由で平等な権利を持つ。社会的な区別は、ただ公共の利益に関係のある場合にしかもうけられてはならない。

ア　イギリス　　イ　アメリカ　　ウ　ドイツ　　エ　フランス

問4　下線部④は、「身体の自由」、「精神の自由」、「経済活動の自由」の3つに大きく分けられる。このうち、「精神の自由」にあてはまるものを、次のア～エの中から一つ選び、記号で答えよ。

ア　学問の自由　　　　　　　イ　奴隷的拘束や苦役を受けない

ウ　拷問や残虐な刑罰の禁止　　エ　居住・移転の自由

問5　下線部⑤について、参政権の一つに選挙権がある。日本の選挙について定めた法律を何というか、答えよ。

問6　下線部⑥について、社会権にあてはまるものを、次のア～エの中から一つ選び、記号で答えよ。

ア　政府が発表した外交政策に対し、新聞はこれを批判する記事を載せていた。

イ　A氏は、ある小説中の描写が、自分の私生活をモデルにしていると裁判所に訴えた。

ウ　私の家は商店を経営しているが、兄は将来、医師になりたいと考えている。

エ　一人暮らしの祖母は、年金で暮らしを立てている。

問7　下線部⑦について、新しい人権のなかで、個人が自分の生き方や生活の仕方について自由に決める権利を何というか、答えよ。

問8　下線部⑧について、次の図は企業による産業公害の推移を表している。このグラフについて述べた文として誤っているものを、次のア〜エの中から一つ選び、記号で答えよ。

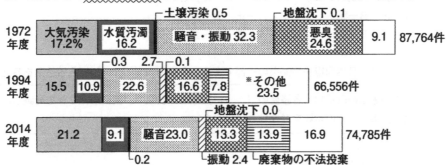

※その他には、電波障害、日照、通風障害が含まれる。1994年度以降、放置車両や犬猫などの苦情が調査対象外になった。
（公害等調整委員会資料ほか）

ア　1972年度から1994年度にかけて件数が減少したことから公害対策が進んだことがわかる。

イ　水質汚濁と悪臭の産業公害に占める割合は年々、減少している。

ウ　高度経済成長期には、廃棄物の不法投棄が産業公害の大きな問題であった。

エ　大気汚染の件数は、2014年度が一番多くなっている。

問9　下線部⑨について、次の(1)〜(3)の問に答えよ。

(1)　国際連合の安全保障理事会のなかで、拒否権を持つ5カ国のことを何というか、答えよ。

(2)　次の図は、安全保障理事会における拒否権の行使回数を表している。この図から1946年から1990年ごろまで拒否権が多く行使されていることがわかる。その理由を簡潔に書きなさい。

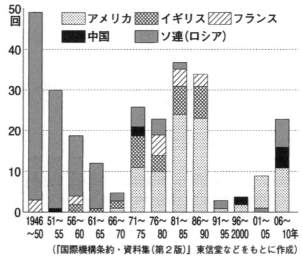

（『国際機構条約・資料集（第2版）』東信堂などをもとに作成）

(3)　2017年7月に国際連合で開催された条約交渉会議で核兵器禁止条約が採択された。この会議に参加し、賛成した国を次のア〜エの中から一つ選び、記号で答えよ。

ア　日本　イ　タイ　ウ　フランス　エ　イギリス

| 5 | (1) | cm^3 | (2) | ： | (3) | cm^3 |

| 4 | (1) | cm^2 | (2) | cm^2 | (3) | cm^2 |

| 3 | (1) | 秒後 | (2) | m | (3) | m |

(3)

(2)

(答)

問6 [　　　　　　] 問7 [　　　　　　]

3 問1 [　　　] 問2 (1) [　　　　　] (2) [　　　　　]

問2 (3) [　　　] 問3 [　　　　分] 問4 [　　　]

4 問1 | 図1 月 | 図2 月 | 図3 月 | 問2 [　　　]

問3 [　　　] 問4 [　　　]

問17

問16

問15

問14

問13　解答

問12

問11　・

問10

問9

問8

問6　問7　問8　問9　問10　問11　問12　問13　問14　問15　問16

問6

(1)

(2)

(3)

受　験　番　号
氏　　　　名

※50 点満点
（配点非公表）

中学校　　社会（A日程）　　（40分）

1	2	3

問1			(1)		問1	
問2			(2)		問2	古墳
問3	台地	問1	(3)		問3	
問4			(4)		問4	
問5		問2			問5	
問6		問3			問6	
問7		問4			問7	

A日程

中学校　理科（A日程）（40分）

1

問1
(1) | (2) 例 | (3)

問2
(1) cm | (2) cm | (3) cm

2

問1
← ← ← ← ←

問2 | 問3

※50点満点
（配点非公表）

受験番号	氏 名

受　験　番　号			
氏　　　　名			

※100 点満点
（配点非公表）

中学校　　算数（A日程）　　（60分）

1

(1)		(2)		(3)	
(4)		(5)		(6)	
(7)		(8)			

2

(1)	

| 3 | 各時代の鉄と人々のくらしに関する文章を読み、あとの各問に答えよ。 |

1　鉄器は、①弥生時代に青銅器とほぼ同時期に日本に伝来した。当時は、朝鮮半島から運ばれた鉄器が使用されており、製鉄技術は存在しなかった。古墳時代、ヤマト政権の大王は関東地方から九州中部に及ぶ支配体制を形成した。このことは、埼玉県と②熊本県の古墳からの出土品に共通する大王の名前が刻まれていることからもわかる。大王は、家柄に応じて臣・連などの（　③　）を与え、中央や地方の政治に参加させた。

問1　下線部①について、弥生時代の遺跡に関して述べた次のA・Bの文の正誤の組み合わせとして正しいものを、次のア〜エの中から一つ選び、記号で答えよ。
　　　A　登呂遺跡からは、水田や高床倉庫の跡が発見された。
　　　B　吉野ヶ里遺跡からは、環濠集落の跡が発見された。
　　ア　A—正　B—正　　イ　A—正　B—誤
　　ウ　A—誤　B—正　　エ　A—誤　B—誤

問2　下線部②について、鉄刀が発掘されたこの古墳名を答えよ。

問3　（　③　）に入る適語を答えよ。

2　飛鳥時代から④奈良時代にかけ、⑤吉備は鉄の名産地であり、鉄を税として納めていた。政府は、農具の材料となる鉄に関心を持ち、吉備に領地を置いた。また、福岡市西区にある元岡遺跡からは、6世紀から8世紀にかけての大規模な製鉄所の跡が発掘されている。⑥朝鮮半島に近い軍事的要地として、防衛に必要とされる武器生産を担っていたと考えられている。

問4　下線部④について、奈良時代の出来事に関して述べた文として誤っているものを、次のア〜エの中から一つ選び、記号で答えよ。
　　ア　聖武天皇が大仏造立の詔を出した。
　　イ　行基が唐招提寺を建設した。
　　ウ　光明皇后が悲田院・施薬院を設置した。
　　エ　大伴家持らが『万葉集』を編集した。

問5　下線部⑤について、吉備の現在の県名として適当なものを、次のア〜エの中から一つ選び、記号で答えよ。
　　ア　茨城　　イ　岐阜　　ウ　岡山　　エ　大分

問6　下線部⑥について、7世紀に唐の協力を得て、朝鮮半島を統一した国名を答えよ。

3　砂鉄に恵まれた中国地方では、⑦鎌倉時代に刀工の長船長光（おさふねながみつ）が現れ、その作品が現代にも伝えられている。質の高い鉄を原料とする刀剣・槍などの武具は、⑧中世における対外貿易の主要な輸出品となった。さらに戦国時代になると製鉄技術が向上し、西洋からもたらされた鉄砲が広く生産されるようになった。⑨安土・桃山時代になると、鉄砲隊を組織した織田信長が長篠の戦いに勝利した。

問7　下線部⑦について、鎌倉時代の出来事に関して述べたX・Y・Zの各文を古い順に並べかえたものとして正しいものを、次のア〜カの中から一つ選び、記号で答えよ。
　　　X　文永の役で、元軍が日本を攻撃した。
　　　Y　北条貞時が、永仁の徳政令を出した。
　　　Z　六波羅探題が、京都に設置された。
　　ア　X−Y−Z　　　イ　X−Z−Y　　　ウ　Y−X−Z
　　エ　Y−Z−X　　　オ　Z−X−Y　　　カ　Z−Y−X

問8　下線部⑧について、次の図は明が公認した貿易船に発行した割符である。この割符の名前を明記して、これが用いられた目的を25字以内で説明せよ。

問9　下線部⑨について、この時代の作品として正しいものを、次のア〜エの中から一つ選び、記号で答えよ。

ア

イ

ウ

エ

4　江戸時代には、⑩農具が改良され、農業生産が大幅に向上した。この頃には、大型のたたら施設が普及し、鉄の生産量はさらに伸びた。19世紀半ばには佐賀藩で反射炉と呼ばれる製鉄施設が初めて実用化され、大砲などの生産が行われた。⑪明治時代になると輸入された鉄鉱石を使った製鉄技術が広がったが、たたら製鉄も維持された。

問10　下線部⑩について、千歯こきとして正しいものを、次のア〜エの中から一つ選び、記号で答えよ。

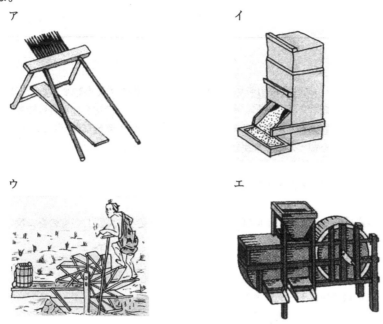

ア　　　　　　　　　　イ

ウ　　　　　　　　　　エ

問11　下線部⑪について、明治時代の出来事に関して述べた文として正しいものを、次のア〜オの中から二つ選び、記号で答えよ。
　　ア　天皇は神々に誓う形で、五榜の掲示を発表した。
　　イ　樺太・千島交換条約で、日本は樺太を獲得した。
　　ウ　陸奥宗光が、領事裁判権の撤廃に成功した。
　　エ　地価の2.5％を地租と定め、地租改正を開始した。
　　オ　日露戦争の講和条約では、日本は賠償金を得られなかった。

5 1901年に操業を開始した官営（　⑫　）製鉄所の生産が軌道に乗ると、重工業に必要な鉄鋼を輸入に頼らず国内で大量生産できるようになった。日露戦争後に重工業が拡大すると、芝浦製作所のようにアメリカの会社と提携する会社も現れた。⑬第一次世界大戦の時期にかけて、中国から（　⑫　）製鉄所への鉄鉱石の輸入が増加した。

　　問12　（　⑫　）に入る適語を答えよ。

　　問13　下線部⑬について、第一次世界大戦で敗北したドイツが結んだ講和条約を何というか、答えよ。

6 1929年、（　⑭　）の株式取引所での株価大暴落から世界恐慌が始まった。不景気からの立て直しを図った日本政府は、1934年に国内の製鉄所を合同し、国策会社の日本製鉄会社を成立させた。この会社は、⑮太平洋戦争で鉄の需要が高まったことを背景に拡大した。太平洋戦争期の政府は、物資の不足を補うために金属類回収令を改正した。

　　問14　（　⑭　）に入る国名を答えよ。

　　問15　下線部⑮について、太平洋戦争に関して述べた文として正しいものを、次のア〜エの中から一つ選び、記号で答えよ。
　　　　ア　盧溝橋事件をきっかけに、この戦争が始まった。
　　　　イ　日ソ中立条約のため、ソ連は最後まで参戦しなかった。
　　　　ウ　この戦争中、五・一五事件がおこった。
　　　　エ　ミッドウェー海戦後、日本は不利な状況となった。

7 戦後の日本では、⑯連合国軍による民主化政策の一つとして、巨大独占企業の分割が行われた。1950年には、日本製鉄会社も解散させられた。一方で、経済復興を目指して、1947年からは石炭・鉄鋼などの生産拡大に重点を置く政策がとられていた。（　⑰　）戦争による特需もあり、鉄の生産量は増加した。

　　問16　下線部⑯について、連合国軍による民主化政策として誤っているものを、次のア〜エの中から一つ選び、記号で答えよ。
　　　　ア　新選挙法の制定　　イ　所得倍増計画　　ウ　労働者の地位向上　　エ　農地改革

　　問17　（　⑰　）に入る適語を答えよ。

Ⓚ教英出版

平成29年度（2017年度）

中学校入学試験問題

算　数

（60分）

注　意

「始め」の合図があるまでは問題を開いてはいけません。

1　「始め」という合図で始め，「やめ」という合図ですぐにやめなさい。

2　問題は1ページから6ページまでです。

3　解答を始める前に，まず，解答用紙に受験番号と氏名を記入しなさい。
　　受験番号は5桁です。算用数字で横書きにしなさい。

4　答えは，すべて解答用紙に記入しなさい。

5　質問や用があるときは，声を出さずに静かに手をあげなさい。
　　問題の内容についての質問は受け付けません。

6　分度器，定規，コンパス，計算機類の使用は認めません。

- -

7　比で答えるときは，最も簡単な整数の比にしなさい。

8　分数で答えるときは，約分して最も簡単な形にしなさい。

9　円周率を用いるときは，3.14として計算しなさい。

早稲田佐賀中学校

1 □ にあてはまる数を答えよ。

(1) $75 - 42 \div (24 - 17) \times 9 = $ □

(2) $\left\{ 4 \times \left(12 - \boxed{} \right) - \dfrac{8}{5} \times 2\dfrac{1}{2} \right\} \div 0.2 = 10$

(3) 本を3冊買って，全部で3390円はらった。Aの本はBの本より140円高く，Cの本はBの本より350円安かった。Cの本は □ 円である。

(4) 12％の食塩水が100gある。この食塩水を20gすてて， □ gの水を加えると10％の食塩水になる。

(5) ある仕事をするのに，Aひとりでは15時間，Bひとりでは20時間，Cひとりでは □ 時間かかる。この仕事を3人一緒に行うと5時間かかる。

(6) 右の図で，三角形DBEは，三角形ABCを点Bを中心として回転移動したものである。辺BCと辺DEが平行であるとき，角アの大きさは □ °である。

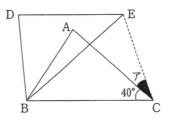

(7) 右の図のように，辺AB，BC，CAをそれぞれ2等分，3等分，4等分する点に印がついている。三角形ABCの面積が48 cm²であるとき，図の▨部分の面積は □ cm²である。

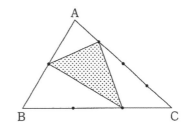

(8) 右の図は，たて4 cm，横6 cmの長方形ABCDを，辺CDを軸として40°回転してできた立体である。この立体の体積は □ cm³である。

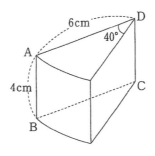

2　約数の個数が偶数である整数 A を考える。整数 A の約数を小さい順に並べて中央の 2 つの数の差を Ⓐとする。

　　　例：6 の約数は 1，2，3，6 なので，⑥は 3 － 2 ＝ 1

　　　　　44 の約数は 1，2，4，11，22，44 なので，㊹は 11 － 4 ＝ 7

(1)　⑱⓪を求めよ。

(2)　Ⓐ ＝ 6 となる整数 A のうち，3 番目に小さい数を求めよ。

(3)　A が 2017 より小さいとき，Ⓐ ＝ 1 となる整数 A は全部で何個あるか。なお，この問題は解答までの考え方を示す式や文章・図を書け。

3 3 km 離れた学校に，兄と弟の2人は，毎朝7時ちょうどに家を出て徒歩で通っている。

ある日の朝，兄はいつもどおりに家を出て，毎分60 m の速さで学校に向かった。しかし弟は寝坊してしまい，いつもより5分遅く家を出たため，毎分80 m の速さで歩いて兄を追いかけた。

弟が兄に追いついてから2人は毎分60 m の速さで一緒に歩いていたが，2人が一緒に歩き始めてから5分後，弟は忘れ物をしたことに気づいた。そこで，弟は毎分100 m の速さで急いで家に帰り，兄は毎分50 m の速さでゆっくり学校に向かった。弟は家で忘れ物を探した後，自転車で毎分300 m の速さで学校に向かった。その結果，弟が学校に着いたのは兄が学校に着いた1分後であった。

このとき，次の問に答えよ。なお，下の図は弟が兄に追いつくまでの，家からの距離と時刻の関係を表したグラフである。

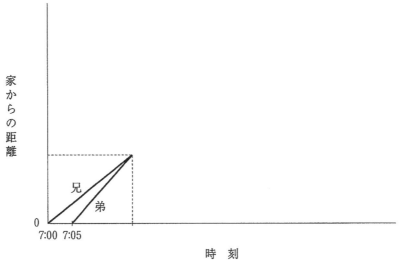

(1) 7時5分に家を出た弟が兄に追いついたのは，何時何分か。

(2) 弟が家に着いたとき，兄は学校まで何 m のところにいるか。

(3) 弟が家で忘れ物を探していた時間は何分間か。

— 4 —

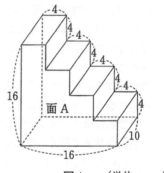

図1 （単位：cm）

4　直方体を積み重ねたような形をした水そう
（図1）に水を入れて密閉した。この容器を
図2のように 45°かたむけたところ，▨▨▨
部分まで水が入っていた。

(1)　容器に入っている水は何 cm³ か。

(2)　図1の容器において，面Aを底にしたとき，
　　水面の高さは何 cm か。

(3)　容器を図1のようにおいたとき，水面の高さ
　　は何 cm か。

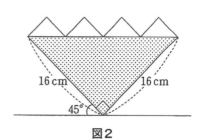

図2
（面Aを正面から見たところ）

5 図1のように，正六角形の内部にぴったり入る円の面積は，その正六角形の面積の $\frac{9}{10}$ であるとする。次の問に答えよ。

(1) 図1の :::::::: 部分の面積は何 cm² か。

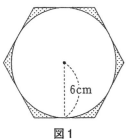

図1

(2) 図2のように，半径 18 cm の円がぴったり入る正六角形の内部を，円 A が辺に沿って一周する。

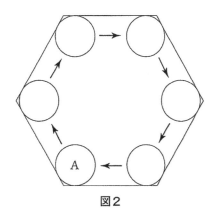

図2

① 円 A の半径が 9 cm のとき，円 A が通過した部分の面積は何 cm² か。
② 円 A の半径が 6 cm のとき，円 A が通過した部分の面積は何 cm² か。

K 教英出版

平成29年度（2017年度）

中学校入学試験問題

理　科

（40分）

注　意

「始め」の合図があるまでは問題を開いてはいけません。

1　「始め」という合図で始め，「やめ」という合図ですぐにやめなさい。

2　問題は1ページから6ページまでです。

3　解答を始める前に，まず，解答用紙に受験番号と氏名を記入しなさい。
　　受験番号は5桁です。算用数字で横書きにしなさい。

4　答えは，すべて解答用紙に記入しなさい。

5　質問や用があるときは，声を出さずに静かに手をあげなさい。
　　問題の内容についての質問は受け付けません。

6　定規，コンパス，計算機類の使用は認めません。

<table>
<tr><td>**1**</td><td>ヒトの生命の誕生について，次の各問に答えよ。</td></tr>
</table>

問1　卵と精子が合体することを何というか。

問2　図は，母親の体内にいるたい児のようすを描いたものである。A，Bのなまえを答えよ。

図

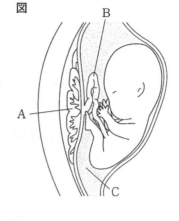

問3　図で，母親の体内にいるたい児は，液体Cの中に浮かんでいる。この液体Cのなまえを答えよ。

問4　卵と精子が合体したものは，合体してから平均して約何日で母親の体内から生まれ出てくるか。最も適当なものを次のア～オから1つ選び，記号で答えよ。
　　ア　約150日　　　イ　約270日　　　ウ　約380日　　　エ　約460日　　　オ　約550日

問5　図で，母親の体内にいるたい児は，母親とどのように物質のやりとりをするか。最も適切なものを次のア～エから1つ選び，記号で答えよ。
　　ア　酸素や栄養分はBを通してAからもらう。また，二酸化炭素はBを通してAに送る。
　　イ　酸素や栄養分はBを通してAからもらう。また，二酸化炭素はCにすてる。
　　ウ　酸素や栄養分はCからもらう。また，二酸化炭素はBを通してAに送る。
　　エ　酸素はCから，栄養分はBを通してAからもらう。また，二酸化炭素はCにすてる。

問6　図中のAはたい児側と母親側の両方の組織によってつくられている。たい児側のAは組織から多数の枝分かれした突起が出ており，その間には多数の血管が分布している。一方，母親側のAはたい児側のAを包みこむような形で，子宮のかべを変形させてつくられている。Aでの，たい児側と母親側の血管とその中を流れる血液について，最も適切なものを次のア～ウから1つ選び，記号で答えよ。
　　ア　血管がつながっていて，たい児側と母親側の両方の血液が混じり合っている。
　　イ　血管はつながっていないが，両方の血管が接触しているので，血液の一部が混じり合うこともある。
　　ウ　血管はつながっていないし，離れているので，両方の血液が混じり合うことはない。

問7　ヒトと同じような生まれ方をするものを，次のア～オから1つ選び，記号で答えよ。
　　ア　ハト　　イ　カメ　　ウ　ペンギン　　エ　イルカ　　オ　タツノオトシゴ

2 ものの溶け方について，次の各問に答えよ。

問1 表1は水100gにおける温度とホウ酸，食塩の溶ける質量の関係を表したものである。ただし，2つのものを混ぜて溶かしたときそれぞれの溶ける質量に影響はないものとする。

表1

温　度〔℃〕	0	10	20	30	40	50	60	70	80	90	100
ホウ酸〔g〕	2.7	3.6	5.0	6.6	8.7	11.5	14.8	18.6	23.8	30.4	40.3
食　塩〔g〕	35.7	35.8	36.0	36.3	36.6	37.0	37.3	37.8	38.4	39.0	39.8

(1) 表1より，水の温度を上げたときホウ酸と食塩の溶け方の特ちょうについて，最も適切なものを次のア～エから1つ選び，記号で答えよ。
　ア　水の温度を上げても，ホウ酸と食塩の溶ける質量はあまり変化しない。
　イ　水の温度を上げると，ホウ酸の溶ける質量は著しく増加するが，食塩の溶ける質量はあまり変化しない。
　ウ　水の温度を上げると，ホウ酸の溶ける質量はあまり変化しないが，食塩の溶ける質量は著しく増加する。
　エ　水の温度を上げると，ホウ酸と食塩の溶ける質量はともに著しく増加する。

(2) 100℃の水100gに36gの食塩とホウ酸をそれぞれ溶かした。その後，水の温度を下げていくと先に出てくる結晶はどれか。最も適当なものを次のア～エから1つ選び，記号で答えよ。

ア　　　　　　　イ　　　　　　　ウ　　　　　　　エ

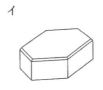

(3) (2)からさらに温度を下げていくと，もう一方の結晶も出はじめた。このとき(2)の結晶は何gあるか。

問2 表2はある温度における水の質量とその水に溶かすことができる硝酸カリウムの質量を表したものである。

表2

水の質量　　　　　　〔g〕	25	50	100	175
硝酸カリウムの質量〔g〕	27.5	55	110	①

(1) 表2の①に当てはまる数値を小数第1位までで答えよ。
(2) 水25gに硝酸カリウム27.5gを溶かしたときの濃度は何%か。ただし，答えが割り切れない場合は，小数第2位を四捨五入して小数第1位までで答えよ。
(3) 水75gに硝酸カリウム100gを溶かしたところ，硝酸カリウムが溶けずに残った。溶けずに残った硝酸カリウムをすべて溶かすにはあと何gの水を加える必要があるか。小数第1位を四捨五入して整数で答えよ。

3 次の文章を読み，下の各問に答えよ。

日本において河川の流れは，山間部では急で速く，中流，下流と進むにつれてゆるやかになる。大雨が降ると，河川の（ 1 ）作用が大きくなるため，多量の土砂が海まで運ばれる。しかし，海の中は河川と比べて流れは比較的ゆるやかなので，（ 2 ）がほとんど起こらず，土砂がたい積する。海や河川，湖などに土砂がたい積してできた層を地層という。また，次々と土砂が運ばれることによって，より下にあるたい積物が上のたい積物の重さで押しつぶされる。このとき，(3)下にあるたい積物の粒のすき間にあった水が押し出されたり，水に溶け出した岩石成分が固まったりすることによってたい積物が押し固められ，岩石ができる。このような成り立ちでできた岩石を(4)たい積岩という。

図1は，ある地域の河川の様子を表したものである。山Aから流れ出た河川（河川㋐）と山Bから流れ出た河川（河川㋑）は地点cで合流している。また，図2は図1の地形の一部を示した地形図である。図2中の曲線は等高線を表し，点線は河川を表している。なお，図2中の矢印は河川の水の流れる向きを表している。図3は図2の河川㋐と河川㋑の標高（たて軸）と上流からの距離（横軸）を表したものである。

問1 文章中の（ 1 ），（ 2 ）には何という語句が入るか。また下線部(3)の作用のことを何作用というか。次のア〜エからそれぞれ1つずつ選び，記号で答えよ。ただし，同じ記号を2度用いてはならない。

　ア　しん食　　　イ　運ぱん
　ウ　たい積　　　エ　ぞく成

問2 下線部(4)に関して，たい積岩に分けられるものを次のア〜コからすべて選び，記号で答えよ。

　ア　りゅうもん岩　イ　石灰岩　　ウ　砂岩　　エ　玄武岩
　オ　ぎょう灰岩　　カ　せん緑岩　キ　れき岩　ク　花こう岩
　ケ　安山岩　　　　コ　でい岩

図1
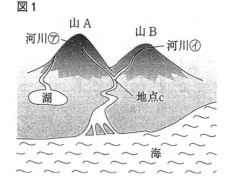

図2
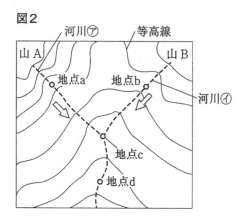

図3
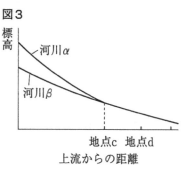
上流からの距離

問3　図2の地点a，bについてボーリング調査を
　　行った。その結果についてスケッチしたものが
　　図4の地層①，②である。図2中の地点aに見
　　られる地層は図4の地層①，②のどちらか。ま
　　た，河川⑦を示しているものは図3中の河川
　　α，βのどちらか。その組合せとして正しいも
　　のを次のア〜エから1つ選び，記号で答えよ。

図4

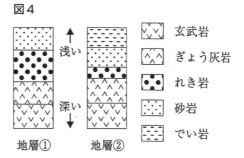

	地点aの地層	河川⑦
ア	地層①	河川α
イ	地層①	河川β
ウ	地層②	河川α
エ	地層②	河川β

問4　図5は，図2において地点d付近に見ら
　　れる地層を示したものである。図5中の①
　　〜⑦ができた順序を古いほうから並べたも
　　のとして正しいものを，次のア〜エから1
　　つ選び，記号で答えよ。なお，図5中の⑦
　　は断層を示している。

図5

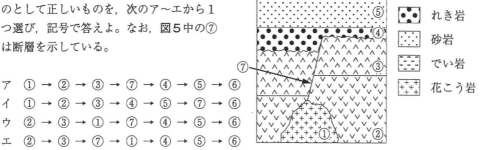

ア　①→②→③→⑦→④→⑤→⑥
イ　①→②→③→④→⑤→⑦→⑥
ウ　②→③→①→⑦→④→⑤→⑥
エ　②→③→⑦→①→④→⑤→⑥

問5　この河川付近の地層からシジミの化石が発見された。シジミの化石は，含まれていた地層が
　　形づくられた当時の環境を示す重要な手がかりの一つである。このように当時の環境を示す化
　　石を何というか。また，シジミの化石は当時どのような環境であったことを示すか。次のア〜
　　エから正しい組合せのものを1つ選び，記号で答えよ。

	名　称	当時の環境
ア	示準化石	やや寒い気候
イ	示準化石	あたたかくて，浅い海
ウ	示相化石	淡水と海水が混じる河口
エ	示相化石	冷たく，深い海

4 図1のように，おもりをつり下げない状態で長さが24cmのばねAが天井につり下げてある。このばねAに，様々な重さのおもりをつるし，おもりの重さとばねの伸びの長さの関係を調べると図2のような結果が得られた。次の各問に答えよ。ただし，ばねの重さやおもりの大きさは考えない。また，ばねの伸びとおもりの重さの関係は，おもりの重さが50gを超えた後も，図2と同じ関係を示すものとする。

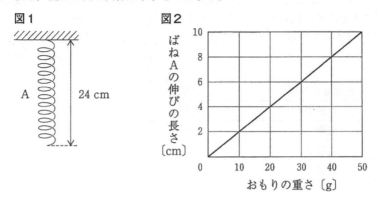

問1 このばねAに25gのおもりをつるしたとき，天井からおもりまでの距離（ばね全体の長さ）は何cmか。

問2 天井からおもりまでの距離を38.4cmにするためには，ばねAに何gのおもりをつるせばよいか。

問3 ばねAと全く同じばねを準備し，2等分になるように切る。これらをばねBとばねCとする。この2本のばねを図3のように水平な天井からつり下げる。2本のばねの天井に固定されている方と反対の端を重さと太さの無視できるかたい棒の両端につなぎ，棒の中心に60gのおもりをつるす。

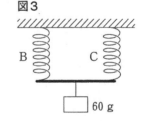

(1) このときのばねの伸び方について，次の文章中の ☐ に当てはまる数値をそれぞれ答えよ。

　まず，ばねAに50gのおもりをつるしたときのことを考える。伸びていないときのばねAは24cmであり，図2からばねAは10cm伸びるので，伸びていないばねAの12cmあたりでは， ① cmだけ伸びていることになる。つまり，ばねの長さが半分になると，同じ重さのおもりをつるしたときのばねの伸びは最初の ② 倍になるということである。また図3において，60gのおもりをつるしているとき，ばねBとCにはそれぞれ ③ gのおもりをつるしていることと等しい状態である。

(2) 天井から棒までの距離は何cmか。

問4　ばねAと全く同じばねを2本準備し，それぞれを3等分と4等分になるように切る。3等分にしたもののうちの1本をばねDとする。また4等分にしたもののうちの2本をそれぞればねE，Fとする。この3本のばねと，問3のばねB，Cおよび重さと太さの無視できる同じ長さのかたい棒G，H，Iを用いて，**図4**のように120gのおもりをつるす。このとき，天井から棒Iまでの距離は何cmか。ただし，ばねDは棒G，Hのそれぞれ中心につながれており，ばねB，C，E，Fはそれぞれ棒G，H，Iの両端につながれている。また120gのおもりは棒Iの中心につるしてあり，天井は水平である。

図4

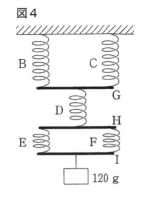

K教英出版

平成29年度（2017年度）

中学校入学試験問題

社　会

（40分）

注　意

「始め」の合図があるまでは問題を開いてはいけません。

1　「始め」という合図で始め、「やめ」という合図ですぐにやめなさい。

2　問題は1ページから13ページまでです。

3　解答を始める前に、まず、解答用紙に受験番号と氏名を記入しなさい。
　受験番号は5桁です。算用数字で横書きにしなさい。

4　答えは、すべて解答用紙に記入しなさい。

5　質問や用があるときは、声を出さずに静かに手をあげなさい。
　問題の内容についての質問は受け付けません。

　　A君は夏休みの自由研究として、数字から始まる市町村名とその市町村に関係する情報について調べた。表1は、A君があるルールに基づいてまとめたものである。表1を見て、あとの各問に答えよ。

表1

市町村名	都道府県名	市町村に関係する情報
（　①　）市	愛知県	古くからせんい工業がさかんである。
二本松市	福島県	市の東側には、（　②　）高地が広がっている。
三島市	静岡県	静岡県東部の（　③　）半島のつけ根に位置している。
四万十市	高知県	市内を流れる④四万十川は、四国地方の中で最も長い川である。
⑤五泉市	⑥新潟県	古くから五泉平と呼ばれる男物の袴地が生産されている。
六戸町	青森県	⑦りんご、にんにく、だいこんなどが生産されている。
⑧七尾市	石川県	かつて能登国の国府がおかれた都市である。
八郎潟町	（　⑨　）	⑩10度単位の緯線と経線の交点がある。
⑪九重町	大分県	町の南部には、標高1700ｍ級の火山がある。
⑫十津川村	奈良県	人口減少が進み、過疎と少子高齢化が問題となっている。
（　⑬　）市	⑭長野県	市内を流れる（　⑬　）川は、新潟県へ入ると信濃川と呼ばれる。

問1　（　①　）に入る適語を答えよ。

問2　（　②　）に入る適語を答えよ。

問3　（　③　）に入る適語を答えよ。

問4　下線部④について、四万十川に関して説明した次のA・Bの文の正誤の組み合わせとして正しいものを、次のア～エの中から一つ選び、記号で答えよ。
　　　A　本流に大規模なダムが建設されておらず、「日本最後の清流」と呼ばれている。
　　　B　日本三大暴れ川の1つとされており、「四国三郎」と呼ばれている。
　　ア　A－正　B－正　　イ　A－正　B－誤　　ウ　A－誤　B－正　　エ　A－誤　B－誤

問5　下線部⑤について、五泉市では、図1のような縦型の信号機が見られる。それはなぜか。解答欄に合う形式で、簡潔に説明せよ。

図1

問6　下線部⑥について、新潟県の伝統工芸品として誤っているものを、次のア～エの中から一つ
　　選び、記号で答えよ。

ア　　三条仏壇　　　　イ　　九谷焼　　　　ウ　　十日町絣　　　エ　　小千谷縮

問7　下線部⑦について、次の表2は、りんご・にんにく・だいこんの収穫量上位3道県について
　　まとめたものである。A～Cの組み合わせとして正しいものを、次のア～カの中から一つ選び、
　　記号で答えよ。

表2

順位	A	B	C
1	青森県	青森県	北海道
2	長野県	香川県	千葉県
3	山形県	宮崎県	青森県

（農林水産省統計2015年）

	ア	イ	ウ	エ	オ	カ
A	りんご	りんご	にんにく	にんにく	だいこん	だいこん
B	にんにく	だいこん	りんご	だいこん	りんご	にんにく
C	だいこん	にんにく	だいこん	りんご	にんにく	りんご

問8　下線部⑧について、図2のア～エは石川県にある都市を示したものである。七尾市を示した
　　ものとして正しいものを、図中のア～エの中から一つ選び、記号で答えよ。

図2

問9 （　⑨　）に入る都道府県の一部の地域では、大みそかの夜になると、図3のような伝統的な民俗行事が行われている。この伝統的な民俗行事を何というか、答えよ。

図3

問10 下線部⑩について、八郎潟町には、10度単位の緯線と経線の交点がある。この交点の緯度と経度を合計したらいくらになるか、数字で答えよ。

問11 下線部⑪について、九重町では、火山が噴火した場合の災害予想区域や避難場所などの情報をのせた地図を作成している。このような地図を何というか、答えよ。

問12 下線部⑫について、次の図4は、十津川村の年少人口・生産年齢人口・老年人口の推移をまとめたものである。図中のA～Cの組み合わせとして正しいものを、次のア～カの中から一つ選び、記号で答えよ。

図4

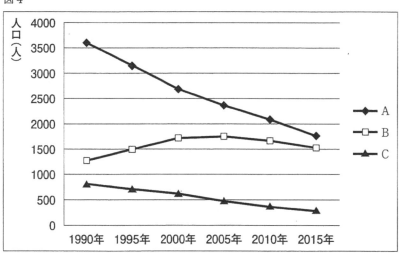

（住民基本台帳に基づく奈良県年齢別人口）

	ア	イ	ウ	エ	オ	カ
A	年少人口	年少人口	生産年齢人口	生産年齢人口	老年人口	老年人口
B	生産年齢人口	老年人口	年少人口	老年人口	年少人口	生産年齢人口
C	老年人口	生産年齢人口	老年人口	年少人口	生産年齢人口	年少人口

問13　（　⑬　）に入る適語を答えよ。

問14　下線部⑭について、47都道府県のなかで海に面していない都道府県は長野県を含めていくつ
　　　あるか、数字で答えよ。

問15　次のA～Cは、表1の市町（三島市・六戸町・七尾市）の近くにある観測地点（三島・十和
　　　田・七尾）の月別平均降水量を示したものである。A～Cの組み合わせとして正しいものを、
　　　次のア～カの中から一つ選び、記号で答えよ。

A
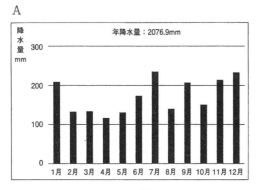

B
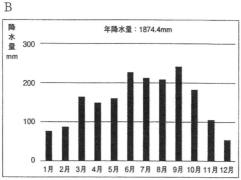

C

（気象庁）

	ア	イ	ウ	エ	オ	カ
A	三島	三島	十和田	十和田	七尾	七尾
B	十和田	七尾	三島	七尾	三島	十和田
C	七尾	十和田	七尾	三島	十和田	三島

問16　表1にある都道府県について説明した次のA～Cのうち、正しく述べているものはどれか。
　　　最も適当なものを、次のア～キの中から一つ選び、記号で答えよ。
　　　A　8地方区分で分類した際、関東地方に分類される都道府県は1つである。
　　　B　8地方区分で分類した際、近畿地方に分類される都道府県は3つである。
　　　C　8地方区分で分類した際、中部地方に分類される都道府県は5つである。
　　ア　A　　　　イ　B　　　　ウ　C　　　　　エ　AとB
　　オ　AとC　　カ　BとC　　キ　AとBとC

2 次の1・2の文章を読み、あとの各問に答えよ。

1 次の会話文は、先生と生徒の間で行われたものである。

生徒：先日、私のお兄さんが初めて投票に行ってきたと言っていました。①選挙の制度が変わったと言っていたのですが、具体的に何が変わったのですか。

先生：それは昨年（2016年）の②参議院議員選挙のことですね。この選挙では国政選挙で初めて満18歳以上へ選挙に参加する権利が与えられました。これにより③若い世代がさらに政治に関心をもつことが期待されています。18歳選挙権は国政選挙だけでなく、より私たちの生活に身近な④地方の選挙にも適用されます。

生徒：投票に行くことは、私たちの生活にどうつながるのですか。

先生：⑤意思決定に参加することは、国や地方の方向性を決めることや⑥私たちの権利・人権を守っていくことにもつながるので、積極的に政治に関わっていくことが大切です。

生徒：私も選挙権を与えられたら、しっかり考えた上で投票しようと思います。みんなでよく話し合い、⑦みんなが暮らしやすい明るい未来になればいいですね。

問1　下線部①について、次の文は選挙の原則を説明したものである。この選挙の原則として最も適当なものを、次のア～エの中から一つ選び、記号で答えよ。

> 財産や性別に関係なく、一定の年齢に達したすべての人が選挙権を持つ。

ア　普通選挙　　イ　平等選挙　　ウ　秘密選挙　　エ　直接選挙

問2　下線部②について、参議院議員選挙に関して述べた文として正しいものを、次のア～エの中から一つ選び、記号で答えよ。
ア　2年ごとに半数が改選される。
イ　小選挙区比例代表並立制がとられている。
ウ　比例代表制では、146名が選出される。
エ　比例代表制では、政党名あるいは候補者名を記入し、投票する。

問3　下線部③について、次のグラフ1は衆議院議員総選挙の年代別投票率の推移を、グラフ2は年代別政治関心度(2015年衆院選)をそれぞれ表している。グラフについて述べた次のA・Bの文の正誤の組み合わせとして正しいものを、次のア〜エの中から一つ選び、記号で答えよ。

グラフ1

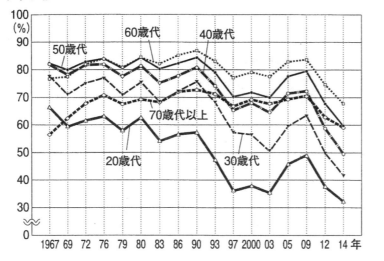

1967 69 72 76 79 80 83 86 90 93 97 2000 03 05 09 12 14 年　　　　　　(総務省)

グラフ2

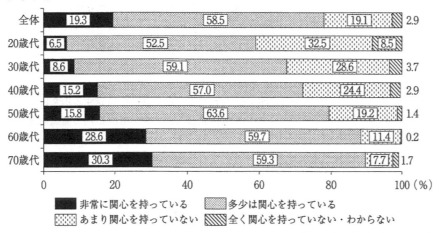

(明るい選挙推進委員会の2015年8月発表の意識調査)

A　グラフ1では、60歳代の投票率は常に20歳代の投票率の2倍を超えている。
B　グラフ2では、「非常に関心を持っている」と「多少は関心を持っている」を合わせた割合は、年代に比例して高まっている。

ア　A−正　B−正　　　　イ　A−正　B−誤
ウ　A−誤　B−正　　　　エ　A−誤　B−誤

問4　下線部④について、次のグラフ３は、全ての地方公共団体の歳入の総額とその内訳を示したものである。グラフ中のＡ～Ｃにあてはまる最も適当なものを次のア～カの中から一つ選び、記号で答えよ。

グラフ３

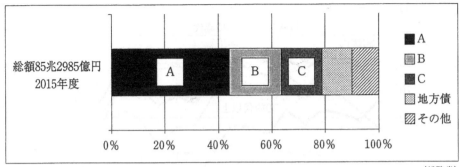

総額85兆2985億円
2015年度

■A
▨B
▨C
▨地方債
▨その他

0%　20%　40%　60%　80%　100%

（総務省）

	A	B	C
ア	地方税	国庫支出金	地方交付税
イ	地方税	地方交付税	国庫支出金
ウ	国庫支出金	地方税	地方交付税
エ	国庫支出金	地方交付税	地方税
オ	地方交付税	地方税	国庫支出金
カ	地方交付税	国庫支出金	地方税

問5　下線部⑤について、民主主義社会において意見を多数決で決定する場合に尊重すべきことがある。それはどのようなことか、解答欄に合う形式で、６字以内で簡潔に答えよ。

問6　下線部⑥について述べた次のＡ・Ｂの文の正誤の組み合わせとして正しいものを、次のア～エの中から一つ選び、記号で答えよ。

　　Ａ　高齢者や身体の不自由な人が生活する上で障がいとなるものを取り除く、バリアフリーが進んでいる。

　　Ｂ　育児・介護休業法では、女性が育児・介護のために休業を取得することを認めており、男性にも認められるよう法改正が期待されている。

ア　Ａ－正　Ｂ－正　　　　イ　Ａ－正　Ｂ－誤
ウ　Ａ－誤　Ｂ－正　　　　エ　Ａ－誤　Ｂ－誤

問7　下線部⑦について、次の文章は2014年に史上最年少でノーベル平和賞を受賞した人物の言葉である。この人物の名前をカタカナ３字で答えよ。

> 私の村には、今も女子のための中学校がありません。私の願いであり、義務であり、挑戦、それは、私の友達や姉妹たちが教育を受けることができ、そして夢を実現する機会を手に入れることができるようにすることなのです。
>
> 「The Huffington Post」HP　2014.12.11

3

(1) | 時 | (2) | 分 | (3) | m |
| | | 分間 |

(3)

(答) _____ 個

4

(1) | | cm³ | (2) | | cm | (3) | | cm |

5

(1) | | cm² | (2)① | | cm² | (2)② | | cm² |

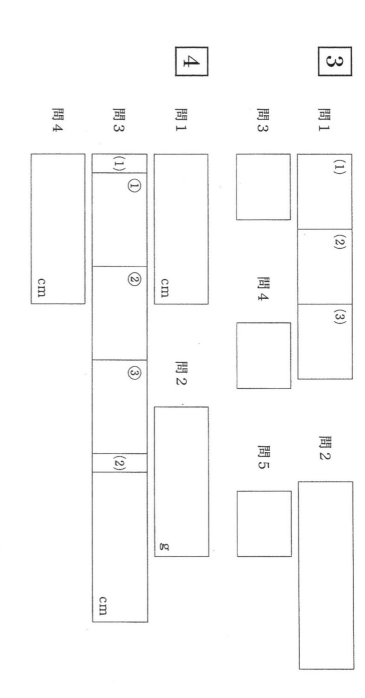

3

問1 (1)　(2)　(3)

問2

問3

問4

問5

4

問1　cm

問2　g

問3 (1) ① ② ③ (2) cm

問4　cm

問17	問16	問15	問14	問13	問12	問11	問10	問9	問8	問7	問6
				⇒	⇒						

問15	問14	問13	問12	問11	問10	問9	市・川

問16	問15	問14	問13	問12	問11	問10	問9	問8

中学校　社会　（40分）

受験番号

氏名

1

問1	市
問2	高地
問3	半島
問4	
問5	（　　　　　　ため）

2

問1	
問2	
問3	
問4	
問5	を尊重すること
問6	

3

問1	
問2	
問3	

6　12　18　24　30

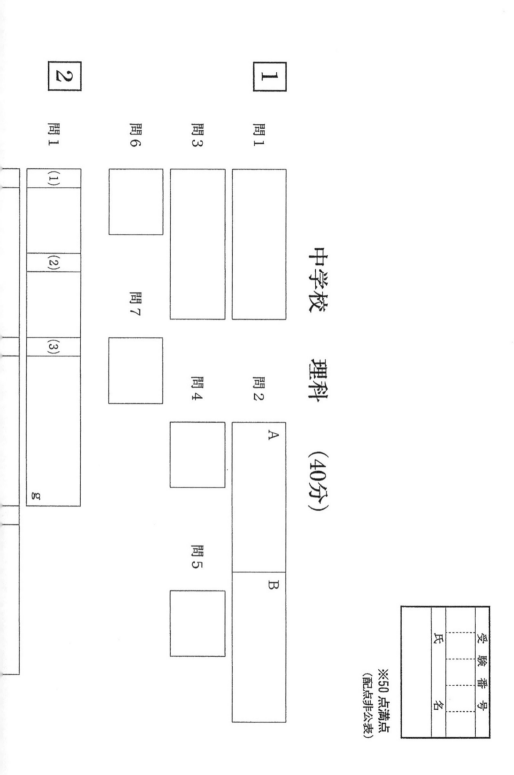

中学校　理科　（40分）

※50点満点
（配点非公表）

受験番号		
氏名		

1

問1

問2　A　　B

問3

問4　　　問5

問6

問7

2

問1　(1)　(2)　(3)　g

中学校　算数　（60分）

※100点満点
（配点非公表）

受験番号

氏名

1

(1)

(2)

(3)

(4)

(5)

(6)

(7)

(8)

2

(1)

(2)

2　経済活動とは、（　⑧　）・企業・政府の３つの経済主体が財やサービスを生産・分配・消費する活動のことである。経済活動はお金をなかだちとして行われる。このお金の流通を手助けしているのが⑨銀行などの金融機関であり、お金が余っているところから不足しているところに融通する。⑩日本銀行は「銀行の銀行」とよばれ、一般の金融機関に対して預金の受け入れや貸し出しを行う。

　⑪財やサービスの価格は、商品を買いたいと思う買い手の行動（需要）と、商品を売りたいと思う売り手の行動（供給）によって決まる。価格は消費の増加・減少に影響を与え、それによって景気の変動が起こる。日本銀行や政府は⑫景気の調整を行い、物価の安定を図っている。日本政府は生産規模の拡大を目指し、2020年ごろまでに（　⑬　）を600兆円に高める目標を定めている。

　今日では⑭経済活動が一国の枠を超え、各国の関わりが強まっており、多くの国際会議が開かれている。2016年５月には⑮日本において先進国首脳会議（伊勢志摩サミット）が開催され、経済分野だけでなく、政治・外交問題についても話し合われた。

問8　（　⑧　）に入る適語を答えよ。

問9　下線部⑨について述べた次のA・Bの文の正誤の組み合わせとして正しいものを、次のア〜エの中から一つ選び、記号で答えよ。
　　　A　銀行はお金を預かった際の利子よりも貸し出す際の利子を低く設定し、利益を得る。
　　　B　一般に、銀行が貸し出す際の金利を上げると、世の中に出回るお金の量は減る。
　　ア　A―正　B―正　　　　イ　A―正　B―誤
　　ウ　A―誤　B―正　　　　エ　A―誤　B―誤

問10　下線部⑩について、日本銀行の３つの機能は、「銀行の銀行」・「発券銀行」ともう１つは何とよばれているか、答えよ。

問11　下線部⑪について説明した次のA〜Dの文のうち、正しく述べているものはどれか。最も適当なものを、次のア〜エの中から一つ選び、記号で答えよ。
　　　A　需要が減れば、価格は上がる。　　B　需要が減れば、価格は下がる。
　　　C　供給が増えれば、価格は上がる。　D　供給が増えれば、価格は下がる。
　　ア　AとC　　　　イ　AとD　　　　ウ　BとC　　　　エ　BとD

問12　下線部⑫について、景気が過熱する中で、物価が継続して上昇する現象を何というか、カタカナで答えよ。

問13　（　⑬　）に入る適語をアルファベットで答えよ。

問14　下線部⑭の例としてEU（欧州連合）が挙げられるが、2016年６月に国民投票によりEUからの離脱を決定した国はどこか、答えよ。

問15　下線部⑮について、この会議のために来日した首脳のうち、会議終了後に広島平和記念公園を訪問した人物は誰か、答えよ。

3 　各時代で使用されたお金に関する文章を読み、あとの各問に答えよ。

1　奈良県の飛鳥池遺跡で出土した富本銭は、①天武天皇の頃につくられたお金である。その後、平城京へ都が移される直前の708年に（　②　）がつくられた。（　②　）は都の近くだけで使われ、地方では米や布を中心に物々交換が行われていた。

　　問1　下線部①について、天武天皇に関して述べた文として正しいものを、次のア〜エの中から一つ選び、記号で答えよ。
　　　　ア　白村江の戦いで唐・新羅の連合軍に敗北した。
　　　　イ　壬申の乱で大友皇子を滅ぼした。
　　　　ウ　蘇我蝦夷・入鹿を滅ぼして、大化の改新を行った。
　　　　エ　大宰府を防衛するために、水城や大野城をつくった。

　　問2　（　②　）に入る適語を答えよ。

2　10世紀の醍醐天皇・村上天皇の時代には③摂政・関白が置かれず、のちに「延喜・天暦の治」とたたえられるようになった。この時代には延喜通宝や乾元大宝がつくられた。村上天皇の治世後は、ほぼ摂政・関白が置かれた。このような政治体制を摂関政治と呼び、④11世紀の藤原道長・頼通の時代に全盛期を迎えた。

　　問3　下線部③について、藤原氏は摂政・関白となり、天皇の権威を利用し、権力を握った。その理由を藤原氏と天皇との血縁関係の点から、30字以内で説明せよ。ただし、句読点も1字とする。

　　問4　下線部④について、11世紀の出来事に関して述べた文として正しいものを、次のア〜オの中から二つ選び、記号で答えよ。
　　　　ア　源義家により、東北地方での豪族の反乱がしずめられた。
　　　　イ　天皇家の実権をめぐる争いを原因とし、保元の乱が起こった。
　　　　ウ　関東では平将門の乱が、西国では藤原純友の乱が起こった。
　　　　エ　菅原道真の進言により、遣唐使が停止された。
　　　　オ　白河上皇により、上皇の屋敷で政治を行う院政が開始された。

3　平安時代の中ごろになると、乾元大宝を最後にお金はつくられなくなった。そのような中、武士として最初の太政大臣となり、政治の実権を握った平清盛は、現在の神戸港である（　⑤　）を整えて日宋貿易を盛んにし、宋銭を大量に輸入した。⑥鎌倉時代には売買の手段として、米などの現物にかわって貨幣が多く用いられていたが、もっぱら中国から輸入される宋銭が利用された。

問5　（　⑤　）に入る適語を答えよ。

問6　下線部⑥について、鎌倉時代の建築物として正しいものを、次のア～エの中から一つ選び、記号で答えよ。

ア

イ

ウ

エ
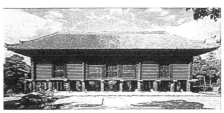

4　室町時代になると、⑦足利義満によって勘合貿易が開始された。勘合貿易では、中国の
（　⑧　）の銅銭をはじめ、陶磁器や絹織物が輸入されるようになった。また、この時代は大陸
文化と伝統文化の融合が進んだ。日本の伝統文化の代表として能・狂言・茶の湯・生け花などが
挙げられる。

問7　下線部⑦について、足利義満に関して述べた文として誤っているものを、次のア〜エの中
　　から一つ選び、記号で答えよ。
　　　ア　京都の東山に金閣を建て、義満の権力の象徴とした。
　　　イ　京都の室町に花の御所を建て、幕府をそこに移した。
　　　ウ　朝鮮との貿易を開始し、木綿やにんじんなどを輸入した。
　　　エ　中国からの要求に応じて倭寇を取り締まった。

問8　（　⑧　）に入る当時の王朝名を答えよ。

5　江戸時代になると、幕府が再びお金をつくるようになった。全国的に通用する同じ規格の金貨
は、⑨徳川家康が大量につくらせた慶長小判がはじめとされる。5代将軍徳川綱吉の時代には、
増収を目指して質のおとった（　⑩　）小判をつくったが、物価の上昇により、民衆の生活を圧
迫することとなった。

問9　下線部⑨について、徳川家康は外国との貿易に力を入れ、大名や商人に海外へ渡ることを
　　認めた書状を渡した。この書状を何というか、答えよ。

問10　（　⑩　）に入る元号を答えよ。

6　江戸時代には、東日本ではおもに金貨が、西日本では主に銀貨が取引の中心として使用された。
そのため、⑪田沼意次は南鐐二朱銀をつくり、金を中心とする貨幣制度への一本化をこころみ
た。ペリーの来航後、江戸幕府は⑫日米修好通商条約を結んだ。翌年に貿易が始まると、大量の
金貨が海外に流出したため、質の悪い万延小判をつくることとなった。

問11　下線部⑪について、田沼意次に関して述べた文として正しいものを、次のア〜エの中から
　　一つ選び、記号で答えよ。
　　　ア　公事方御定書を定め、裁判の公正をはかった。
　　　イ　異国船打払令を改め、外国船に水や食料を与えて帰すようにした。
　　　ウ　幕府の学校で朱子学以外の講義などを禁止した。
　　　エ　株仲間の積極的な公認や、長崎貿易の拡大に努めた。

問12　下線部⑫について、次の文は日米修好通商条約で認めた不平等な権利の一部である。次の
　　文を読み、この権利を漢字5字で答えよ。

　　　日本国内で、日本人に対して法をおかしたアメリカ人は、アメリカの法律で罰する。

7　明治時代以降の紙幣には主に人物の肖像画が印刷された。板垣退助もその一人であり、彼が指導した自由民権運動の成果の一つとして⑬国会の開設が挙げられる。また、文化面に功績がある⑭夏目漱石・樋口一葉や、⑮国際連盟の事務局次長をつとめた新渡戸稲造の肖像画も後に使用された。

問13　下線部⑬について、次の各文は、一つを除いて国会の開設以前の出来事である。次のア〜オの出来事からその一つを除いて四つを選び、古い順に並べかえよ。
　　　ア　西南戦争が起こった。
　　　イ　戊辰戦争が起こった。
　　　ウ　日清戦争が起こった。
　　　エ　自由党が結成された。
　　　オ　廃藩置県が実施された。

問14　下線部⑭について、次の人物とその作品の組み合わせとして正しいものを、次のア〜エの中から一つ選び、記号で答えよ。
　　　ア　夏目漱石ー『学問のすゝめ』
　　　イ　夏目漱石ー『舞姫』
　　　ウ　樋口一葉ー『たけくらべ』
　　　エ　樋口一葉ー『みだれ髪』

問15　下線部⑮について、国際連盟に関して述べた文として誤っているものを、次のア〜エの中から一つ選び、記号で答えよ。
　　　ア　アメリカ大統領ウィルソンの提案をもとに成立した。
　　　イ　常任理事国はアメリカ・イギリス・フランス・日本の４ヵ国であった。
　　　ウ　本部はスイスのジュネーブに置かれた。
　　　エ　設立当初、ドイツとソ連の参加は認められなかった。

8　第一次世界大戦中、日本は戦争に必要な船舶や鉄鋼などの生産が増加し、⑯好景気となった。しかし、第一次世界大戦後の日本は繰り返し不景気にみまわれた。1927年には、人々が銀行に殺到して預金を引き出したため、銀行の休業や倒産があいついだ。（　⑰　）に所属する高橋是清大蔵大臣は、この状況に対応するため裏面が白い紙幣を大量に印刷した。

問16　下線部⑯について、下の図はこの好景気で金持ちになった人たちの暮らしぶりを批判したものである。この好景気で金持ちになった人たちを何というか、答えよ。

問17　（　⑰　）に入る政党名は何か、答えよ。

平成28年度（2016年度）

中学校入学試験問題

算　数

（60分）

注　意

「始め」の合図があるまでは問題を開いてはいけません。

1　「始め」という合図で始め、「やめ」という合図ですぐにやめなさい。

2　問題は１ページから６ページまでです。

3　解答を始める前に、まず、解答用紙に受験番号と氏名を記入しなさい。
　　受験番号は５桁です。算用数字で横書きにしなさい。

4　答えは、すべて解答用紙に記入しなさい。

5　質問や用があるときは、声を出さずに静かに手をあげなさい。
　　問題の内容についての質問は受け付けません。

6　分度器、定規、コンパス、計算機類の使用は認めません。

7　比で答えるときは、最も簡単な整数の比にしなさい。

8　分数で答えるときは、約分して最も簡単な形にしなさい。

9　円周率を用いるときは、3.14として計算しなさい。

早稲田佐賀中学校

問題は次のページから始まります。

K 教英出版

1   次の問に答えよ。

(1) $48 \div 1.5 - 6 \times \left(\dfrac{1}{2} - \dfrac{1}{3} \right)$ を計算せよ。

(2) 17 の倍数のうち、最も 1000 に近い数を求めよ。

(3) ジュース 1 本の値段は、ケーキ 1 個の値段よりも 70 円安いという。ジュース 6 本とケーキ 12 個を買ったら 3180 円になった。ケーキ 1 個の値段は何円か。

(4) 赤・青・黄 3 つのサイコロを同時に投げたとき、出た目の積が 36 となった。サイコロの目の出方は何通りあるか。ただし、出た目の色を区別するものとする。

(5) ある日の午前 2 時から午前 3 時までの 1 時間で、時計の長針と短針が 110 度の角をつくることは 2 回ある。その時刻の差は何分か。

(6) 20160110 × 20160110 − 20160109 × 20160111 を計算せよ。

(7) 下の図のように、縦 8 cm、横 12 cm の長方形があり、横の長さを 4 等分する点に印がついている。このとき、図の ▨ 部分の面積は何 cm² か。

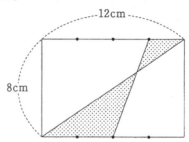

(8) 下の図は円すいの展開図である。この円すいの表面積は何 cm² か。

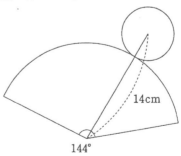

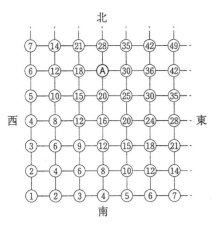

2   右の図のように、等間隔で直角に交わっている道路があり、ある規則ですべての交差点に番号をつけている。各交差点の間隔は 10 m である。道路は北、東の方角に限りなく伸びているとする。このとき、次の問に答えよ。

(1)   Ⓐに入る数字と同じ番号の交差点は、Ⓐの場所を含めて全部でいくつあるか。

(2)   番号が 106 の交差点から、引き返すことなくちょうど 20 m 歩いて到達できる交差点は全部でいくつあるか。

(3)   ある交差点を 1 つ選び、その交差点から引き返すことなくちょうど 20 m 歩いて到達できる交差点の番号の和を調べると 2016 であった。選んだ交差点の番号として考えられる数をすべて求めよ。なお、この問題は解答までの考え方を示す式や文章・図を書け。

3　下の図のように、トンネルの両側 M、N からそれぞれ列車 A、B が同時にトンネルに入り始めた。列車 A と列車 B はトンネルに入り始めて $41\frac{5}{11}$ 秒後に完全にすれちがった。また、列車 A がトンネルを完全に抜けたとき、列車 B の先頭はトンネルの出口 M から 180 m 手前のところを進んでいた。さらに、列車 B がトンネルを完全に抜けたとき、列車 A の先頭はトンネルの出口 N から 540 m 進んでいた。列車 A と列車 B の速さは一定でその比が 6：5、列車 B の長さが 120 m であるとき、次の問に答えよ。

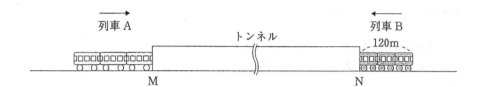

(1)　列車 A の長さは何 m か。

(2)　トンネルの長さは何 m か。

(3)　列車 B の速さは時速何 km か。

K 教英出版

$\boxed{4}$ 次の問に答えよ。

(1) 右の図のように、半径 6 cm、中心角 90° のおう
ぎ形 OPQ と半径 3 cm の円 C がある。おうぎ形の
曲線部分を、円 C の中心 O′が P から Q まで動く
とき、円 C が通過する部分の面積は何 cm² か。

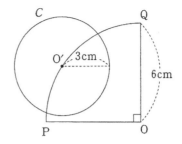

(2) 右の図のように、半径 6 cm、中心角 90° のおう
ぎ形 OPQ と、1 辺が 6 cm の正方形 ABCD がある。
おうぎ形の曲線部分を、正方形 ABCD の対角線の
交点 M が P から Q まで、常に辺 AD が半径 PO
と平行のまま動くとき、正方形 ABCD が通過する
部分の面積は何 cm² か。

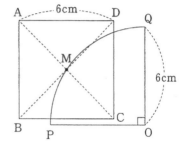

(3) 下の図のように、O を中心とする直径 PQ が 12 cm の半円と、1 辺が 6 cm の正方形 ABCD
がある。半円の曲線部分を、正方形 ABCD の対角線の交点 M が P から Q まで、常に辺 AD
が直径 PQ と平行のまま動くとき、正方形 ABCD が通過する部分の面積は何 cm² か。1 辺の
長さが 6 cm の正三角形の高さは 5.2 cm とする。

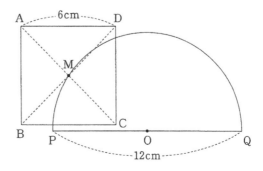

5 　下の図のような縦 8 cm、横 8 cm、高さ 18 cm の直方体のおもりと水の入った直方体の
容器がある。

　図1と図2は、この容器に2通りの方法でおもりを入れた様子を真横から見た図である。
次の問に答えよ。ただし、容器から水があふれることはないものとする。

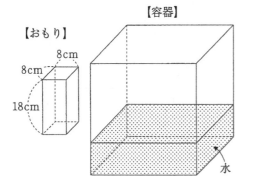

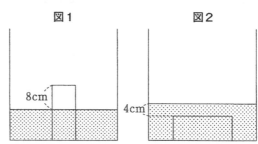

(1)　容器の底面積は何 cm² か。

(2)　図2の状態から、さらにおもりを1個、図3のように入れた。
　　このとき、水面は容器の底面から何 cm の高さになったか。

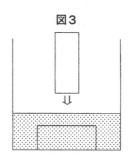

(3)　図2の状態から、さらにおもりを1個、図4のように入れた。
　　このとき、おもりの一部は水面から出ているか。それとも出てい
ないか。
　　結果を「出る」か「出ない」で答え、さらにその根拠を式や文章・
図を用いて答えよ。

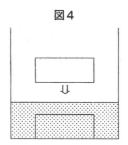

平成28年度（2016年度）

中学校入学試験問題

理　科

（40分）

注　意

「始め」の合図があるまでは問題を開いてはいけません。

1　「始め」という合図で始め、「やめ」という合図ですぐにやめなさい。

2　問題は1ページから6ページまでです。

3　解答を始める前に、まず、解答用紙に受験番号と氏名を記入しなさい。
　　受験番号は5桁です。算用数字で横書きにしなさい。

4　答えは、すべて解答用紙に記入しなさい。

5　質問や用があるときは、声を出さずに静かに手をあげなさい。
　　問題の内容についての質問は受け付けません。

6　定規、コンパス、計算機類の使用は認めません。

問題は次のページから始まります。

K 教英出版

月について、次の各問に答えよ。

問1　月について、間違っているものを次のア〜エから1つ選び、記号で答えよ。
　　ア　月は自分で光を出さず、太陽の光を反射して光っている。
　　イ　月の表面には火山の噴火口であるクレーターがたくさん見える。
　　ウ　月の表面は岩石や砂で、水や大気はない。
　　エ　月の表面には、月の海と呼ばれる平らで暗いところがある。

問2　図1は、太陽のまわりを回る地球と、地球のまわりを回る月を北から見たようすを表したものである。ただし、天体の大きさや回転の半径は実際とは違っている。この図を参考にして、下の問に答えよ。

図1

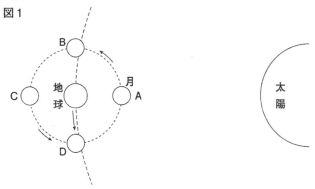

(1)　下の文中の（　①　）には図1のA〜Dの中から、（　②　）には次のア〜オの中から、それぞれ最も適当なものを1つ選び、記号で答えよ。
　　ア　新月　　　イ　満月　　　ウ　下弦の月　　　エ　上弦の月　　　オ　三日月

　　「日食の時には、月の位置は図1の（　①　）にある必要があり、月は（　②　）である。」

(2)　日本で、ある日の18時に南の空に、図2のように月と恒星Sが見えた。

図2

①　この日の月の位置は図1では、どこか。また月の形は何と呼ばれるか。図1での位置と、月の形との正しい組み合わせを次の表のア〜エから1つ選び、記号で答えよ。

	位置	月の形
ア	B	上弦の月
イ	B	下弦の月
ウ	D	上弦の月
エ	D	下弦の月

②　この日の翌日、同じ時刻には月と恒星Ｓはどのような位置に見えるか。最も適当なものを次のア〜カから１つ選び、記号で答えよ。
　　ア　月は真南よりすこし西がわに、恒星Ｓもわずかに西がわに見える。
　　イ　月は真南よりすこし西がわに、恒星Ｓはわずかに東がわに見える。
　　ウ　月は真南よりすこし西がわに、恒星Ｓは同じ位置に見える。
　　エ　月は真南よりすこし東がわに、恒星Ｓもわずかに東がわに見える。
　　オ　月は真南よりすこし東がわに、恒星Ｓはわずかに西がわに見える。
　　カ　月は真南よりすこし東がわに、恒星Ｓは同じ位置に見える。

問３　地球の同じ地点から月を見ると、月の地形がつくる模様は変化がないように見える。このことから、月自体の回転（自転）と、月が地球のまわりを回る運動（公転）について最も適当なものを次のア〜エから１つ選び、記号で答えよ。
　　ア　月は、公転する方向と自転する方向が逆で、１日に１回自転している。
　　イ　月は、地球のまわりを公転しながら、１日に１回自転している
　　ウ　月は、自転することなく、地球のまわりを公転している。
　　エ　月は、１日で地球のまわりを公転した角度と同じだけ自転している。

問４　満月から次の満月までの日数（Ｘ）と、月が地球のまわりを360°回るのに要する日数（Ｙ）との関係として正しいものを次のア〜エから１つ選び、記号で答えよ。
　　ア　常にＸはＹより少ない
　　イ　常にＸとＹは同じ
　　ウ　常にＸはＹより多い
　　エ　季節によって、ＸがＹより少ないときと、ＸがＹより多いときがある。

問５　地球から見た月は、ほぼ太陽と同じ大きさに見える。太陽の半径は地球の109倍である。地球と太陽との距離を１億5000万km、地球と月との距離を38万kmとすると、月の半径は地球の半径の何倍か。最も近いものを次のア〜オから１つ選び、記号で答えよ。
　　ア　0.16倍　　　イ　0.22倍　　　ウ　0.28倍　　　エ　0.34倍　　　オ　0.40倍

2 日本の本州中部の山岳地帯において、植物、昆虫類、ヘビ類、ヤマドリ、ノウサギ、キツネ、イヌワシ、カモシカ、ハタネズミが、何を食べて生活しているのかを調べた。下の図は、食べられる生物と食べる生物との関係を矢印でつないで示したものである。矢印は、食べられる側から食べる側を向いており、①～⑥には上の動物たちの名前が必ず入る。下の各問に答えよ。

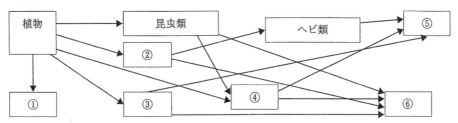

問1 上の図の①と④にあてはまる最も適当な動物を、次のア～カからそれぞれ選び、記号で答えよ。

ア　ヤマドリ　　　イ　ノウサギ　　　ウ　キツネ
エ　イヌワシ　　　オ　カモシカ　　　カ　ハタネズミ

問2 上の図に示したように、生物どうしの関係を、食べる、食べられるという関係でとらえると、いくつかの生物が鎖のようにつながって見える。このつながりを何というか。漢字4文字で答えよ。

問3 次の文章を読み、下の問に答えよ。

生態系を構成する生物の中で二酸化炭素、水などの無機物から（　A　）を合成する生物は生産者と呼ばれ、ウシやウマのように（A）を取り入れて生活する生物は消費者と呼ばれる。また、多くの細菌類やコウジカビ、キノコのような生物は分解者と呼ばれ、動物や植物の遺体や排出物などの（A）を無機物に分解する過程にかかわる。

生産者を食べる動物を一次消費者、一次消費者を食べる動物を B 二次消費者、さらに二次消費者を食べる動物を C 三次消費者という。

(1) 文章中の（　A　）に入る言葉を漢字3文字で答えよ。

(2) 下線部B、Cについて、上の図において、二次消費者でもあり三次消費者でもある動物を、問1のア～カからすべて選び、記号で答えよ。

問4 人間がつくりだした化学物質のなかには、生物に害をあたえるものがある。かつて農薬として使われたDDTは、生物の体内では分解されず、体外にも出されないので、生物に深刻な害をおよぼした。ある海に魚A、Bとホニュウ類C、Dがすんでいて、魚Bは魚Aを食べ、ホニュウ類Cは魚Bを食べ、ホニュウ類Dは魚Aを食べていることがわかった。これらについてDDTの濃度を測定した。魚Aでは体重1gあたり0.0005％のDDTがあることがわかり、魚Bでは魚Aにおける濃度の5倍、ホニュウ類Cでは魚Bにおける濃度の10倍、ホニュウ類Dでは魚Aにおける濃度の25倍になっていた。ホニュウ類CとDのDDTの濃度について最も適当なものを、次のア～オから1つ選び、記号で答えよ。

ア　ホニュウ類Cのほうが、多くの種類の生物を食べるので、DDTの濃度が高い。

イ　ホニュウ類Cのほうが、より濃度が濃くなったDDTを取り込むので、DDTの濃度が高い。

ウ　ホニュウ類Dのほうが、魚Aを大量に食べるので、DDTの濃度が高い。

エ　ホニュウ類Dのほうが、体重が軽いので、体重1gあたりのDDTの濃度は高い。

オ　ホニュウ類CとDは、いずれも同じ栄養のとり方をしているので、DDTの濃度に大きな差はない。

$\boxed{3}$　次の各問に答えよ。

問1　次の文章中の（　1　）には当てはまる語句を、（　2　）、（　3　）には当てはまる数字を答えよ。ただし、同じ番号の（　　）には同じ語句が入る。

　　空中で物から手をはなすと、物は下へと落ちていく。これは地球上にある物にはすべて（　1　）という力がはたらくからである。この物にはたらく（1）のことを「重さ」という。

　　地球上で重さが300gのおもりを月面上へ持って行き、図1のようなばねはかりと図2のような上皿てんびんを用いて、このおもりについて実験を行った。ただし、月面上での（1）は地球上でのそれの6分の1である。ばねはかりにこのおもりをつるすと、ばねはかりは（　2　）gを示す。また上皿てんびんの左の皿にこのおもりをのせ、右の皿に分銅をのせていく。この分銅は1個あたりの重さが地球上で50gである。上皿てんびんがつり合っているとき、右の皿にのせた分銅の数は（　3　）個である。

図1 　　　図2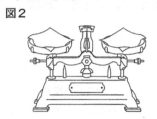

問2　図3のように、半径10cmで厚さ、密度がどこでも同じ円板がある。この円板は円の中心点Oが回転軸になるように支柱に取り付けられて立ててあり、なめらかに回転することができる。また、その表面にはおもりを貼り付けることができる。次の問に答えよ。ただし、円板に貼り付けるおもりの大きさは無視できるものとする。

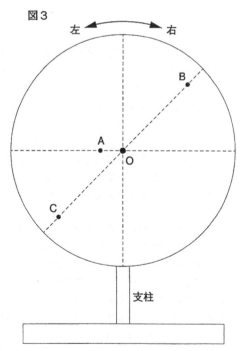

図3

(1)　円板が回転しないように手で支え、点Oから左に2cmの点Aに60gのおもりを貼り付ける。円板を支える手をはなしたとき、円板が回転しないように、40gのおもりを貼り付けたい。点Oから右に何cmの位置に40gおもりを貼り付ければよいか。

(2)　次に、(1)で貼り付けた60gと40gのおもりを取りはずし、円板が回転しないように手で支え、点Bと点Cの両方に10gのおもりを貼り付ける。点Bと点Cはともに点Oから8cmの位置にあり、また同じ直線上にある。円板を支える手を静かにはなしたときの円板のようすについて、正しく述べたものを次のア〜ウから1つ選び、記号で答えよ。

　　ア　矢印の右の向きに回転する。　　イ　矢印の左の向きに回転する。　　ウ　動かない。

問3　糸の一端を天井に取り付け、他端におもりを取り付けて振り子をつくる。次の問に答えよ。
　　ただし、糸は伸びたり縮んだりすることはなく、また、おもりの大きさは考えないものとする。

(1)　この振り子を糸の長さやおもりの重
さを変えて、3種類の振り子をつくる。
3種類について、それぞれ糸がたるま
ないように、最下点から30°だけ持ち
上げて、手をはなす。右の表は3種類

表	糸の長さ	おもりの重さ
振り子X	30 cm	150 g
振り子Y	50 cm	100 g
振り子Z	70 cm	50 g

の振り子について、糸の長さとおもりの重さを表したものである。このとき、おもりが一往復
する時間は振り子Yが1.4秒であった。残り2つの振り子のうち、1つは一往復する時間が1.7
秒であった。これは振り子Xと振り子Zのどちらか。次のア～エから、理由も含めて正しく述
べてあるものを1つ選び、記号で答えよ。

ア　振り子Xの方が糸が短いため、振り子Xである。
イ　振り子Zの方が糸が長いため、振り子Zである。
ウ　振り子Xの方がおもりが重いため、振り子Xである。
エ　振り子Zの方がおもりが軽いため、振り子Zである。

(2)　次に図4のように、100 cmの糸と100 gのおもりで振り子をつくる。点Oは糸を天井に固
定した位置であり、点Bは、この振り子を天井から自然にたらしたときのおもりの中心の位置
である。また、点Oの真下85 cmの位置にくぎが打ち付けてある。この点Bから糸がたるま
ないようにおもりを60°だけ持ち上げて点Aで手をはなすと、糸はピンと張ったまま、おもり
は点Bまで移動していく。その後、糸はくぎに触れ、くぎよりも下の部分だけが振れる。点C
はおもりの中心がくぎの真横まで上がってきたときの位置である。点Cを通過した後のおもり
の運動について最も適するものを下のア～ウから1つ選び、記号で答えよ。ただし、おもりが
点Cに達するまでは糸はたるむことはない。

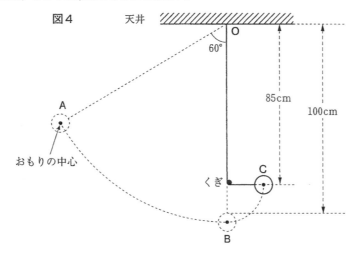

図4　　天井

ア　点Cまで上がってきたおもりは、点Cよりもさらに上には上がることはなく、糸がたるむ
　　ことなく点Bへ戻っていく。
イ　点Cまで上がってきたおもりは、さらに点Cよりも上に上がり、糸がたるまないまま点B
　　の真上にまで達する。その後、糸がたるみ、おもりは真下へ落下する。
ウ　点Cまで上がってきたおもりは、さらに点Cよりも上に上がり、その後一切糸がたるむこ
　　となく、そのまま円を描きながら点Bへ戻る。

— 5 —

4　A～Fの6種類の水溶液がある。これらの水溶液について、次の実験1～8を行った。下の各問に答えよ。

【実験1】：A、C、Dの水溶液を蒸発皿に入れて加熱したら、固体が残った。

【実験2】：B、Eの水溶液は、青色リトマス紙を赤色に変えた。また、D、Fの水溶液は、赤色リトマス紙を青色に変えた。

【実験3】：Bの水溶液をお湯につけて温めると、泡（気体a）がたくさん出てきた。

【実験4】：Bの水溶液に石灰水を加えると、白く濁った。

【実験5】：D、Eの水溶液にアルミニウム片を加えると、気体bを発生しながらアルミニウム片が溶けた。

【実験6】：Eの水溶液に鉄片を加えると、気体cを発生しながら鉄片が溶けた。

【実験7】：Aの水溶液は電流が流れるが、Cの水溶液は電流が流れなかった。

【実験8】：Fの水溶液のにおいを調べると、強いつんとくるにおいがした。

問1　A～Fの6種類の水溶液は次のア～カのどれか。適当なものを1つずつ選び、記号で答えよ。

　　ア　砂糖水　　　　　　イ　食塩水　　　　ウ　炭酸水
　　エ　アンモニア水　　　オ　塩酸　　　　　カ　水酸化ナトリウム水溶液

問2　実験1の結果、残った固体の色が黒色なのはA、C、Dのどれか。記号で答えよ。

問3　実験3で発生した泡（気体a）は何という気体か。名称を答えよ。

問4　気体b、気体cについて、正しいものを次のア～オから1つ選び、記号で答えよ。

　　ア　気体bと気体cは同じ気体で、気体aとも同じである。
　　イ　気体bと気体cは同じ気体で、ものを燃やす性質がある。
　　ウ　気体bと気体cは同じ気体で、強いにおいがある。
　　エ　気体bと気体cは同じ気体で、水に溶けにくい。
　　オ　気体bと気体cは違う気体で、どちらも水に溶けやすい。

問5　問1のア～カの水溶液のうち、電流が流れるものをすべて選び、記号で答えよ。

問6　塩酸と水酸化ナトリウム水溶液を混ぜ合わせると中和が起こる。また、塩酸とアンモニア水を混ぜ合わせても中和が起こる。上記の実験で用いた塩酸、水酸化ナトリウム水溶液、アンモニア水をそれぞれ、塩酸X、水酸化ナトリウム水溶液Y、アンモニア水Zとする。塩酸X 50 mLと水酸化ナトリウム（水酸化ナトリウム水溶液ではない）1.0 gがちょうど中和することが分かっている。また、塩酸X 50 mLとアンモニア水Z 125 mLがちょうど中和することが分かっている。

(1)　塩酸と水酸化ナトリウム水溶液がちょうど中和したときにできる水溶液として、適当なものを次のア～オから1つ選び、記号で答えよ。

　　ア　砂糖水　　　イ　食塩水　　　ウ　炭酸水　　　エ　ホウ酸水　　　オ　食酢

(2)　塩酸X 80 mLにアンモニア水Z 80 mLと水酸化ナトリウム水溶液Y 250 mLを加えたらちょうど中和した。水酸化ナトリウム水溶液Y 250 mLに溶けていた水酸化ナトリウムは何gか。小数第2位まで答えよ。

平成28年度（2016年度）

中学校入学試験問題

社　会

（40分）

問題は次のページから始まります。

K 教英出版

1 　夏休みに日本中を旅したＡ君は、日本国内にはたくさんの空港があることに気がついた。
そこで、Ａ君は夏休みの自由研究として、「日本にある空港」について調べた。すると、日
本国内には97の空港・飛行場があり、中には、通称や愛称をもった空港があることも分かっ
た。表１は、Ａ君がまとめた内容を抜粋したものである。表１を見て、あとの各問に答えよ。

表１

地方区分	都道府県	空港の正式名称	空港の通称・愛称	利用時間	分類
北海道	北海道	①釧路空港	たんちょう釧路空港	8:00〜21:00	A
東　北	②岩手県	花巻空港	いわて花巻空港	8:00〜19:30	A
	山形県	③庄内空港	おいしい庄内空港	7:00〜22:00	B
関　東	（　④　）県	百里飛行場	（　④　）空港	9:30〜21:00	B
	東京都	⑤東京国際空港	羽田空港	24時間	A
	千葉県	⑥成田国際空港	成田空港	6:00〜23:00	B
中　部	石川県	⑦能登空港	のと里山空港	8:00〜19:30	B
	長野県	⑧松本空港	信州まつもと空港	8:30〜17:00	B
	静岡県	静岡空港	⑨富士山静岡空港	7:30〜20:30	A
	愛知県	中部国際空港	セントレア	24時間	B
近　畿	⑩大阪府	大阪国際空港	伊丹空港	7:00〜21:00	B
		関西国際空港	関西空港	24時間	
中　国	山口県	⑪岩国飛行場	岩国錦帯橋空港	7:00〜22:00	A
四　国	徳島県	徳島飛行場	徳島（　⑫　）空港	7:00〜21:30	B
	⑬高知県	高知空港	高知龍馬空港	7:00〜21:00	B
⑮九州	佐賀県	佐賀空港	（　⑭　）佐賀空港	6:30〜21:00 0:30〜 4:30	A
	宮崎県	宮崎空港	宮崎ブーゲンビリア空港	7:30〜21:30	B

（国土交通省航空局、関西広域連合）

問１　下線部①について、次の図１は、北海道地方をさらに細かく区分したものである。釧路空港
　　はどの地域区分にあてはまるか。次のア〜エの中から一つ選び、記号で答えよ。

図１

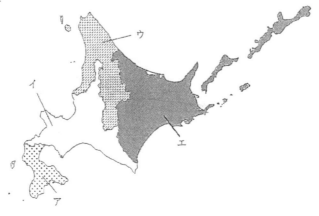

問2　下線部②について、次の表2は、東北地方6県の人口と面積について、それぞれ多い・広い順に順位を表したものである。岩手県について示しているものを、次のア～カの中から一つ選び、記号で答えよ。

表2

	ア	イ	ウ	エ	オ	カ
人口	1位	2位	3位	4位	5位	6位
面積	6位	2位	4位	1位	5位	3位

（日本国勢図会　2014/15）

問3　下線部③について、この空港がある庄内平野は、日本有数の穀倉地帯として知られている。庄内平野で米作りがさかんになった理由について説明した次のA～Cの文のうち、正しく述べているものはどれか。最も適当なものを、次のア～キの中から一つ選び、記号で答えよ。
　　A　豊富な雪どけ水を代かきや田植えに利用できるため。
　　B　稲の生育に適した水はけのよい火山灰土が豊富なため。
　　C　湖を干拓したことにより大規模な農地を確保できたため。
　ア　A　　　イ　B　　　ウ　C
　エ　AとB　　オ　AとC　　カ　BとC　　キ　AとBとC

問4　（　④　）の県と空港には同一の名称が入る。この空港でA君は、メロンカレーや納豆せんべいなど、この県の特産物を生かしたお土産を購入した。（　④　）に入る適語を答えよ。

問5　下線部⑤について、次の図2は、東京国際空港・成田国際空港・中部国際空港・関西国際空港における出入国者数の推移を折れ線グラフにしてまとめたものである。東京国際空港を示しているものを、次のア～エの中から一つ選び、記号で答えよ。

図2　空港別出入国者数の推移（万人）

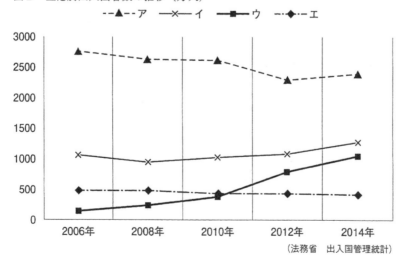

（法務省　出入国管理統計）

問6　下線部⑥について、次の表3は、日本における輸出額が多い上位4港の輸出額および主要輸
　　　出品目の割合についてまとめたものである。成田国際空港を示しているものを、次のア〜エの
　　　中から一つ選び、記号で答えよ。

表3

	輸出額(億円)	主要輸出品目の割合 (%)
ア	110584	自動車26.8　自動車部品15.5　内燃機関5.0　金属加工機械4.1
イ	78574	集積回路7.4　科学光学機器6.6　金4.7　電気回路用品3.7
ウ	67480	自動車19.4　自動車部品6.0　内燃機関4.5　プラスチック4.1
エ	54737	コンピュータ部品7.5　自動車部品6.6　プラスチック5.1　科学光学機器4.5

（データブック・オブ・ザ・ワールド2015）

問7　下線部⑦について、次のア〜エは、表1にある空港の位置をそれぞれ表したものである。能
　　　登空港の位置として正しく示しているものを、次のア〜エの中から一つ選び、記号で答えよ。
　　　なお、県境と海岸線は同じ線で表しており、ア〜エの縮尺は異なっている。

問8　下線部⑧について、次の表4は、表1の空港（釧路空港・松本空港・関西国際空港・宮崎空
　　　港）の近くにある観測地点（釧路・松本・関空島・宮崎）の年間・1月・7月の平均気温と降
　　　水量を表したものである。松本を示しているものを、次のア〜エの中から一つ選び、記号で答
　　　えよ。

表4

	年　　　間		1　　月		7　　月	
	平均気温(℃)	降水量 (mm)	平均気温(℃)	降水量 (mm)	平均気温(℃)	降水量 (mm)
ア	17.0	1115.5	6.5	36.6	26.6	150.1
イ	6.2	1042.9	−5.4	43.2	15.3	127.7
ウ	17.4	2508.5	7.5	63.8	27.3	309.4
エ	11.8	1031.0	−0.4	35.9	23.6	138.4

（気象庁）

問9　下線部⑨について、次の図3は、A君が松本空港から静岡空港へ向かう遊覧飛行の際に富士
　　　山上空付近で見た富士五湖を描いたものである。図中Xが示している湖の名称を答えよ。

図3

問10　下線部⑩について、大阪府には2つの空港があるが、大阪国際空港は利用時間に制限があるのに対し、関西国際空港はその制限がない。関西国際空港において、24時間飛行機の離発着が可能であるのはなぜか。大阪国際空港と関西国際空港のそれぞれの立地条件をふまえ、解答欄に合う形式で、簡潔に説明せよ。

問11　下線部⑪について、次の図4は、上空から岩国飛行場付近を撮影したものである。河口付近に見られるこのような地形を何というか、答えよ。

図4

問12　（　⑫　）について、徳島飛行場の愛称の由来にもなっている徳島の祭りを示しているものを、次のア～エの中から一つ選び、記号で答えよ。また、この夏祭りの名称も答えよ。

ア

イ

ウ

エ

問13　下線部⑬について、A君は、高知県で図5のようなビニールハウスを見かけた。そこで何を作っているかが気になったA君は、空港の案内所で尋ねたところ、以下の資料のようなヒントを教えてもらった。この資料から推測して、図5のビニールハウスで栽培しているものは何か、答えよ。

図5

資料

ビニールハウスで栽培しているもの

・主な品種としては、土佐鷹・竜馬・十市がある。
・空港のある南国市では十市の生産がさかんである。
・高知県が生産量日本一の野菜である。

(野菜生産出荷統計2014年)

問14　（　⑭　）には、佐賀空港の近くにある内海の名称の一部があてはまる。（　⑭　）に入る適語を二字で答えよ。

問15　下線部⑮について、次の表5は、九州8県の空港数に関してまとめたものである。表5中A～Cの県名の組み合わせとして正しいものを、次のア～カの中から一つ選び、記号で答えよ。

表5　九州8県の空港数ランキング（空港数の多い順）

順位	県　名	空港数
1位	A	13
2位	鹿児島県	8
3位	B	6
4位	福岡県 大分県 熊本県	2
7位	佐賀県 C	1

(国土交通省航空局)

	ア	イ	ウ	エ	オ	カ
A	長崎県	長崎県	宮崎県	宮崎県	沖縄県	沖縄県
B	宮崎県	沖縄県	長崎県	沖縄県	長崎県	宮崎県
C	沖縄県	宮崎県	沖縄県	長崎県	宮崎県	長崎県

問16　表1中の分類A・Bは、ある要素によって表の都道府県を分けたものである。A・Bについて説明した文として正しいものを、次のア～エの中から一つ選び、記号で答えよ。なお、A・Bは2015年12月時点で分類したものである。

ア　Aは世界遺産がある都道府県であり、Bは世界遺産がない都道府県である。
イ　Aは人口100万人以上の都市がある都道府県であり、Bは人口100万人以上の都市がない都道府県である。
ウ　Aは原子力発電所がある都道府県であり、Bは原子力発電所がない都道府県である。
エ　Aは新幹線の駅がある都道府県であり、Bは新幹線の駅がない都道府県である。

2　次の文章を読み、あとの各問に答えよ。

　ヨーロッパでは、16〜17世紀ごろ国王に権力が集中する政治が行われた。18世紀にはその反省を
もとに権力をいくつかの機関に分けるという考え方を持つ思想家が現れた。中でも（　①　）は『法
の精神』で法にもとづいて政治を行い、権力を立法権・行政権・司法権の三つに分けることが民主
政治の実現にとって大切であるという考えを示した。この三権分立論は欧米諸国の政治体制に影響
を与え、現代の日本でも取り入れられている。
　②国会は、国の最高の意思決定機関で、国の政治の中心に位置づけられている。その地位は日本
国憲法により、③国権の最高機関であって、国の唯一の立法機関であるとされている。国会の仕事
には法律案や予算の議決のほか、内閣総理大臣の指名などもある。国会は衆議院と④参議院からな
る二院制で、衆議院は参議院よりも任期が短く、さらに解散があるため、民意が反映されやすいと
される。そのため、⑤衆議院は参議院よりも強い権限が与えられている。例えば、衆議院のみが内
閣に対して不信任決議権を持っていることなどが挙げられる。
　国会が決めた法律や予算にもとづいて、実際に国の政治を行うことを行政といい、⑥内閣はこの
行政の仕事を担っている。内閣は内閣総理大臣とその他の国務大臣から構成される。その内閣の下
に内閣府と⑦12の省庁が設置されており、さまざまな仕事を担っている。例えば、国土交通省の下
に設置されている観光庁は民間企業や地方公共団体と協力し、⑧「訪日旅行促進事業（ビジット・
ジャパン）」を展開している。近年、行政の仕事が増加・複雑化する傾向がみられる。そのため、
効率のよい行政をめざし、⑨公務員数の削減などの行政改革が行われている。
　法にもとづいて争いごとを解決することを司法といい、司法権は⑩裁判所だけが持っている。裁
判が公正に行われるために、裁判所が国会や内閣などから圧力や干渉を受けないという司法権の独
立が保障されている。裁判の種類は⑪刑事裁判と民事裁判に分けることができる。刑事裁判では盗
みなどの犯罪行為に関する裁判が行われ、民事裁判では、お金のトラブルなど、個人や企業間の争
いが裁かれる。刑事裁判・民事裁判ともに、基本的人権を保障するために三審制がとられており、
下級裁判所から上級裁判所へと上訴することができる。

問1　（　①　）に入る人名を答えよ。

問2　下線部②について、国会の仕事として誤っているものを、次のア〜カの中から二つ選び、記
　　号で答えよ。
　　　ア　条約の承認　　イ　弾劾裁判所の設置　　ウ　最高裁判所裁判官の指名
　　　エ　国政調査権　　オ　憲法改正の発議　　　カ　天皇の国事行為に対する助言と承認

問3　下線部③について、国会が国権の最高機関に位置づけられているのはなぜか。「主権者」と
　　いう語句を必ず用いて、解答欄に合う形式で、簡潔に説明せよ。

問4　下線部④について、2016年に実施される参議院議員選挙から適用される選挙制度について述
　　べた文として正しいものを、次のア〜エの中から一つ選び、記号で答えよ。
　　　ア　小選挙区制から選出される議席数が0増5減となり、295議席となる。
　　　イ　2つの県が1つの選挙区となる合区が行われる。
　　　ウ　インターネットを使った選挙運動、いわゆる「ネット選挙」が解禁される。
　　　エ　国政選挙においてコンピュータによる電子投票が認められる。

問5　下線部⑤について、このことを何というか、答えよ。

答え

3	(1)	m	(2)	m	(3) 時速	km

4	(1)	cm²	(2)	cm²	(3)	cm²

5	(1)	cm²	(2)	cm	(3) 結果	

(3)
根拠

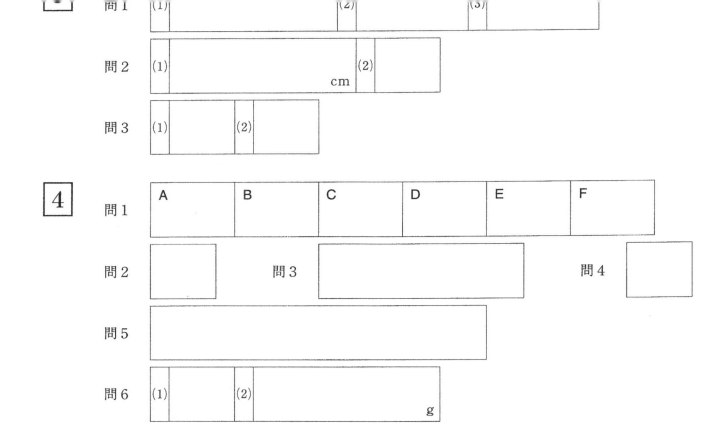

問1 (1) (2) (3)

問2 (1)　　　　　　　　　cm　(2)

問3 (1)　　(2)

4

問1 | A | B | C | D | E | F |

問2　　　　問3　　　　　　　　　問4

問5

問6 (1)　　(2)　　　　　　　g

問9	湖	問5		問6	
問10	大阪国際空港は， [ ] のに対し， 関西国際空港は， [ ] から。	問6	(1)	問7	・
			(2)	問8	
		問7	(1)	問9	
			(2)　　　　庁	問10	
		問8		問11	
問11		問9		問12	
問12	記号 名称	問10	(1)	問13	
			(2)	問14	
問13		問11		問15	
問14				問16	隊
問15				問17	
問16					

中学校　　社会　　（40分）

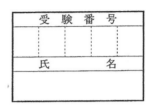

1		2		3	
問1		問1		問1	天皇
問2		問2	・	問2	
問3		問3	国会は		
問4					
問5					
問6				問3	

【解答

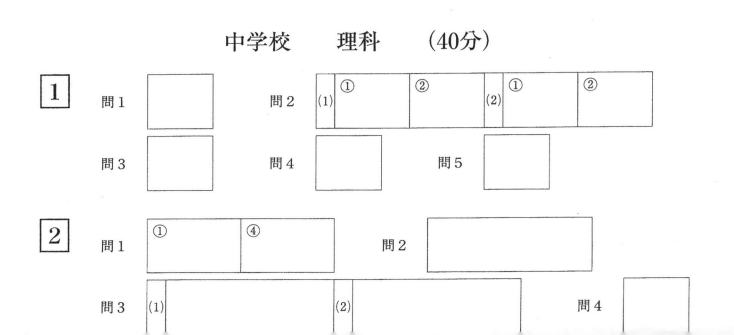

中学校　　理科　　（40分）

1　問1　　　　　　問2　(1)　① ② (2)　① ②

問3　　　　問4　　　　問5

2　問1　① ④　　　問2

問3　(1)　(2)　　問4

※100 点満点
（配点非公表）

中学校　　算数　　（60分）

1								
	(1)		(2)		(3)	円	(4)	通り
	(5)	分	(6)		(7)	cm²	(8)	cm²

2			
	(1)		(2)

問6　下線部⑥について、次の(1)・(2)の問に答えよ。
　(1)　内閣は、「国会に対し連帯して責任を負う」と日本国憲法に規定されている。このような政治制度を何というか、答えよ。
　(2)　内閣について述べた文として正しいものを、次のア〜エの中から一つ選び、記号で答えよ。
　　　ア　国務大臣はすべて国会議員の中から選出されなければならない。
　　　イ　複数の政党が与党となる内閣を連立内閣という。
　　　ウ　内閣総理大臣は文民でなければならないが、防衛大臣は文民でなくてもよい。
　　　エ　予算案をつくることはできるが、法律案をつくることはできない。

問7　下線部⑦について、次の(1)・(2)の問に答えよ。
　(1)　医師国家試験を行う省庁として正しいものを、次のア〜エの中から一つ選び、記号で答えよ。
　　　ア　厚生労働省　　イ　文部科学省　　ウ　経済産業省　　エ　法務省
　(2)　2020年に開かれる東京オリンピック・パラリンピックにおいて、大きな役割が期待される庁が2015年10月に新設された。この庁名を答えよ。

問8　下線部⑧について、次のグラフは、2004年と2014年の国・地域別訪日観光客数（割合）を表しており、グラフ中のア〜エは中国・韓国・香港・台湾のいずれかである。中国を示しているものをグラフ中のア〜エの中から一つ選び、記号で答えよ。

国・地域別訪日観光客数（割合）

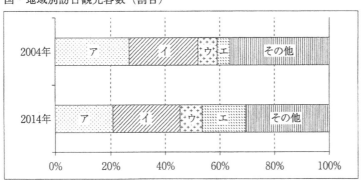

（日本政府観光局）

問9　下線部⑨について、次のグラフは公務員数の推移を表している。グラフについて述べた次の
　　A・Bの文の正誤の組み合わせとして正しいものを、次のア～エの中から一つ選び、記号で答
　　えよ。

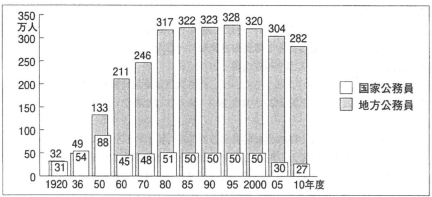

（総務省）

　　A　国家公務員と地方公務員を合わせた数は、1995年をピークに、その後は減少傾向にある。
　　B　国家公務員数と地方公務員数を比較した場合、一貫して地方公務員数が多い。
　　ア　A－正　B－正　　イ　A－正　B－誤
　　ウ　A－誤　B－正　　エ　A－誤　B－誤

問10　下線部⑩について、次の(1)・(2)の問に答えよ。
　(1)　裁判所のうち、8地方に1か所ずつ設置されている裁判所を何というか、答えよ。
　(2)　最高裁判所の裁判官が適任であるかを国民が投票によってチェックする制度を何というか、
　　　四字で答えよ。

問11　下線部⑪について、刑事裁判と民事裁判に関して述べた次のA・Bの文の正誤の組み合わせ
　　として正しいものを、次のア～エの中から一つ選び、記号で答えよ。
　　　A　刑事裁判において、第二審から第三審へ上訴することを控訴という。
　　　B　民事裁判では、法律にもとづいて有罪か無罪かの判決が下される。
　　ア　A－正　B－正　　イ　A－正　B－誤
　　ウ　A－誤　B－正　　エ　A－誤　B－誤

3 　日本の歴史を見てみると、各時代に女性の活躍が目立つ。各時代を代表する女性や、名も
なき女性たちの活躍や様子についての文章を読み、あとの各問に答えよ。

1 　飛鳥時代から奈良時代にかけては女性天皇が多く即位した。その人数は最初の女性天皇である
（　①　）天皇から数えて皇極（斉明）・持統・元明・元正・孝謙（称徳）の６人８代に及ぶ。
持統天皇は天武天皇の皇后として夫を支えるとともに、②大宝律令を制定した文武天皇の祖母と
しても知られている。

問1 　（　①　）に入る人名を答えよ。

問2 　下線部②について、ある村の台帳を調べたところ、表１のようになった。これは男性の人
数を偽った結果であると考えられる。偽った理由を表２を参考にして、15字以内で説明せよ。
ただし、句読点も１字とする。

表１

西暦(年)	税を負担する男性の人数
765年ごろ	約1900人
860年ごろ	約70人
893年	9人
911年	0人

表２

税の名称	税 の 内 容	税を負担する人
租	稲の収穫の約３％を納める	男女
庸	都で10日間働く代わりに布を納める	男
調	特産物を納める	男

2 　平安時代には宮中に仕える女官たちが活躍した。その代表として紫式部が挙げられる。彼女が
著した『源氏物語』は、③女性によって書かれた文学作品の代表として有名である。また、紫式
部は一条天皇の后である藤原彰子に仕える女官であった。彰子の父親は摂関政治の全盛期を作り
上げ、「この世をばわが世とぞ思ふ（　④　）の欠けたることもなしと思へば」という歌を詠ん
だことで有名な藤原道長である。

問3 　下線部③について、女性によって書かれた文学作品として正しいものを、次のア～エの中
から一つ選び、記号で答えよ。
　ア　徒然草　　イ　方丈記　　ウ　土佐日記　　エ　枕草子

問4 　（　④　）に入る適語を二字で答えよ。

3　⑤鎌倉時代には幕府の政治を動かし、尼将軍と呼ばれた北条政子が活躍した。彼女は幕府を創始した源頼朝の妻である。

　　室町時代には8代将軍足利義政の妻である日野富子が、政治に大きな影響を与えた。この義政の時代に将軍家のあとつぎ争いを原因とし、⑥応仁の乱がおこった。

問5　下線部⑤について、次の各文は、一つを除いて鎌倉時代の出来事である。次のア～オの出来事からその一つを除いて四つを選び、古い順に並べかえよ。
　　ア　北条泰時が御成敗式目を制定した。
　　イ　元が二度にわたって襲来してきた。
　　ウ　後鳥羽上皇が承久の乱をおこした。
　　エ　後白河上皇の側近が平治の乱をおこした。
　　オ　御家人の生活を救うために徳政令を出した。

問6　下線部⑥について、次の図は応仁の乱で活躍した軽い装備の歩兵の様子を描いている。戦国時代には鉄砲や長やりなどの武器を用いたこの歩兵を何というか、答えよ。

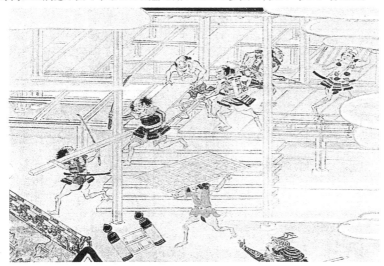

4　戦国時代を代表する女性として淀殿が挙げられる。彼女は織田信長の妹お市の娘である。父である浅井長政、義父である柴田勝家を戦乱で失い、父の仇である⑦豊臣秀吉の妻になるという数奇な運命をたどった。

　　芸能面では出雲大社の巫女であった⑧出雲阿国が始めた踊りが庶民の人気を集めた。

問7　下線部⑦について、豊臣秀吉に関して述べた文として誤っているものを、次のア～オの中から二つ選び、記号で答えよ。
　　ア　天正遣欧使節をローマ教皇のもとに派遣した。
　　イ　大阪城を築いて、全国統一の本拠地とした。
　　ウ　関白・太政大臣になり、朝廷の権威を利用した。
　　エ　北条氏の本拠地である小田原城を攻め落とした。
　　オ　足利義昭を京都から追放して、室町幕府を滅ぼした。

問8　下線部⑧について、出雲阿国が始めた踊りから発展した芸能を何というか、答えよ。

5 江戸時代には初期の春日局、幕末の和宮の名が知られている。春日局は江戸幕府将軍（ ⑨ ）の乳母であり、この将軍の就任に尽力したことで知られている。（ ⑨ ）は祖父や父と違い、「生まれながらの将軍」であった。また、この時期には文化の華が咲き、⑩俵屋宗達らが様々な作品を残している。

　和宮は幕末に大きな影響を与えた孝明天皇の妹であった。彼女は14代将軍の妻であるが、この結婚は大老⑪井伊直弼が殺害されたことにより失墜した幕府の権威を回復させるための政略的なものであった。

　江戸時代の工業を見てみると、⑫織物・和紙・漆器・酒など特産物の生産に力が入れられており、そこにも多くの女性たちの活躍する姿が見られた。

問9　（ ⑨ ）に入る人名を答えよ。

問10　下線部⑩について、俵屋宗達の作品として正しいものを、次のア～エの中から一つ選び、記号で答えよ。

ア　　　　　　　　　　　　　イ

ウ

エ

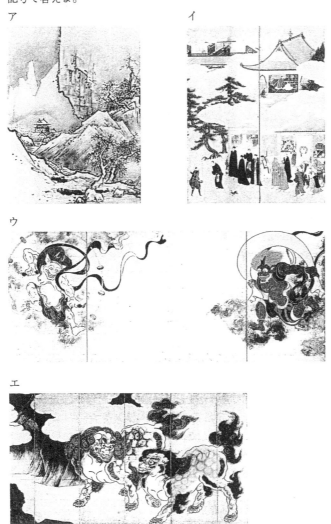

問11　下線部⑪について、井伊直弼は幕府を批判する吉田松陰らを処罰した。この出来事を何と
　　　いうか、答えよ。

問12　下線部⑫について、次の図は織物を生産する作業場の様子を描いている。この図に関して
　　　述べた次のＡ・Ｂの文の組み合わせとして正しいものを、次のア〜エの中から一つ選び、記
　　　号で答えよ。

　　　Ａ　糸をそろえる、糸を運ぶ、機を織るなど分業で製品を仕上げている。
　　　Ｂ　この生産方法を工場制手工業という。
　　ア　Ａ—正　Ｂ—正　　イ　Ａ—正　Ｂ—誤
　　ウ　Ａ—誤　Ｂ—正　　エ　Ａ—誤　Ｂ—誤

2016(H28) 早稲田佐賀中
教英出版

6　明治時代では、⑬富岡製糸場で働く工女の活躍が知られている。彼女たちは「富岡工女」の名
　で知られ、身に付けた技術を各地に設立された製糸場へ広めていった。
　　明治から大正時代に文学の世界で活躍した女性として与謝野晶子と（　⑭　）が挙げられる。
　与謝野晶子は、⑮「君死にたまふことなかれ」という弟の無事を祈った反戦詩を発表したことで
　知られている。（　⑭　）は雑誌『青鞜』の創刊号に「元始、女性は太陽であった」を執筆し、
　女性解放運動の先駆者となったことでも知られている。

　問13　下線部⑬について、富岡製糸場に関して述べた文として誤っているものを、次のア～エの
　　　　中から一つ選び、記号で答えよ。
　　　ア　官営工場として群馬県に設立された。
　　　イ　綿糸の増産を目指して設立された。
　　　ウ　工女の多くは士族の娘たちであった。
　　　エ　フランス人技師の指導を受けた。

　問14　（　⑭　）に入る人名を答えよ。

　問15　下線部⑮について、この詩で反戦を唱えた戦争に最も関係の深い風刺画として正しいもの
　　　　を、次のア～エの中から一つ選び、記号で答えよ。

ア

イ

ウ

エ

7 　太平洋戦争末期の⑯沖縄戦では、従軍看護婦として女子学生たちが動員された。彼女たちは負傷兵の手当てにあたったが、多くの女子学生が犠牲となり、慰霊碑が建てられている。

　　戦後、復興を遂げていく中で、女性たちの活躍が人々の心に希望を与えていった。国民栄誉賞が社会に明るい希望を与えた者をたたえるために創設され、現在までに個人では５人の女性が受賞している。中でも、（　⑰　）は４コマ漫画「サザエさん」を描いたことで知られ、「サザエさん」は現在も多くの人々に親しまれている。

　問16　下線部⑯について、沖縄の女子学生たちで編成された部隊の１つで、沖縄師範学校女子部と沖縄県立第一高等女学校の生徒で編成された部隊を何というか。ひらがな四字で答えよ。

　問17　（　⑰　）に入る人名として正しいものを、次のア～エの中から一つ選び、記号で答えよ。
　　ア　森光子　　イ　美空ひばり　　ウ　長谷川町子　　エ　高橋尚子

平成27年度（2015年度）

中学校入学試験問題

算　数

（60分）

注　意

「始め」の合図があるまでは問題を開いてはいけません。

1　「始め」という合図で始め、「やめ」という合図ですぐにやめなさい。

2　問題は1ページから6ページまでです。

3　解答を始める前に、まず、解答用紙に受験番号と氏名を記入しなさい。
　　受験番号は5桁です。算用数字で横書きにしなさい。

4　答えは、すべて解答用紙に記入しなさい。

5　質問や用があるときは、声を出さずに静かに手をあげなさい。
　　問題の内容についての質問は受け付けません。

6　分度器、定規、コンパス、計算機類の使用は認めません。

7　比で答えるときは、最も簡単な整数の比にしなさい。

8　分数で答えるときは、約分して最も簡単な形にしなさい。

9　円周率を用いるときは、3.14として計算しなさい。

早稲田佐賀中学校

1 次の問に答えよ。

(1) $123 \times 1100 - 1100 \times 48$ を計算せよ。

(2) □ にあてはまる数を求めよ。

$$4\frac{2}{3} \div \left(\boxed{} + 1.75\right) - 1 = \frac{3}{4}$$

(3) 静水時の速さが時速 15 km の船がある。この船が、流れの速さが時速 5 km である川を、40 km はなれた川上の A 地点と川下の B 地点の間を往復するのに何時間かかるか。

(4) 11、17、23、29、35、… という数列がある。119 は、はじめから何番目の数か。

(5) ハンバーガーをつくる仕事をした。うまくできれば 1 個あたり 200 円もらえ、失敗すると 200 円はもらえず 70 円弁償しなければならない。ハンバーガーを失敗した分も含めて全部で 300 個つくり、55680 円もらった。このとき、失敗したのは何個か。

(6) 10円玉と50円玉の枚数の比が3:1で、合計金額が640円のとき、10円玉は何枚あるか。

(7) 右の図は1辺の長さが等しい正三角形と正方形と正五角形を組み合わせたものである。角xの大きさは何度か。

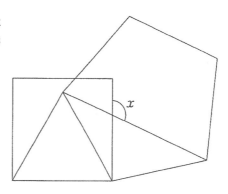

(8) 右の図のように高さの等しい2つの円柱の容器ア、イがある。アには深さ20cmまで水が入っている。アの水を移しかえて全部イに入れると、容器イの水の深さは何cmになるか。

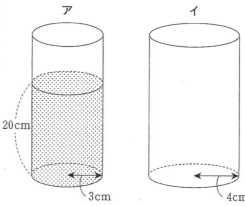

$\boxed{2}$ 今年の西暦年 2015 について、次の問に答えよ。

(1) 2015 を素数の積で表せ。

(2) 2015 を月と日の積（たとえば 2 月 6 日ならば $2 \times 6 = 12$）で割ったときに答えが整数になる日は 2015 年 1 月 1 日から 2015 年 12 月 31 日までの中で何日あるか。

(3) 365 個の分数 $\dfrac{2015}{1}$、$\dfrac{2015}{2}$、$\dfrac{2015}{3}$、……、$\dfrac{2015}{364}$、$\dfrac{2015}{365}$ のうち、約分すると整数になる分数の和を求めよ。

3 右の図のような数字をかくした時計がある。長針は
ちょうど目盛りのところをさしており、短針と長針がつ
くる角の大きさは70度である。次の問に答えよ。

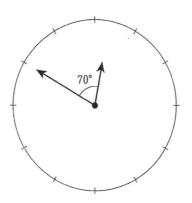

(1) 短針は1分間で何度進むか。

(2) この時計が表している時刻は何時何分か。

(3) 鏡に写っている時計が右の図のようになっているとき、
    この時計が表している時刻は何時何分か。

4 ABを直径とする半径10 cmの半円がある。図1のように、半円アの曲線ABを2等分する点Pをとり、BPを直径とする半円イを重ねてかく。次の間に答えよ。

図1

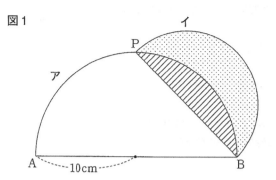

A —10cm— B

(1) 図1の ⧄ 部分の面積は何 cm² か。

(2) 図1の ⬚ 部分の面積は何 cm² か。

さらに図2のように、
　半円イの曲線BPを2等分する点Qをとり、BQを直径とする半円ウを重ねてかき、
　半円ウの曲線BQを2等分する点Rをとり、BRを直径とする半円エを重ねてかく。

図2

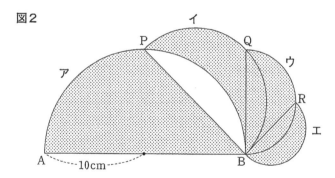

A —10cm— B

(3) 図2の ⬚ 部分の面積は何 cm² か。

5 　1番から4番までの番号がついた同じ大きさ
の小さい立方体がそれぞれ16個ずつ、合計
64個ある。それらをつなげて**図1**のような立
体をつくり、**図1**の立体を4個重ねて**図2**のよ
うな大きな立方体をつくった。

図1

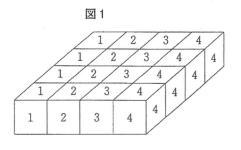

　この**図2**の立方体を次の(1)、(2)、(3)のような
平面でそれぞれ切ったとき、切られた小さい立
方体の番号の和をそれぞれ求めよ。

　たとえば、3点P、Q、Rを通る平面で切っ
たとき、切られた小さい立方体の番号の和は
「3＋4＋4＝11」となる。

図2

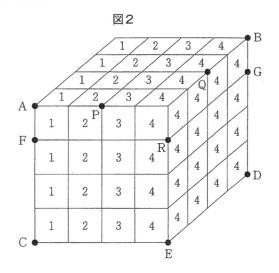

(1)　4点A、B、C、Dを通る平面

(2)　3点A、B、Eを通る平面

(3)　3点E、F、Gを通る平面

K 教英出版

平成27年度（2015年度）

中学校入学試験問題

理　科

（40分）

問題は次のページから始まります

1 次の図1は、ある地域の地下のようすを模式的に表したものである。下の各問に答えよ。

図1

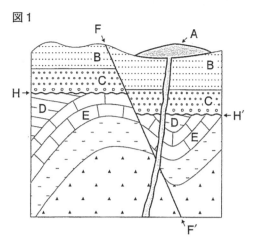

A：マグマが冷えて固まってできた火成岩体
B：砂岩
C：れき岩
D：でい岩
E：石灰岩

問1 川の上流で削りとられた砂・どろ・れきが、川の流れによって、河口に達するまでにたい積して、いろいろな地形がつくられる。つくられる地形の名称、つくられる場所、たい積物の内容の組み合わせとして最も適当なものを、ア〜エから1つ選び、記号で答えよ。

	地形の名称	つくられる場所	たい積物の内容
ア	扇状地	河口付近	おもに砂
イ	扇状地	谷間から平野部にでたところ	おもにどろ
ウ	三角州	河口付近	おもに砂
エ	三角州	谷間から平野部にでたところ	おもにれき

問2 砂岩の特徴として間違っているものを、次のア〜エから1つ選び、記号で答えよ。
ア たい積当時の水流のようすなどが残されることがある。
イ おもに角ばった粒からできている。
ウ おもに石英や長石など風化に強い鉱物からできている。
エ 海底などでできるので、貝の化石などを含むことがある。

問3 図1中の地層Cから地層Bがたい積するようすについて、下の文中の { } から適語を選び、記号で答えよ。

　一般に、海岸線から離れるほど、たい積する粒の大きさは ①{ア 大きく　イ 小さく}なっていく。したがって、地層Cから地層Bへと変化した当時、この地域の海水面が ②{ア 陸地に対して上がった　イ 陸地に対して下がった} ことがわかる。

問4　地層Bと地層Cはともに水平で、地層Bと地層Cの境界面はきれいな面である。これに対し地層Cは地層Dとは傾きが違い、地層Cと地層Dの境界（H－H´）は不規則な面である。次の(1)、(2)の問に答えよ。

(1)　地層Cと地層Dのような地層の接し方を何というか。

(2)　このような不規則な面ができることと最も関係がうすいものを、次のア～エから1つ選び、記号で答えよ。

ア　火山活動があった。

イ　いったん隆起した。

ウ　侵食された。

エ　たい積が一時中断された。

問5　図1のF－F´の境界面では地層がずれている。このずれについて(1)、(2)の問に答えよ。

(1)　このようなずれを何というか。

(2)　地層にどのような力が加わると、図1にあるようなずれ方になるか。最も適当なものを、次のア～ウから1つ選び、記号で答えよ。ただし、ア～ウの図中の ⇨ は、はたらく力の向きを示している。

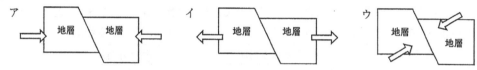

問6　図1に関して、次に示されているa～dの項目を古いものから新しいものへ並べたものとして正しいものを、下のア～カから1つ選び、記号で答えよ。

　　a　E層D層のたい積　　　b　F－F´のずれ
　　c　火成岩体Aの形成　　　d　C層B層のたい積

ア　abcd　　　　　イ　abdc　　　　　ウ　acbd
エ　acdb　　　　　オ　adbc　　　　　カ　adcb

2　次の各問に答えよ。

問1　鉄道路線では駅と駅の間を、1本あたり約25 mのレールをつないで結んでいる。このとき、つなぎ目には少しすき間をあけてつないでいるが、その理由を説明せよ。

問2　水そうの底に10円玉を1枚おき、静かに水を注いでいく。水そうの底より約10 cmほど水を注いだところで、水そうの上の方から10円玉を見ると、10円玉はどのように見えるか。最も適当なものを、次のア～カから1つ選び、記号で答えよ。

ア　10円玉の大きさが、実物の約10分の1倍の大きさに見える。

イ　10円玉の大きさが、実物の約10倍の大きさに見える。

ウ　10円玉の位置が、実際の深さよりも浅い位置に見える。

エ　10円玉の位置が、実際の深さよりも深い位置に見える。

オ　10円玉が見えなくなる。

カ　見える10円玉の枚数が増える。

問3　金属のように電気を通す物を導体というが、電気の通しやすさ・通しにくさは導体の種類に
　　よって異なる。導体の電気の通しにくさを電気抵抗という。下の表1は銀（断面積1mm²、
　　長さ1m）の電気抵抗を1としたときの、その他の金属（断面積1mm²、長さ1m）の電気
　　抵抗である。また、表2は銀の長さが1mで断面積を変えたときの電気抵抗、表3は銀の断
　　面積が1mm²で長さを変えたときの電気抵抗である。

表1

金　属	電気抵抗 ※銀の抵抗を1とする。 （断面積1mm²、長さ1m）
銀 鉄 ニクロム	1 6.3 69

表2

断面積	1mm²	4mm²	8mm²
電気抵抗 （長さ1m）	1	0.25	0.125

表3

長　さ	1m	2m	4m
電気抵抗 （断面積1mm²）	1	2	4

　　　次のア〜カの金属線の中で最も電気抵抗が大きいものを1つ選び、記号で答えよ。
　ア　断面積0.25mm²、長さ10mの銀
　イ　断面積4mm²、長さ5mの銀
　ウ　断面積5mm²、長さ0.5mの鉄
　エ　断面積0.2mm²、長さ2mの鉄
　オ　断面積10mm²、長さ3mのニクロム
　カ　断面積0.3mm²、長さ0.1mのニクロム

問4　同じ振動数（同じ高さの音を出す）の2つの音さA、Bを向い合せにおいて、Aだけをたた
　　いて音を出すと、Bも音を出す。この現象を何というか。

問5　図1は箱にとりつけられた糸をはじくことで音を出すことができる装置である。この装置で
　　は糸の片方がコマCに固定されており、コマDの頂点を通り、かっ車を通って、糸のもう一方
　　におもりがつるしてある。この糸のCとDの間の部分をはじくものとする。コマCは箱に固定
　　されていて動かすことはできないが、コマDの位置は変えることができ、糸の振動する部分の
　　長さを変えることができる。また、おもりを別のものに付けかえることもできる。
　　　図2は水の入ったガラス製のコップで、コップの側面を棒でたたくと音が出る。
　　　図3は水の入ったペットボトルで、ペットボトルの口から息を吹きかけるとペットボトルの
　　中から音が出る。
　　　いま、糸をはじいて出た音と、コップをたたいて出た音、ペットボトルに息を吹きかけて出
　　た音の高さがすべて同じであった。このときよりも高い音を出す方法として正しいものを、次
　　のア〜シからすべて選び、記号で答えよ。ただし、ペットボトルへの息の吹きかけ方の強さは
　　同じであるものとする。

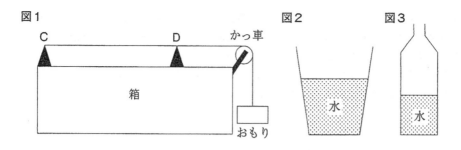

図1　　　　　　　　　　　　　　　　　　　　図2　図3

　ア　糸を強くはじく。　　　　　　　　イ　糸を弱くはじく。
　ウ　コマDをコマCから遠ざける。　　エ　コマDをコマCに近づける。
　オ　おもりを重いものにとりかえる。　カ　おもりを軽いものにとりかえる。
　キ　コップ内の水の量を増やす。　　　ク　コップ内の水の量を減らす。
　ケ　コップを少し強くたたく。　　　　コ　コップを少し弱くたたく。
　サ　ペットボトル内の水の量を増やす。シ　ペットボトル内の水の量を減らす。

問6　図4のように、一直線上の道路を救急車が走っており、同じ道路に人が立っている。救急車は人から遠ざかる向きに進んでいて、その距離が850 m離れている点を通ったとき、サイレンを鳴らし始めた。そして、25秒間鳴らしたところでサイレンを止めた。音は1秒間に340 m進み、その速さは救急車が動く、動かないにかかわらず変わらない。また、救急車は1秒間に13.6 m進むものとする。

図4

⑴　鳴らし始めたサイレンの音が人に聞こえ始めるのは、救急車がサイレンを鳴らし始めてから何秒後か。

⑵　救急車は25秒間サイレンを鳴らしたが、人がサイレンの音を聞いた時間は25秒ではなかった。人がサイレンの音を聞いた時間は何秒か。

⑶　⑵のように、救急車が動いていると、救急車が音を出した時間と、人がその音を聞く時間が異なる。また、このようなとき聞こえるサイレンの音の高さは、救急車が止まっている場合に人が聞くサイレンの音の高さとは異なる。これをドップラー効果という。救急車の動きと聞こえるサイレンの音の高さの関係（救急車が止まっている場合に聞こえる音の高さより高いか低いか）について正しく述べているものを、次のア〜エから1つ選び、記号で答えよ。
　ア　救急車が近づいてくる場合も遠ざかっていく場合も、高く聞こえる。
　イ　救急車が近づいてくる場合も遠ざかっていく場合も、低く聞こえる。
　ウ　救急車が近づいてくる場合は高く聞こえ、遠ざかっていく場合は低く聞こえる。
　エ　救急車が近づいてくる場合は低く聞こえ、遠ざかっていく場合は高く聞こえる。

3 メダカの観察を行うために、池や川でメダカをつかまえて、水そうで飼育することにした。次の各問に答えよ。

問1 メダカを水そうで飼育するときは、水そうの中に水草を入れる。水そうに水草を入れる理由として正しくないものを、次のア～エから1つ選び、記号で答えよ。
　　ア　産卵するとき卵を付着させるため。
　　イ　ふ化した稚魚のかくれ場所になるため。
　　ウ　水そう内の病原菌を減らすため。
　　エ　メダカが呼吸するための酸素を増やすため。

問2 メダカのオスとメスには体の見た目に違いがある。オスの体の特徴を示した図として適するものを、次のア～エから1つ選び、記号で答えよ。

ア　　　　　　　　イ　　　　　　　　ウ　　　　　　　　エ

問3 池や川でメダカをつかまえるとき、メダカが群れをなして同じ方向へ泳いでいるようすを見ることができた。動物が外界からの刺激に対して、刺激の方向またはその反対方向へ移動する行動を走性とよび、メダカが水流に向かって泳ぐ性質を流れ走性とよぶ。メダカはどのようにして水の流れを感じて流れ走性を示しているのだろうか。メダカが水の流れを感じていると思われる器官は目と、目の周囲にある圧力を感じる器官である。メダカの流れ走性に対する視覚刺激と水の流れによる圧力刺激の影響を調べるために、次の【実験1】～【実験5】を行った。

【実験1】　図1のように、水を入れた水そうにメダカを入れ、左から右へゆるやかな水の流れをつくると、メダカが右から左に向かって泳ぐのが観察された。ただし、水そうの中には水の流れがよくわかるように、水草などの浮遊物を入れておいた。

図1
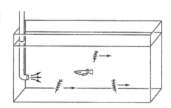

【実験2】　図2のように、水そうの中にメダカを入れた透明なビンを固定し、ビンの周囲に左から右へゆるやかな水の流れをつくると、メダカが右から左に向かって泳ぐのが観察された。ただし、水そうの中には水の流れがよくわかるように、水草などの浮遊物を入れておいた。

図2
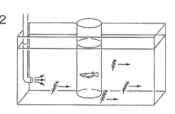

【実験3】　図3のように、側面に水草などの浮遊物の絵を描いた水そう内で、メダカを入れた透明なビンを右から左へ静かに移動させると、メダカが右から左に向かって泳ぐのが観察された。

図3
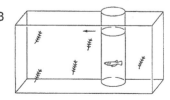

【実験4】　メダカの目およびその周囲に黒いエナメルを塗り、完全に視覚を奪い、【実験1】と同様の実験を行うと、メダカが一定方向に向かって泳ぐようすは観察されなかった。ただし、エナメル自体がメダカの行動を変化させることはない。

【実験5】　メダカの水そうの周囲に図4のようにしま模様の
　　　　ついた不透明な筒を置き、筒だけをゆっくりと回転
　　　　させると、メダカが筒の回転する方向に泳ぐのが観
　　　　察された。

図4

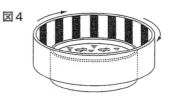

(1)　【実験1】～【実験5】の結果のみから、メダカが流れ走性を示すための刺激についてどのよ
　　うなことがいえるか。最も適当なものを、次のア～エから1つ選び、記号で答えよ。
　　ア　視覚刺激だけでも流れ走性を示すことができる。
　　イ　水の流れによる圧力刺激だけでも流れ走性を示すことができる。
　　ウ　水の流れによる圧力刺激と視覚刺激の両方がそろわないと流れ走性を示すことはできない。
　　エ　水の流れによる圧力刺激はメダカの流れ走性と無関係である。

(2)　次の文は【実験2】についての考察である。文中の（　①　）～（　③　）に入る最も適当な
　　語を、下のア～キからそれぞれ1つずつ選び、記号で答えよ。
　　　【実験2】と（　①　）とは、周囲の物体が動くという点で条件は同じであるように思われ
　　る。しかし、その結果は異なっており、物体の動きに対する反応は逆である。これはどのよう
　　に説明すればよいのであろうか。実際に流れのある川の中では、メダカは泳がなければ流され
　　て、メダカの目には周りの景色が（　②　）に向かって動いているように見える。そこでメダ
　　カは景色について泳ごうとする。これは（　①　）の結果と一致する。メダカは景色が動くこ
　　とで自分が流されていると思い、同じ位置にとどまろうとするため、景色について泳ぐと考え
　　られる。しかし、その逆の結果を示した【実験2】の場合、どうやらメダカは周りの浮遊物の
　　動きを景色の動きとは思っていないようである。水そうは透明でメダカの目には水そうの外の
　　景色（背景）が見えるはずである。背景に対して近くの物体が左から右へ動くと、結果として
　　背景が（　③　）へ動いたと思い、メダカは（　③　）へ向かって泳ぐと考えられる。
　　ア　【実験1】　　イ　【実験3】　　ウ　【実験5】　　エ　上流
　　オ　下流　　　　カ　左から右　　キ　右から左

(3)　(2)の考察の内容を確認するために、新たに実験を計画したい。考察が正しいならば、どのよ
　　うな実験により、どのような結果が得られると予想されるか。最も適当なものを、次のア～エ
　　から1つ選び、記号で答えよ。
　　ア　【実験2】のような装置の水そうの周囲を白い紙でおおい、左から右にゆるやかな水の流
　　　れをつくると、メダカは左から右に向かって泳ぐ。
　　イ　【実験2】のような装置の水そうの周囲を白い紙でおおい、左から右にゆるやかな水の流
　　　れをつくると、メダカは右から左に向かって泳ぐ。
　　ウ　【実験2】のような装置の水そうに水草などの浮遊物をいれず、左から右にゆるやかな水
　　　の流れをつくると、メダカは右から左に向かって泳ぐ。
　　エ　【実験2】のような装置の水そうに水草などの浮遊物をいれず、左から右にゆるやかな水
　　　の流れをつくると、メダカは左から右に向かって泳ぐ。

4 　一定量の水に食塩やホウ酸などの物質を限度まで溶かした溶液を飽和水溶液といい、溶けている限度の量を溶解度という。一般に、溶解度は100 gの水に物質が何gまで溶けるかで表す。
　　　食塩、ホウ酸、重そう、消石灰（水酸化カルシウム）、二酸化炭素、アンモニアの6種類の物質の溶解度と温度の関係を表1に示す。これについて、下の各問に答えよ。

表1：溶解度と温度の関係（100 gの水に何gまで溶けるか）

温　　度　〔℃〕	0	20	40	60	80
（　a　）〔g〕	35.7	35.8	36.3	37.1	38.0
（　b　）〔g〕	2.8	4.8	8.8	14.9	23.5
重　そ　う〔g〕	6.9	9.6	12.7	16.4	—
（　c　）〔g〕	0.19	0.16	0.13	0.11	0.09
二酸化炭素〔g〕	0.34	0.17	0.10	0.07	0.06
アンモニア〔g〕	360	241	156	98.9	61.9

問1　食塩、ホウ酸、重そう、消石灰、二酸化炭素、アンモニアの6種類の物質のうち、0～60℃の間で気体であるものを2つ答えよ。

問2　食塩、ホウ酸、重そう、消石灰、二酸化炭素、アンモニアの6種類の物質のうち、その水溶液が中性を示すものはどれか。1つ選び、物質名で答えよ。

問3　表1中の（　a　）、（　b　）、（　c　）は、食塩、ホウ酸、消石灰のどれか。

問4　重そうは加熱すると分解する。このときに発生する水蒸気以外の気体の名称を答えよ。

問5　表1中の6種類の物質をそれぞれ60℃の水100 gに溶かした飽和水溶液がある。これらを20℃まで冷却したとき、最も多くの物質が溶けきれずに出てくるのはどれか。物質名か（　a　）、（　b　）、（　c　）の記号で答えよ。

問6　40℃の水200 gに（　a　）の物質は何gまで溶けるか。

問7　（　a　）の物質と（　b　）の物質と合わせて75.0 gを80℃の水150 gに溶かした。この水溶液を20℃に冷却すると、22.8 gの（　b　）の物質が溶けきれずに出てきた。最初に溶かした（　a　）の物質の質量は何gか。ただし、同時に2種類の物質を溶かしても、溶解度に変化はないものとする。（つまり、0℃の水100 gに（　a　）の物質35.7 gと（　b　）の物質2.8 gは同時に溶けることができるということである。）

K 教英出版

平成27年度（2015年度）

中学校入学試験問題

社　会

（40分）

注　意

「始め」の合図があるまでは問題を開いてはいけません。

1　「始め」という合図で始め、「やめ」という合図ですぐにやめなさい。

2　問題は1ページから10ページまでです。

3　解答を始める前に、まず、解答用紙に受験番号と氏名を記入しなさい。
　　受験番号は5桁です。算用数字で横書きにしなさい。

4　答えは、すべて解答用紙に記入しなさい。

5　質問や用があるときは、声を出さずに静かに手をあげなさい。
　　問題の内容についての質問は受け付けません。

問題は次のページから始まります

1 A君が通う小学校では、「都道府県調べ」の課題が出された。A君は、「ア行」ではじまる都道府県の情報とその都道府県にある温泉地について調べた。表1は、A君がまとめた内容を抜粋したものである。表1を見て、あとの各問に答えよ。

表1

都道府県名	都道府県の情報	主な温泉名（温泉郷を含む）
（ ① ）	面積：「ア行」の都道府県の中で一番面積が小さい	摂津峡温泉・犬鳴山温泉
（ ② ）	工業：工業出荷額上位4都道府県の1つである	尾張温泉・蒲郡温泉
（ ③ ）	農業：ねぎ・トマト・ピーマンの生産がさかん	筑波山温泉・五浦温泉
（ ④ ）	県花：モモの花が県の花となっている	湯郷温泉・奥津温泉
愛媛県	気候：⑤瀬戸内の気候である	道後温泉・湯ノ浦温泉
沖縄県	交通：那覇市では移動に（ ⑥ ）が利用される	宮古島温泉・山田温泉
青森県	施設：⑦核燃料サイクル基地が建設されている	⑧十和田湖温泉郷・酸ケ湯温泉
（ ⑨ ）	地形：（ X ）川や（ Y ）海岸がある	花巻温泉郷・金田一温泉
（ ⑩ ）	観光：温泉の源泉数が多い	由布院温泉・別府温泉
（ ⑪ ）	文化：伝統工芸品の生産がさかんである	加賀温泉郷・輪島温泉
秋田県	林業：⑫「日本三大美林」と言われる針葉樹林がある	乳頭温泉郷・男鹿温泉郷

問1　（ ① ）について、次の表2は、都道府県の面積順位（45位〜47位）を示したものである。A〜Cの組み合わせとして正しいものを、次のア〜カの中から一つ選び、記号で答えよ。

表2　都道府県の面積順位

順位	都道府県名	面積（km²）
45位	A	2189
46位	B	1901
47位	C	1877

（日本国勢図会　2013/14）

	ア	イ	ウ	エ	オ	カ
A	（ ① ）	（ ① ）	東京都	香川県	東京都	香川県
B	香川県	東京都	（ ① ）	（ ① ）	香川県	東京都
C	東京都	香川県	香川県	東京都	（ ① ）	（ ① ）

問2　（　②　）について、次の(1)、(2)の問に答えよ。

(1) 次のア～エの図は、工業出荷額上位４都道府県の工業出荷割合を帯グラフにしてまとめたものである。（　②　）の都道府県を示しているグラフとして最も適当なものを、次のア～エの中から一つ選び、記号で答えよ。

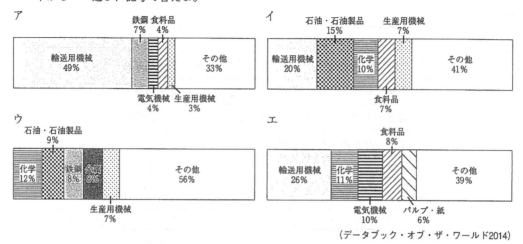

（データブック・オブ・ザ・ワールド2014）

(2) （　②　）の都道府県にある工業都市名と代表的な工業の組み合わせとして正しいものを、次のア～エの中から一つ選び、記号で答えよ。

　ア　鈴鹿一自動車　　イ　刈谷一毛織物　　ウ　多治見一陶磁器　　エ　東海一鉄鋼

問3　（　③　）について、次の表3は、ねぎ・トマト・ピーマンの収穫量上位3県についてまとめたものである。A～Cの組み合わせとして正しいものを、次のア～カの中から一つ選び、記号で答えよ。

表3

順位	A	B	C
1	千葉県	（　③　）	熊本県
2	埼玉県	宮崎県	北海道
3	（　③　）	高知県	（　③　）

（野菜生産出荷統計　2013年）

	ア	イ	ウ	エ	オ	カ
A	ねぎ	ねぎ	トマト	トマト	ピーマン	ピーマン
B	トマト	ピーマン	ねぎ	ピーマン	ねぎ	トマト
C	ピーマン	トマト	ピーマン	ねぎ	トマト	ねぎ

問4　（　④　）について、この都道府県の都道府県庁所在地名を答えよ。

問5　下線部⑤について、次のア〜エの図は、表1の温泉地付近の観測地点である蒲郡（蒲郡温泉）、宮古島（宮古島温泉）、今治（湯ノ浦温泉）、輪島（輪島温泉）の月ごとの合計降水量を示したものである。瀬戸内の気候（今治）を示す図として最も適当なものを、次のア〜エの中から一つ選び、記号で答えよ。なお、棒グラフが降水量、折れ線グラフが気温を示している。

ア
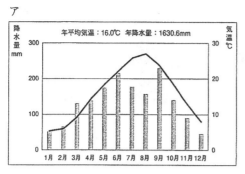

イ
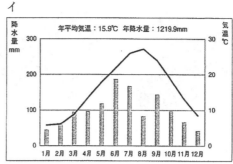

ウ
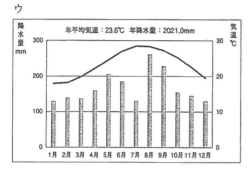

エ
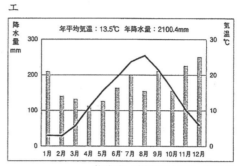

（気象庁　統計期間：1981〜2010年）

問6　（　⑥　）に入る適語を、次のア〜エの中から一つ選び、記号で答えよ。
　　ア　路面電車　　イ　地下鉄　　ウ　JR　　エ　モノレール

問7　下線部⑦について、核燃料サイクル基地は青森県の何という村に建設されているか、答えよ。

問8　下線部⑧について、この湖は、火山噴出物が大量に噴出し、地表が陥没した場所に水が溜まりできた湖である。このような湖を何というか、答えよ。

問9　（　⑨　）について、次の地図は表1中の（　X　）川、（　Y　）海岸の位置を示したものである。次の(1)、(2)の問に答えよ。

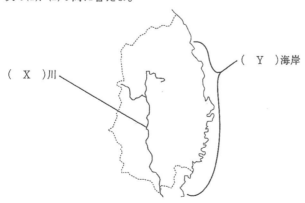

(1)　（　X　）に入る適語を答えよ。

(2)　（　Y　）海岸は、狭い湾が複雑に入り込んだ海岸である。このような海岸の地形を何というか、答えよ。

問10　（　⑩　）について、次の(1)、(2)の問に答えよ。
　(1)　（　⑩　）にあてはまる都道府県を、次のア～エの中から一つ選び、記号で答えよ。なお、
　　　ア～エの縮尺は異なっている。

ア　　　　　　　　イ　　　　　　　　ウ　　　　　　エ

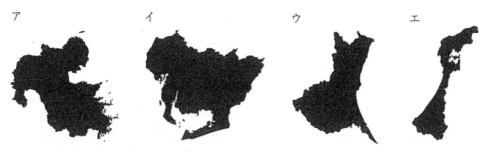

　(2)　温泉の源泉数が多いこの都道府県は、ある再生可能エネルギーを用いた発電量が国内１位
　　　（2012年）である。この発電方法を何というか、答えよ。
問11　（　⑪　）について、この都道府県に関して述べた次のA・Bの文の正誤の組み合わせとし
　　　て正しいものを、次のア～エの中から一つ選び、記号で答えよ。
　　　　A　この都道府県の伝統工芸品の１つに九谷焼がある。
　　　　B　この都道府県には、日本三名園の１つである兼六園がある。
　　　ア　A－正　B－正　　　イ　A－正　B－誤
　　　ウ　A－誤　B－正　　　エ　A－誤　B－誤
問12　下線部⑫について、この針葉樹林を何というか、答えよ。
問13　「ハ行」ではじまる都道府県は北海道を含め６つあり、７地方区分に分けたとき、すべてが
　　　異なる地方区分に属することになる。「ハ行」ではじまる都道府県をもたないのはどの地方区
　　　分か、答えよ。ただし、７地方区分の分類は、北海道、東北、関東、中部、近畿、中国・四国、
　　　九州とする。
問14　A君は、表１を作成する際に、ある統計（2012年）に留意して都道府県名を上から順番に並
　　　べた。A君が留意したと思われる内容を、次のア～エの中から一つ選び、記号で答えよ。
　　　ア　総人口が多い順番になるようにまとめた。
　　　イ　人口密度が高い順番になるようにまとめた。
　　　ウ　第三次産業に従事する人の割合が高い順番になるようにまとめた。
　　　エ　総人口に占める65歳以上の割合が高い順番になるようにまとめた。

2	(1)		(2)	日
	(3)			

3	(1)	度	(2)	時　　　分	(3)	時　　　分

4	(1)	cm²	(2)	cm²	(3)	cm²

5	(1)		(2)		(3)	

問5 □　　　　　問6 (1) □ 秒後 (2) □ 秒 (3) □

3

問1 □　　　　　問2 □

問3 (1) □ (2) ① □ ② □ ③ □ (3) □

4

問1 □ □　　　　　問2 □

問3 (a) □ (b) □ (c) □

問4 □　　　　　問5 □

問6 □ g　　　　　問7 □ g

問6	年　　月　　日	問7	(1)		(2)	

問8	(1)		(2)		

問9	(1)		(2)		(3)	・

問10	満　　　　　歳

3	問1		問2		問3	
	問4	⇒　　⇒　　⇒	問5		問6	神社
	問7	氏	問8		問9	
	問10	城	問11		問12	
	問13		問14	・	問15	
	問16		問17		問18	

中学校　　社会　　（40分）

<table>
<tr><td rowspan="7">1</td><td>問1</td><td colspan="3"></td><td>問2</td><td>(1)</td><td colspan="2"></td><td>(2)</td><td></td></tr>
<tr><td>問3</td><td colspan="3"></td><td>問4</td><td colspan="3" align="right">市</td><td>問5</td><td></td></tr>
<tr><td>問6</td><td colspan="3"></td><td>問7</td><td colspan="3" align="right">村</td><td>問8</td><td align="right">湖</td></tr>
<tr><td>問9</td><td colspan="2">(1)</td><td align="right">川</td><td>(2)</td><td colspan="5"></td></tr>
<tr><td>問10</td><td colspan="2">(1)</td><td></td><td>(2)</td><td colspan="2" align="right">発電</td><td>問11</td><td colspan="2"></td></tr>
<tr><td>問12</td><td colspan="3"></td><td>問13</td><td colspan="2" align="right">地方</td><td>問14</td><td colspan="2"></td></tr>
</table>

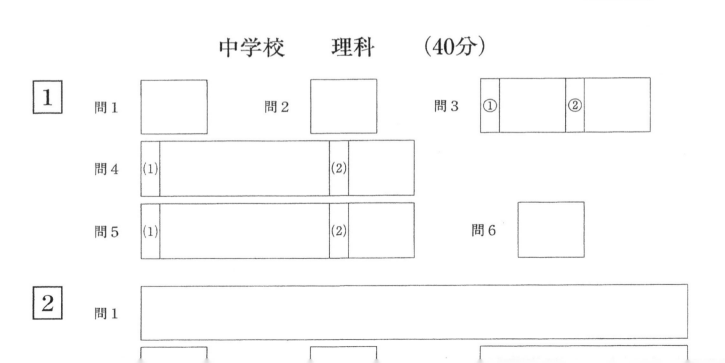

受験番号

氏　名

中学校　　理科　　（40分）

1　問1　　　　問2　　　　問3　①　　　②

問4　(1)　　　　(2)

問5　(1)　　　　(2)　　　　問6

2　問1

中学校　　算数　　（60分）

1	(1)		(2)		(3)	時間
	(4)	番目	(5)	個	(6)	枚
	(7)	度	(8)	cm		

2

次の文章を読み、あとの各問に答えよ。

　国の政治のしくみの根本を定める法が憲法である。この憲法に基づき、法による権力の制限を通じて個人の権利と自由を守ろうとする政治のあり方を立憲主義という。憲法の歴史をみると、世界で最初の成文憲法（文章化された条文から構成された法典のかたちをもった憲法）は、1787年に①アメリカ合衆国で制定された。その後、この憲法や1789年のフランス革命時のフランス人権宣言などを参考に、多くの国で憲法が制定された。

　日本での憲法制定をめぐる歴史は、明治政府に対して自由民権運動がおこり、民主主義と人権を求めて、憲法制定の運動を展開したことに始まる。この動きに対して政府は、（　②　）の憲法を手本として③大日本帝国憲法をつくり、1889年に発布した。この憲法は天皇主権であり、万世一系の天皇が日本を統治するとした。また、帝国議会も開かれたが、衆議院議員の④選挙には大きな制限があった。

　1945年8月、日本は（　⑤　）宣言を受け入れて降伏し、第二次世界大戦が終了した。これにより日本は連合国の支配下に入り、平和で民主的な政府をつくることになった。政府は、GHQの作成した原案をもとに憲法改正草案を発表した。新憲法は、大日本帝国憲法下の最後の帝国議会で審議され、修正可決されたのち、日本国憲法として（　⑥　）に公布され、その半年後から施行された。新憲法は、⑦国民主権・⑧平和主義・⑨基本的人権の尊重の三大原則を明らかにした画期的なものであった。

問1　下線部①について、「人民の、人民による、人民のための政治」という言葉を残した大統領の名前を答えよ。

問2　（　②　）に入る国名を答えよ。

問3　下線部③について、大日本帝国憲法に関して述べた次のA・B文の正誤の組み合わせとして正しいものを、次のア～エの中から一つ選び、記号で答えよ。
　　　A　この憲法は天皇の権威によって定められた民定憲法であった。
　　　B　この憲法では、国民は天皇の臣民とされ、その権利は法律の範囲内で与えられた。
　　ア　A－正　B－正　　イ　A－正　B－誤　　ウ　A－誤　B－正　　エ　A－誤　B－誤

問4　下線部④について、次の(1)、(2)の問に答えよ。
　(1)　現在の日本の選挙について述べた文として正しいものを、次のア～エの中から一つ選び、記号で答えよ。
　　ア　選挙に立候補した人は、投票することができない。
　　イ　投票に行かない場合は、罰せられることがある。
　　ウ　一定以上の税金を納めている満20歳以上の人にのみ、選挙権が与えられている。
　　エ　投票日に都合が悪い場合、事前に投票する期日前投票が認められている。
　(2)　選挙制度には、ドント式で各政党に当選者数を割り当てる比例代表制がある。次のドント式の説明を読み、問に答えよ。

　　　ドント式の説明
　　　　①　各政党の得票数を1、2、3……の整数で割る。
　　　　②　①で得られた商を大きな順に、定数（当選者数）まで各政党に分配する。

　　（問）
　　　ある選挙で、A党が2000票、B党が1000票、C党が700票の得票をしたとき、この選挙区で7人の当選者を出す場合、A党からは何人当選するか、答えよ。

問5　（　⑤　）に入る適語を答えよ。

問6　（　⑥　）に入る年月日を西暦で答えよ。

問7　下線部⑦について、次の(1)、(2)の問に答えよ。
　(1)　日本国憲法では、天皇の地位をどのように定めているか、漢字二字で答えよ。
　(2)　次の文は、日本国憲法前文の一部である。文中の空欄にあてはまる語句の組み合わせとして正しいものを、次のア～カの中から一つ選び、記号で答えよ。

　　　そもそも国政は、国民の厳粛な信託によるものであって、その［　A　］は国民に由来し、その［　B　］は国民の代表者がこれを行使し、その［　C　］は国民がこれを享受する。

ア　A―権力　B―権威　C―福利　　イ　A―権力　B―福利　C―権威
　ウ　A―権威　B―福利　C―権力　　エ　A―権威　B―権力　C―福利
　オ　A―福利　B―権力　C―権威　　カ　A―福利　B―権威　C―権力

問8　下線部⑧について、次の(1)、(2)の問に答えよ。

(1)　日本国憲法の平和主義は、前文および第9条に規定されている。第9条の条文として正しい
　ものを次のア～エの中から一つ選び、記号で答えよ。(仮名づかいは現代のものにかえている)
　ア　国際の平和及び安全を維持するためにわれらの力を合わせ、共同の利益の場合を除く外は
　　　武力を用いないことを原則の受諾と方法の設定によって確保した。
　イ　日本国民は、正義と秩序を基調とする国際平和を誠実に希求し、国権の発動たる戦争と、
　　　武力による威嚇又は武力の行使は、国際紛争を解決する手段としては、永久にこれを放棄する。
　ウ　諸国民との協和による成果と、わが国全土にわたって自由のもたらす恵沢を確保し、政府
　　　の行為によって再び戦争の惨禍が起ることのないようにすることを決意した。
　エ　専制や圧迫に対して、人間が最後の手段として反逆に訴えざるをえなくなることを防ぐた
　　　めには、法の規律によって人権を守ることが必要である。

(2)　次の表は、日本、ロシア、アメリカ合衆国、中国の国防支出と兵力の比較を表している。中
　国と日本にあてはまるものの組み合わせとして正しいものを、次のア～エの中から一つ選び、
　記号で答えよ。

	国防支出総額 （百万ドル）	国防支出のGDPに 占める割合（％）	正規兵力 （千人）
A	645700	4.12	1520
B	102436	1.24	2285
C	59851	3.06	845
D	59443	0.99	247

（世界国勢図会 2013/14）

※国内総生産（GDP）とは、国内において、一年間に新たに生産された財とサービスの合計で
あり、その国の経済規模を示す指標として用いられる。

　ア　A―中国　C―日本　　イ　A―中国　D―日本
　ウ　B―中国　C―日本　　エ　B―中国　D―日本

問9　下線部⑨について、次の(1)～(3)の問に答えよ。

(1)　次の条文は、日本国憲法第14条の一部で、基本的人権の一つである平等権について述べたも
　のである。次の条文中の空欄に入る適語を答えよ。

> すべて国民は、[　　　]に平等であって、人種、信条、性別、社会的身分又は門地によ
> り、政治的、経済的又は社会的関係において、差別されない。

(2)　基本的人権の一つである自由権の「精神の自由」について述べた文として誤っているものを、
　次のア～エの中から一つ選び、記号で答えよ。
　ア　好きな職業を選択したり、職業を自由に営んだりする職業選択の自由が認められている。
　イ　人が考えたことや知った事実を自由に発表できる表現の自由が認められている。
　ウ　自由に学問を研究したり、発表したりする学問の自由が認められている。
　エ　信じたい宗教を信仰したり、自由に布教をしたりする信教の自由が認められている。

(3)　基本的人権の一つである社会権の内容にあてはまるものを、次のア～カの中から二つ選び、
　記号で答えよ。
　ア　裁判を受ける権利　　イ　プライバシーの権利　　ウ　教育を受ける権利
　エ　政治に参加する権利　　オ　知る権利　　カ　勤労の権利

問10　2014年6月に「日本国憲法の改正手続きに関する法律（国民投票法）」の一部を改正する法
　律が成立した。この法律の施行から4年後には、日本国憲法第96条に定める日本国憲法の改正
　の手続きにおいて、国民の承認に係る投票権（国民投票権）は、満何歳以上に与えられること
　になったか、答えよ。

3 次の文章を読み、あとの各問に答えよ。

1　日本は1992年に世界遺産条約の締約国となり、1993年から日本の文化や自然が世界遺産として登録されるようになった。日本の世界遺産を時代別に分類してみると、古代の登録例として４つ挙げられる。まず①聖徳太子（厩戸皇子）が建立した法隆寺をはじめとする「法隆寺地域の仏教建造物」である。法隆寺は現存する世界で最も古い木造の建築物として知られ、創建当時の優れた建築様式を現在に伝えている。２つ目は「古都奈良の文化財」である。奈良に現存する②東大寺・興福寺などの建造物群がその中心となっている。３つ目は③「紀伊山地の霊場と参詣道」である。この地は日本における宗教文化の発展を示すと共に、文化的景観としての価値を持っている。最後に④「古都京都の文化財」が挙げられる。京都は長年にわたり文化の中心地として栄えた。特に社寺の建築などの芸術的な美しさは世界でも類を見ないものである。

問１　下線部①について、聖徳太子（厩戸皇子）に関して述べた文として誤っているものを、次のア〜エの中から一つ選び、記号で答えよ。
　　ア　推古天皇の摂政となり、物部氏と協力して政治を行った。
　　イ　冠位十二階の制度を設けて、有能な人物を役人に用いようとした。
　　ウ　仏教や儒教の考え方を取り入れた十七条の憲法を定め、役人の心得を示した。
　　エ　小野妹子らを遣隋使としてつかわし、隋と対等な国交を目指した。
問２　下線部②について、東大寺の正倉院宝物として誤っているものを、次のア〜エの中から一つ選び、記号で答えよ。

ア　　　　　　　　　　イ

ウ　　　　　　　　　　エ

問３　下線部③について、紀伊国の高野山に金剛峰寺を建て、真言宗を開いた人物は誰か、答えよ。

問４　下線部④について、次の各文は、一つを除いて京都での出来事である。次のア～オの出来事からその一つを除いて四つを選び、古い順に並べ変えよ。

　ア　足利尊氏と対立した後醍醐天皇が南朝をおこした。

　イ　朝廷を監視し、西国の武士を統制するために六波羅探題を置いた。

　ウ　織田信長は明智光秀に本能寺で攻められ、自害した。

　エ　将軍家のあとつぎ争いを原因とし、応仁の乱がおこった。

　オ　天皇家の実権をめぐる争いを原因とし、保元の乱がおこった。

2　中世の登録例として４つ挙げられる。まず「平泉―仏国土（浄土）を表す建築・庭園及び考古学的遺跡群―」である。仏教の浄土思想の影響が見られ、⑤奥州藤原氏が造営した建造物や庭園はかつてこの地域に花開いた豊かな文化の名残を伝えている。２つ目は「（　⑥　）神社」である。この神社には平清盛らが平氏の繁栄を願って作った『平家納経』が奉納されている。３つ目は「⑦琉球王国のグスク及び関連遺産群」である。これは独立国家としての琉球王国の繁栄と独自性をしのばせる文化遺産である。最後に「⑧石見銀山遺跡とその文化的景観」が挙げられる。銀を最も産出していた17世紀前半には、世界の銀産出量の約15分の１を占めていたとも言われる。

問５　下線部⑤について、右の写真は奥州藤原氏が創建した阿弥陀堂である。この阿弥陀堂の名称は何か、答えよ。

問６　（　⑥　）に入る適語を答えよ。

問７　下線部⑦について、琉球王国を建国したのは何氏か、答えよ。

問８　下線部⑧について、石見銀山遺跡の場所を、右の地図中のア～エの中から一つ選び、記号で答えよ。

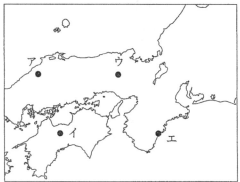

3　近世の登録例として４つ挙げられる。まず「日光の社寺」である。特に（　⑨　）を祀る日光
東照宮は創造的で豪華な建造物が多いことで有名である。２つ目は「（　⑩　）城」である。こ
の城は白鷺城という別名を持ち、日本の城の美しさを今に伝える最良の例である。３つ目は「白
川郷・五箇山の合掌造り集落」である。この集落は⑪岐阜県・富山県にあり、江戸時代から続く
農村風景や慣習が残されている。最後に⑫「富士山―信仰の対象と芸術の源泉―」が挙げられる。
富士山は古代から信仰の対象とされ、近世には江戸・関東からの多くの参拝者でにぎわい、葛飾
北斎の『富嶽三十六景』などの芸術作品にも描かれた。

問９　（　⑨　）に入る人名を答えよ。
問10　（　⑩　）に入る適語を答えよ。
問11　下線部⑪について、岐阜県・富山県に関して述べた文として正しいものを、次のア～エの
　　　中から一つ選び、記号で答えよ。
　　　ア　美濃国（現岐阜県）の戦国大名として毛利氏が挙げられる。
　　　イ　鉄砲隊の活躍で有名な長篠の戦いは現在の岐阜県でおこった。
　　　ウ　江戸時代、富山藩では売薬が盛んとなり、「富山の薬売り」として親しまれた。
　　　エ　江戸時代、富山藩の石高は100万石を超えていた。
問12　下線部⑫について、富士山は1707年の宝永大噴火が最後の噴火である。江戸時代の政治に
　　　ついて述べた文として、この噴火が起きた年に最も近いものを、次のア～エの中から一つ選
　　　び、記号で答えよ。
　　　ア　徳川秀忠が武家諸法度を制定した。
　　　イ　徳川吉宗が享保の改革をおこなった。
　　　ウ　田沼意次は株仲間の結成を奨励した。
　　　エ　松平定信は寛政の改革をおこなった。

4　近現代の登録例として２つ挙げられる。まず「富岡製糸場と絹産業遺跡群」である。明治新政
府は⑬富国強兵を目指し殖産興業に力を入れた。富岡製糸場は殖産興業政策の一環として設立さ
れたものである。２つ目は負の世界遺産として登録された「原爆ドーム」である。これは核兵器
により多くの人々が犠牲になったことを、⑭戦後を生きる私たちが忘れてしまうことのないよう
に訴え続けている遺跡である。

問13　下線部⑬について、富国強兵に関して述べた次のＡ・Ｂの文の正誤の組み合わせとして正
　　　しいものを、次のア～エの中から一つ選び、記号で答えよ。
　　　　Ａ　徴兵令により、満20歳になった男子に兵役が義務付けられた。
　　　　Ｂ　地租改正により、農民の負担は江戸時代より軽くなった。
　　　ア　Ａ―正　Ｂ―正　　イ　Ａ―正　Ｂ―誤
　　　ウ　Ａ―誤　Ｂ―正　　エ　Ａ―誤　Ｂ―誤

問14　下線部⑭について、戦後（第二次世界大戦後）の歴史に関して述べた文として正しいものを、次のア～オの中から二つ選び、記号で答えよ。

ア　GHQは民主化を進めるための改革として、財閥解体や農地改革を指令した。

イ　高度経済成長期には電気冷蔵庫・車・カラーテレビが「新三種の神器（３Ｃ）」と呼ばれてもてはやされた。

ウ　佐藤栄作内閣が「所得倍増」を唱えて高度経済成長政策を推進した。

エ　水俣病・新潟水俣病・四日市ぜんそく・イタイイタイ病についての裁判は全て被害者側の敗訴となった。

オ　1964年に東海道新幹線が開通し、東京でオリンピックが開かれた。

5　自然遺産を見てみると、1993年には⑮青森県・秋田県の「白神山地」と⑯鹿児島県の「屋久島」が登録された。前者はブナ林の原生林が広範囲に残っていることが評価され、後者は樹齢数千年を超える屋久杉をはじめ、多くの固有種や絶滅のおそれのある動植物が生息していることが評価されたためである。2005年には⑰北海道の「知床」が登録された。この地は絶滅が心配されている種の繁殖地や越冬地となっている。2011年には⑱「小笠原諸島」が登録された。小笠原諸島は海洋島として独自の進化を遂げた固有の動植物が多く生息している自然豊かな島々である。

問15　下線部⑮について、古代の東北地方に住み、律令国家の支配が及ばなかった人々のことを何と呼んだか、答えよ。

問16　下線部⑯について、鹿児島県に関して述べた文として正しいものを、次のア～エの中から一つ選び、記号で答えよ。

ア　大王名の記された鉄刀が出土した江田船山古墳がある。

イ　政府に抵抗した隼人を制圧する拠点として、多賀城が置かれた。

ウ　フランシスコ＝ザビエルが上陸し、キリスト教の布教を行った。

エ　明治維新で活躍した西郷隆盛・木戸孝允・大久保利通を輩出した。

問17　下線部⑰について、江戸時代にアイヌの人々は松前藩に対して抵抗したが、1669年の蜂起を率いたアイヌの総首長は誰か、答えよ。

問18　下線部⑱について、小笠原諸島は明治時代初期に領有が確立した。明治時代の外交について述べた文として誤っているものを、次のア～エの中から一つ選び、記号で答えよ。

ア　日清戦争の結果、下関条約により台湾を獲得した。

イ　日露戦争の結果、ポーツマス条約により千島列島を獲得した。

ウ　陸奥宗光外相のときに領事裁判権の撤廃に成功した。

エ　ロシア・フランス・ドイツは日本に対して遼東半島を清に返すよう迫った。

K教英出版

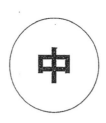

平成26年度（2014年度）

中学校入学試験問題

算 数

（60分）

注 意

「始め」の合図があるまでは問題を開いてはいけません。

1 「始め」という合図で始め、「やめ」という合図ですぐにやめなさい。

2 問題は1ページから6ページまでです。

3 解答を始める前に、まず、解答用紙に受験番号と氏名を記入しなさい。
　受験番号は5桁です。算用数字で横書きにしなさい。

4 答えは、すべて解答用紙に記入しなさい。

5 質問や用があるときは、声を出さずに静かに手をあげなさい。
　問題の内容についての質問は受け付けません。

6 分度器、定規、コンパス、計算機類の使用は認めません。

7 比で答えるときは、最も簡単な整数の比にしなさい。

8 分数で答えるときは、約分して最も簡単な形にしなさい。

　次の問いに答えよ。

(1)　$7 - \left(4\frac{5}{6} + 4\frac{2}{3} \div 3\frac{1}{2} \right)$ を計算せよ。

(2)　百の位で四捨五入をすると 30000 となる整数の中で、最も大きい整数はいくつか。

(3)　三角形の 3 つの角の大きさの比が 6 : 7 : 11 のとき、最も小さい角は何度か。

(4) 男子 65 人、女子 35 人に算数のテストを行ったところ、全員の平均点は 62.8 点であった。男子全員の平均点が 65.6 点のとき、女子全員の平均点は何点か。

(5) ある仕事を、太郎君が 1 人ですると 15 日、花子さんが 1 人ですると 10 日かかる。この仕事をするのに、太郎君が 5 日仕事をした後、2 人で一緒に残りの仕事をした。このとき、花子さんが仕事をしたのは何日か。

(6) 右の図のような、表面積が等しい 2 つの直方体 A、B がある。このとき、図の □ にあてはまる数はいくつか。

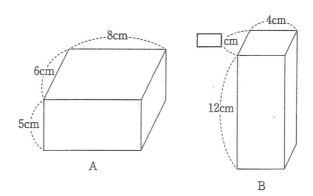

8cm
6cm
5cm
A

4cm
□cm
12cm
B

2 ⓪、①、②、④、⑥のカードが3枚ずつ合計15枚ある。この15枚のカードをよくまぜて、A君、B君、C君、D君の4人に3枚ずつ配り、その3枚のカードを並べて3けたの整数をつくってもらうことにした。すると、次の4つのことがわかった。

① A君がつくることのできる整数は1通りである。
② B君がつくることのできる整数は2通りである。
③ C君がつくることのできる整数は4通りである。
④ D君がつくることのできる整数は6通りである。

このとき、次の問いに答えよ。

(1) B君に配られた3枚のカードの中に⑥がふくまれているとき、B君がつくることのできる整数を2通りとも答えよ。

(2) B君とC君がつくった整数がいずれも3の倍数であるとき、A君がつくった整数として考えられるものをすべて求めよ。

(3) A君とB君がつくった整数がいずれも4の倍数であり、C君がつくった整数が15の倍数であるとき、B君がつくった整数は何か。

3 　O を中心とする小、中、大の 3 つの円があり、小、中の円の半径はそれぞれ 20 cm、32 cm である。右の図のように、大円の上に 3 点 A、B、C が、AC が中心 O を通り、角 AOB ＝ 90° となるようにある。

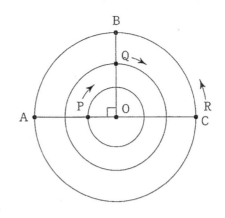

　点 P は小円と OA が交わる点から、点 Q は中円と OB が交わる点から、点 R は点 C から同時に出発する。また、P は毎秒 15.7 cm の速さで、Q と R は同じ速さでそれぞれ矢印の向きに円周上を回る。

　O から見て 6 回目に P、Q が重なったとき、Q は初めて直線 OC 上にきた。

　このとき、次の問いに答えよ。円周率は 3.14 とする。

(1)　P が 1 周するのにかかる時間は何秒か。

(2)　Q がはじめて直線 OC 上にくるまでにかかる時間は何秒か。

(3)　O から見て 4 回目に P、Q が重なったとき、O から見て P、Q、R が初めて重なった。大円の半径は何 cm か。

4   下の図のように、同じ大きさの正方形4枚を、辺と辺がくっつくようにならべた図形がある。BGとDI、CJとが交わる点をそれぞれP、Qとし、FPの延長とJC、ABとが交わる点をそれぞれR、Sとする。このとき、次の問いに答えよ。

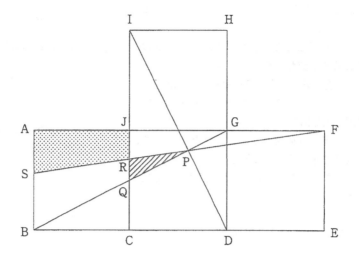

(1) IP：PD を求めよ。

(2) GP：PB を求めよ。

(3) 三角形RQP（▨▨部分）の面積と、四角形ASRJ（▧▧部分）の面積の比を求めよ。

5 　下の図のように、床から 10 cm はなれたところに、平らな板が床と平行になるようにある。その間に細い棒、円すい、三角柱がはさまれ固定されている。円すいの底面の直径は 10 cm で、三角柱の底面は 1 辺が 5 cm の正三角形である。

　いま、それぞれの立体に、図のような直径 10 cm の円の形をしたリングをかけ、このリングを床と平行の状態のまま動かす。このとき、次の問いに答えよ。ただし、棒とリングの太さは考えないものとし、リングの形は変わらないものとする。また、円周率は 3.14 とし、円すいの体積は（底面積）×（高さ）×$\frac{1}{3}$ で求められる。

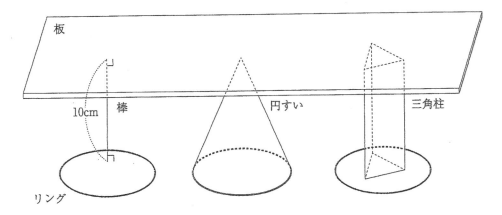

(1) 棒にかかったリングを床と板の間で動かす。このとき、リングを動かすことができる部分の立体の体積は何 cm³ か。

(2) 円すいにかかったリングを床と板の間で動かす。このとき、リングを動かすことができる部分の立体の体積は何 cm³ か。

(3) 三角柱にかかったリングを床と板の間で動かす。このとき、リングを動かすことができる部分の立体の体積は何 cm³ か。

平成26年度（2014年度）

中学校入学試験問題

理　科

（40分）

注　意

「始め」の合図があるまでは問題を開いてはいけません。

1　「始め」という合図で始め、「やめ」という合図ですぐにやめなさい。

2　問題は1ページから7ページまでです。

3　解答を始める前に、まず、解答用紙に受験番号と氏名を記入しなさい。
　受験番号は5桁です。算用数字で横書きにしなさい。

4　答えは、すべて解答用紙に記入しなさい。

5　質問や用があるときは、声を出さずに静かに手をあげなさい。
　問題の内容についての質問は受け付けません。

6　定規、コンパス、計算機類の使用は認めません。

1 以下の文章を読み、次の各問に答えよ。

　被子植物では、根から吸収した水分や養分は、維管束の中にある（　ア　）という管を通じて植物体全体に運ばれている。また、吸収された水分の一部は、茎や葉の表面から水蒸気として空気中に出て行く。このように、植物のからだの中の水が水蒸気となって出て行くことを（　イ　）という。

問1　文中の（　ア　）、（　イ　）に適する語を答えよ。

問2　図1は被子植物の茎の断面を、図2は葉の断面を示している。
　　（　ア　）の管が通っている部分として適当なものを、図中の①～⑤からすべて選び、記号で答えよ。

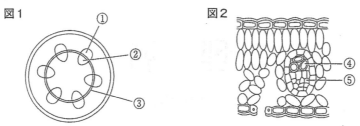

図1　　　　　　　　　　　図2

問3　植物から大気中への（　イ　）の量を調べるために、アジサイを用いて、次の［実験1］を行い、表1の結果を得た。次の(1)、(2)の各問に答えよ。

［実験1］　同じ株から、葉の大きさや枚数、枝の太さや長さが同じになるように枝を2本切りとった。図3のように3本の試験管A～Cを用意し、Aには水を 100.0 cm³ 入れ、葉のついた枝をそのままさし、その後、静かに油を注いだ。Bには水を 100.0 cm³ 入れ、葉をすべて切りとり、葉を切りとった切り口にワセリンをぬった枝をさし、その後、静かに油を注いだ。Cには水を 100.0 cm³ 入れ、その後、静かに油を注いだ。
　　　　　1時間後、それぞれの試験管の水の体積を測定した。
　　　　　また、試験管Aにさした枝についているすべての葉の表面積を測定し、合計すると、2250 cm² であった。

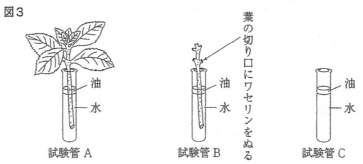

図3

試験管A　　　　　　試験管B　　　　　　試験管C

表1

	試験管A	試験管B	試験管C
実験前の水の体積	100.0 cm³	100.0 cm³	100.0 cm³
実験後の水の体積	79.7 cm³	97.7 cm³	100.0 cm³

(1) 試験管Cで行った実験は何を確かめるために行った実験か。簡潔に述べよ。

(2) 表1から、葉の表面積100 cm²あたりの1時間の（　イ　）の量は何cm³になるか。小数第1位まで答えよ。

問4　植物の種類と（　イ　）の量の違いを調べるために、[実験2]を行い、表2の結果を得た。

[実験2]　トベラとソラマメという2種類の植物について、葉面積100 cm²あたりの気孔の数を調べるとともに、光が当たっているときと暗黒下での葉面積100 cm²あたりの1時間での（　イ　）の量を調べた。

表2

	気孔の数	光を当てた場合の（　イ　）の量〔mg〕	暗黒下での（　イ　）の量〔mg〕
ト ベ ラ	24600	618	40
ソラマメ	12800	1240	640

表2の結果から考えられることとして適当なものを、次の①～⑥から二つ選び、記号で答えよ。

ただし、暗黒下で起こっている（　イ　）は、光が当たっている場合も起こっているものとする。また、光が当たっているとき気孔は開き、暗黒下では気孔は閉じるものとし、暗黒下での気孔からの（　イ　）の量はきわめて小さく無視できるものとする。

① 同じ葉面積あたりの気孔からの（イ）の量を比べると、ソラマメはトベラの約1倍である。

② 同じ葉面積あたりの気孔からの（イ）の量を比べると、ソラマメはトベラの約2倍である。

③ 同じ葉面積あたりの気孔からの（イ）の量を比べると、ソラマメはトベラの約16倍である。

④ ソラマメの気孔1個あたりの（イ）の量は、トベラの約2倍である。

⑤ ソラマメの気孔1個あたりの（イ）の量は、トベラの約4倍である。

⑥ ソラマメの気孔1個あたりの（イ）の量は、トベラの約24倍である。

2　佐賀県内のある小学校の理科室で、T_a℃の氷を一様に加熱して、氷の状態がどのように変化していくかを観察した。右図は、そのときの加熱時間と温度の関係を示したものである。次の各問に答えよ。

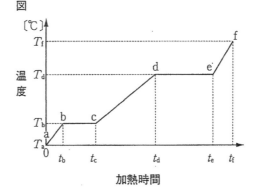

問1　T_bの温度を何というか。

問2　ab、bc、cd、de、ef間の状態について述べたものとして正しいものを、次の①～⑤からすべて選び、記号で答えよ。

① ab間は水の状態である。

② bc間では氷と水が両方とも存在している。

③ cd間は水の状態であるので、蒸発は全く起こっていない。

④ de間では水が沸騰して水蒸気になっている

⑤ ef間では水の状態で、沸騰はしていないが、蒸発は起こっている。

問3　ab 間と cd 間とを比較すると、ab 間の方が温度の上がり方が急である。また、bc 間と de 間を比較すると、de 間の方が直線が長い。このことからどのようなことが考えられるか。最も適当なものを次の①〜⑤から一つ選び、記号で答えよ。

① ab 間の方が cd 間よりも温まりにくく、ab 間の状態から cd 間の状態への変化は cd 間の状態から ef 間の状態への変化よりも起こりにくい。

② ab 間の方が cd 間よりも温まりにくく、ab 間の状態から cd 間の状態への変化は cd 間の状態から ef 間の状態への変化よりも起こりやすい。

③ ab 間の方が cd 間よりも温まりやすく、ab 間の状態から cd 間の状態への変化は cd 間の状態から ef 間の状態への変化よりも起こりにくい。

④ ab 間の方が cd 間よりも温まりやすく、ab 間の状態から cd 間の状態への変化は cd 間の状態から ef 間の状態への変化よりも起こりやすい。

⑤ ab 間と cd 間の温まりやすさは同じであり、ab 間の状態から cd 間の状態への変化と cd 間の状態から ef 間の状態への変化の起こりやすさも同じである。

問4　T_b ℃の氷 100 g を加熱したとき、bc 間（$t_b \sim t_c$）、cd 間（$t_c \sim t_d$）の加熱時間はそれぞれ 1 分、1 分15秒であった。いま、T_b ℃の氷 500 g を10分間加熱したとすると、温度は何℃になるか。整数で答えよ。

問5　100 g の水の温度と体積の関係を調べた結果を表1に示す。また、20 g の水蒸気の温度と体積の関係を調べた結果を表2に示す。次の(1)、(2)の各問に答えよ。

表1：水の温度と体積の関係

温度〔℃〕	0	20	40	60	80	100
体積〔mL〕	100.0	100.2	100.8	101.7	102.9	104.3

表2：水蒸気の温度と体積の関係

温度〔℃〕	100	120	140	160	180
体積〔L〕		35.8	37.6	39.4	41.2

（100℃のときの体積は空欄としてある。）

(1) 100℃の水の密度は20℃の水の密度の何倍か。小数第2位まで答えよ。ただし、密度〔g/mL〕とは、物質の重さ〔g〕を物質の体積〔mL〕で割ったものである。

(2) 100℃の水が100℃の水蒸気になるとき、体積は約何倍になるか。次の①〜⑤から最も適当なものを選び、記号で答えよ。

① 1.6倍　　② 32倍　　③ 160倍　　④ 320倍　　⑤ 1600倍

3 次の各問に答えよ。

問1 寒暖計の使い方について、正しいものを、次の①〜④から一つ選び、記号で答えよ。
① 日が当たらないように建物の陰などで測定する。
② 日当たりの良い場所で測定する。
③ 風通しの良い場所で測定する。
④ 地面から50 cm 付近で測定する。

問2 湿度を測定する乾湿計について、次の(1)、(2)の各問に答えよ。
(1) 乾湿計について、間違っているものを、次の①〜④から一つ選び、記号で答えよ。
① 乾球は気温を示す。
② 乾球と湿球との差が無いときは、湿度0 ％である。
③ 湿球の温度が乾球の温度を上回ることはない。
④ 湿球の温度が低いのは、水が蒸発するときに、周りから熱を奪うからである。
(2) 図1は、ある日の乾湿計を示している。表1を使い、この乾湿計で示される湿度を求めよ。

図1

表1

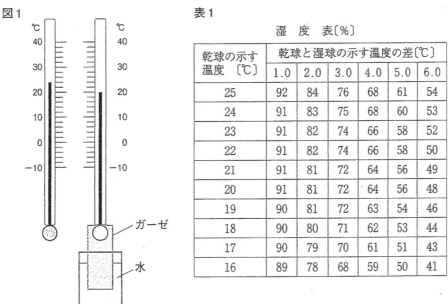

湿 度 表〔％〕

乾球の示す温度 〔℃〕	乾球と湿球の示す温度の差〔℃〕					
	1.0	2.0	3.0	4.0	5.0	6.0
25	92	84	76	68	61	54
24	91	83	75	68	60	53
23	91	82	74	66	58	52
22	91	82	74	66	58	50
21	91	81	72	64	56	49
20	91	81	72	64	56	48
19	90	81	72	63	54	46
18	90	80	71	62	53	44
17	90	79	70	61	51	43
16	89	78	68	59	50	41

問3 ある日の、天気の観測結果は、次のとおりであった。この結果から、風向、風力、天気（快晴・晴れ・曇り・雨）の3つを日本式天気図記号を使って表せ。

観測結果 風：南東から北西に吹いていた。
風力：3であった。
天気：空全体を10として、雲の割合は4であり、雨は降っていなかった。

— 4 —

問4　図2は、ある日の太陽の光が地球にあたっているようすを表している。図2中の赤道、地点Pおよび Q に描かれた線は、それぞれの地点で水平に置かれた等しい面積の板を表している。
図3は、光に垂直におかれた板を斜めにしていくと、受ける光の量が少なくなるようすを示している。また、表2は直角三角形の三辺の比を表したものである。次の(1)〜(3)の各問に答えよ。

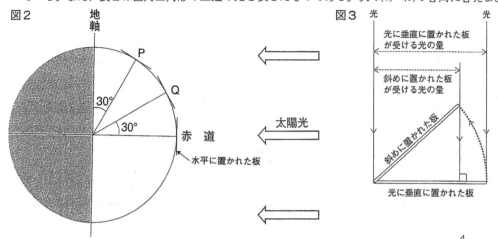

表2：右図の直角三角形の辺 a を1.0としたときの、辺 b と辺 c の長さ。

角 A の大きさ	10°	20°	30°	40°	50°	60°	70°
辺 b の長さ	5.7	2.7	1.7	1.2	0.8	0.6	0.4
辺 c の長さ	5.8	2.9	2.0	1.6	1.3	1.2	1.1

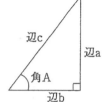

(1)　図2のように赤道に太陽光が垂直に当たっているときに、地点 Q に、10 cm の棒を地面に垂直に立てた。このときできる影の長さは何 cm か。整数で答えよ。

(2)　図2のように赤道に太陽光が垂直に当たっているとき、赤道と地点 P とに、同じ面積の板を地面に水平に置いた。地点 P の板が受ける光の量は赤道の板が受ける光の量の何倍か。ただし、地球大気による太陽光の吸収は考えないものとする。

(3)　太陽光などによって暖められた地表がもつ熱エネルギーは、どのようになるか。最も適当なものを、次の①〜④から一つ選び、記号で答えよ。
　　①　大部分が地下に伝わり、マグマや火山噴火のエネルギー源となっている。
　　②　大部分が風や海流のエネルギー源となる。
　　③　大部分が地表からの赤外線の放射や、水の蒸発に使われる。
　　④　大部分が地表付近の生物によって吸収され、成長に使われる。

4 光の性質に関する次の各問に答えよ。

　図1のように、中央部分に目盛りがついており、表面が平らな鏡を準備した。A君がこの鏡を使って、図2のように鏡に映る全身の長さを測定する［実験1］〜［実験3］を行った。ただし、鏡は水平な地面に対して垂直に置かれているものとする。

　［実験1］　A君が鏡の2m手前に立ち、鏡に映る全身の長さを、鏡についている目盛りを用いて測定した。

　［実験2］　A君が鏡の1m手前に立ち、鏡に映る全身の長さを、鏡についている目盛りを用いて測定した。

　［実験3］　A君が鏡の1m手前に立ち、A君と同じ身長のB君が、鏡に対してA君の1m後ろに立った。A君が鏡に映る自分の全身の長さと、B君の全身の長さを、鏡についている目盛りを用いてそれぞれ測定した。なお、A君には、鏡に映るB君の姿が見えるものとする。

　［実験1］〜［実験3］の場合において、鏡についている目盛りを使って測定した長さを「像の長さ」という。

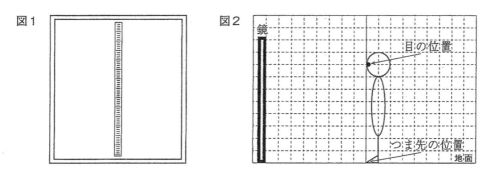

問1　［実験1］について、図2中で、A君のつま先から出る光が鏡で反射し、A君の目に届くまでの光の道筋を図示せよ。

問2　［実験1］について、A君から見て、鏡に映る自分の像の長さは、A君の身長の何倍か。

問3　［実験2］について、A君から見て、鏡に映る自分の像の長さは、問2における像の長さの何倍か。

問4　［実験3］について、A君から見て、鏡に映る自分の像の長さは、鏡に映るB君の像の長さの何倍か。小数第1位まで答えよ。

次に、アクリル樹脂に光を当てる［実験4］、［実験5］を行った。

［実験4］　半円状のアクリル樹脂に光を当て、入射光と屈折光の道筋を調べた。図3のように光を当てると、a：b＝3：2になり、図4のように光を当てると、a′：b′＝2：3になった。また、図3、図4いずれの場合も光の一部は反射することが分かった。

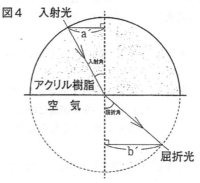

［実験5］　図5のように直方体のアクリル樹脂を通して斜めにえんぴつを見た。なお、直方体のアクリル樹脂は、［実験4］で用いた半円状のアクリル樹脂の材質と同じものとする。ただし、図5は真上から見た図である。

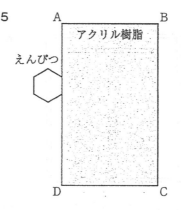

問5　［実験5］のとき、えんぴつはどのように見えるか。最も適当なものを次の①〜③から一つ選び、記号で答えよ。

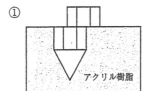 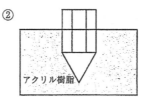 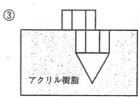

問6　［実験5］について、えんぴつから出る光が面BCで反射と屈折をするとき、反射光と屈折光はそれぞれ図中の①〜⑧のどの点を通るか。最も近いものを一つずつ選び、記号で答えよ。

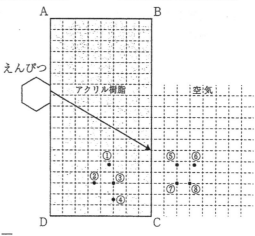

平成26年度（2014年度）

中学校入学試験問題

社　会

（40分）

注　意

「始め」の合図があるまでは問題を開いてはいけません。

1　「始め」という合図で始め、「やめ」という合図ですぐにやめなさい。

2　問題は1ページから10ページまでです。

3　解答を始める前に、まず、解答用紙に受験番号と氏名を記入しなさい。
　　受験番号は5桁です。算用数字で横書きにしなさい。

4　答えは、すべて解答用紙に記入しなさい。

5　質問や用があるときは、声を出さずに静かに手をあげなさい。
　　問題の内容についての質問は受け付けません。

1　　A君が通う小学校では、「都道府県調べ」の課題が出された。A君は、各都道府県の情報と郷土料理について調べた。表1は、A君がまとめた内容を抜粋したものである。表1を見て、あとの各問に答えよ。

表1

8地方区分	都道府県名	都道府県の特色	郷土料理	具　　材
北海道地方	①北海道	畑作・稲作・酪農がさかんである	石狩鍋	鮭・豆腐・にんじん・たまねぎ・じゃがいも・だいこんなど
東北地方	（　②　）	七夕まつりが開催される	ずんだ餅	枝豆・砂糖など
関東地方	茨城県	（　③　）	そぼろ納豆	納豆・切り干し大根など
	④東京都	都心では再開発が進んでいる	くさや	ムロアジ・トビウオなど
中部地方	山梨県	⑤富士山の登山客が増加している	ほうとう	小麦粉・ネギ・カボチャ・白菜・シイタケ・鶏肉など
	⑥岐阜県	隣接する県が多い	栗きんとん	栗・砂糖など
	新潟県	⑦日本海側の気候である	笹寿司	⑧米・ワラビ・たけのこなど
⑨近畿地方	兵庫県	⑩日本の標準時子午線が通る	ぼたん鍋	猪肉・野菜・根菜・きのこ類・芋類・コンニャクなど
中国地方	（　⑪　）	2013年、出雲大社は60年に1度の本殿遷宮を迎えた	しじみ汁	しじみ・味噌など
四国地方	愛媛県	⑫瀬戸内海に面している	宇和島鯛めし	鯛・米・卵・ゴマなど
	⑬高知県	（　X　）が県魚となっている	（　X　）を使った料理	（　X　）など
九州地方	長崎県	⑭日本で一番島の数が多い	具雑煮	餅・里芋・白菜・シイタケ・春菊・鶏肉・ごぼうなど
	沖縄県	⑮日本最西端の島がある	沖縄そば	小麦粉・豚肉・紅生姜など

（農林水産省「農山漁村の郷土料理百選」2007年）

問1　下線部①について、次の(1)、(2)の問に答えよ。

(1) 地図1のA～Cは、畑作・稲作・酪農の
いずれかがさかんな地域を示したものであ
る。地図中A～Cと地名および主な農業の
組み合わせとして正しいものを、次のア～
カの中から一つ選び、記号で答えよ。

地図1

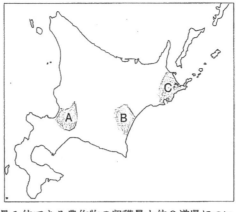

ア　A・十勝平野・畑作
イ　A・根釧台地・稲作
ウ　B・石狩平野・酪農
エ　B・十勝平野・稲作
オ　C・石狩平野・畑作
カ　C・根釧台地・酪農

(2) 表2は、石狩鍋の具材のうち、北海道が収穫量1位である農作物の収穫量上位3道県につい
てまとめたものである。表2中A～Cの農作物の組み合わせとして正しいものを、次のア～カ
の中から一つ選び、記号で答えよ。

表2

	A	B	C
1位	北海道	北海道	北海道
2位	長崎県	佐賀県	千葉県
3位	鹿児島県	兵庫県	徳島県

(農林水産統計　2011年)

	ア	イ	ウ	エ	オ	カ
A	にんじん	にんじん	たまねぎ	たまねぎ	じゃがいも	じゃがいも
B	たまねぎ	じゃがいも	にんじん	じゃがいも	たまねぎ	にんじん
C	じゃがいも	たまねぎ	じゃがいも	にんじん	にんじん	たまねぎ

問2　次のア～エは、東北地方のいずれかの県の形を示している。（　②　）にあてはまる県を、
ア～エの中から一つ選び、記号で答えよ。なお、ア～エの縮尺は異なっている。

ア 　イ 　ウ 　エ

問3　（　③　）に入る茨城県の特色として誤っているものを、次のア～エの中から一つ選び、記
号で答えよ。

ア　関東地方の北東部に位置している。
イ　政令指定都市を持たない都道府県の中では最も人口が多い。
ウ　日本で三番目に面積の大きい湖である霞ヶ浦がある。
エ　県章は県の花であるバラのつぼみを図案化したものである。

― 2 ―

問4　下線部④について、東京都などの大都市では、多量のエネルギー消費による人工熱の発生や建物のコンクリート化などにより、都市部の気温が周辺部よりも高くなる現象がみられる。このような現象を何というか、答えよ。

問5　下線部⑤について、山梨県と静岡県にまたがる富士山は2013年、世界文化遺産に登録された。日本各地には、富士山によく似ていることから「〇〇富士」とよばれる山々が存在する。その中で、「蝦夷富士」と呼ばれる山を、次のア～エの中から一つ選び、記号で答えよ。

　　　ア　羊蹄山　　イ　開聞岳　　ウ　岩木山　　エ　大山

問6　下線部⑥について、この県に隣接する県はいくつあるか、数字で答えよ。

問7　下線部⑦について、下の図は、表1中の4つの道県にある都市（北海道稚内市・新潟県十日町市・愛媛県松山市・高知県高知市）の月ごとの合計降水量を示したものである。新潟県十日町市を示す図として最も適当なものを、次のア～エの中から一つ選び、記号で答えよ。

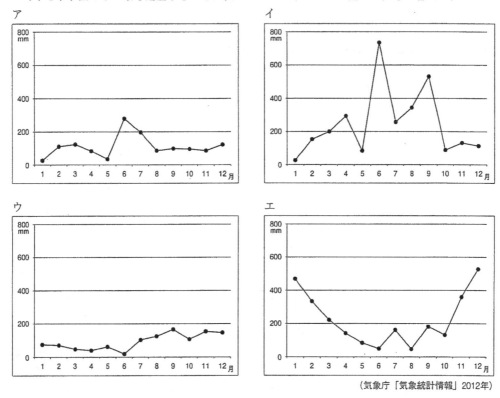

（気象庁「気象統計情報」2012年）

問8　下線部⑧について、米の生産過剰に対処するために、政府が米の生産を制限する政策を何というか、答えよ。

問9　下線部⑨について、表3は5年ごとに近畿地方各府県の人口増減率をまとめたものである。
滋賀県にあてはまるものを、次のア〜エの中から一つ選び、記号で答えよ。

表3

(単位：%)

	1995年	2000年	2005年	2010年
ア	10.7	7.8	4.2	1.6
三重県	4.8	0.9	0.2	−5.1
イ	−12.3	4.1	−0.2	−0.4
京都府	2.9	−0.2	−1.0	−0.3
ウ	4.4	−0.8	−0.9	1.2
奈良県	7.5	−1.0	−4.9	−2.2
エ	0.8	−3.6	−8.7	−5.5

(統計局「人口推計」)

問10　下線部⑩について、日本が1月1日午前10時のとき、ロンドンは何月何日の何時であるか、
午前・午後をつけて答えよ。

問11　（　⑪　）に入る県名を答えよ。

問12　下線部⑫について、瀬戸内工業地域の工業都市名と代表的な工業の組み合わせとして
誤っているものを、次のア〜エの中から一つ選び、記号で答えよ。

　　　ア　今治市—繊維　　　イ　新居浜市—食品　　　ウ　呉市—造船　　　エ　宇部市—セメント

問13　下線部⑬について、次の(1)、(2)の問に答えよ。

(1)　表1中の（　X　）に入る魚の名前をひらがなで答えよ。

(2)　高知県沖の南海トラフで大量の埋蔵が確認された、「燃える氷」と呼ばれるエネルギー資源
の名称を答えよ。

問14　下線部⑭について、海岸線の長さが100ｍ以上の島の数が日本で一番多いのは長崎県である。
表4は、島の数が多い上位3都道府県を示している。表4中Yにあてはまる県名を答えよ。た
だし、Yには表1にない県が入る。

表4

順位	都道府県名	島の数
1位	長崎県	971
2位	Y	605
3位	北海道	508

(海上保安庁水路部調査　1986年)

問15　下線部⑮について、この島の名称を答えよ。

次の文章を読み、あとの各問に答えよ。

　①国や②地方公共団体は、利益をあげることをめざす③企業が取り扱わない様々なもの・サービスを提供し、国民の生活が向上することを図っている。たとえば、私たちの身のまわりにある公園・道路などの建設、あるいは④教育や医療などのサービスの供給は、主に国や地方公共団体による活動である。ただ、何の施設を建設するか、あるいはどのようなサービスを提供するかは、社会全体の利益を考え判断される。

　このように、政府は公共の利益を考え、必要なお金の多くを⑤税金のかたちで集め、それらを提供している。この政府による経済活動のことを（　⑥　）という。政府は、（　⑥　）を通じて、公共施設・公共サービスの提供や所得の再分配、⑦景気の調整をおこなっている。

　政府の収入と支出をそれぞれ歳入、⑧歳出という。歳入の中心は税金であり、支払い能力に応じて負担することが原則となっている。歳出は、年々増加の傾向にあり、国の赤字は拡大している。近年は、日本の景気悪化により税収が減少傾向にある一方、⑨少子高齢化の進展から年金給付額や医療費などが増大しており、その対策が問題となっている。

問1　下線部①について、次の(1)、(2)の問に答えよ。
　(1)　国の政治を行う行政の最高機関は内閣である。内閣の仕事にあてはまるものを、次のア〜クの中から三つ選び、記号で答えよ。
　　ア　予算の議決　　イ　国政の調査　　ウ　政令の制定　　　エ　条約の承認
　　オ　法律の制定　　カ　予算の作成　　キ　憲法改正の発議　　ク　条約の締結
　(2)　近年、行政の権力が強まり、費用や人員も拡大したため、そのスリム化をめざして行政改革が進められている。行政改革について述べた文として誤っているものを、次のア〜エの中から一つ選び、記号で答えよ。
　　ア　行政が持つ権限を見直したことから、コンビニエンスストアでの薬の販売が認められた。
　　イ　国営の事業を増やし、民間の企業と競争させる。
　　ウ　地方に対する国の権限を整理して、地方と国とが対等になることをめざす。
　　エ　国立大学や国立病院などが独立行政法人になった。
問2　下線部②について、次の(1)、(2)の問に答えよ。
　(1)　地方議会の議決により成立する地方公共団体独自のきまりを何というか、答えよ。
　(2)　地方公共団体の中には市民による行政を監視する制度を認めているところがある。この制度を何というか、答えよ。
問3　下線部③について、企業のうち、独自の技術を開発したり、新しい産業分野に進出したりする中小企業を何というか、答えよ。
問4　下線部④について、日本国憲法は社会権の一つとして「教育を受ける権利」を認めている。それ以外の社会権の中で「人々が健康で文化的な最低限度の生活を営む権利」のことを何というか、答えよ。
問5　下線部⑤について、次の(1)、(2)の問に答えよ。
　(1)　所得が多くなるにつれて高い税率が適用される税金の制度を答えよ。
　(2)　税金について述べた文として正しいものを、次のア〜エの中から一つ選び、記号で答えよ。
　　ア　2012年度、国の税金における直接税と間接税の比率は、間接税が高かった。
　　イ　間接税は、税を負担する人と納める人が同じである。
　　ウ　国に納める直接税には、所得税・法人税・消費税などがある。
　　エ　間接税は、所得の低い人ほど所得に占める税負担の割合が高くなる傾向にある。
問6　（　⑥　）に入る適語を漢字二字で答えよ。

2

(1)		(2)	

(3)	

3

(1)	秒	(2)	秒	(3)	cm

4

(1)	:	(2)	:	(3)	:

5

(1)	cm³	(2)	cm³	(3)	cm³

問4 | ℃

問5 (1) | 倍 (2)

3

問1 |

問2 (1) | (2) | %

問3

北
↑

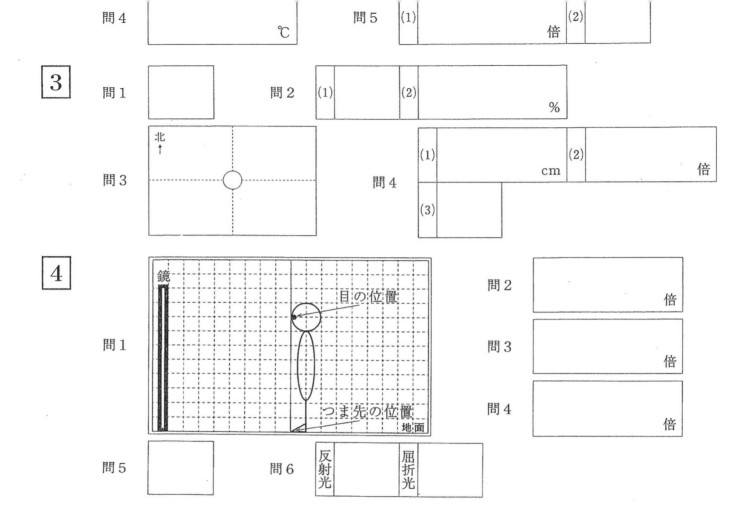

問4 (1) | cm (2) | 倍

(3) |

4

問1

鏡

目の位置

つま先の位置　地面

問2 | 倍

問3 | 倍

問4 | 倍

問5 |

問6 反射光 | 屈折光 |

問2	(1)		(2)		制度
問3			問4		
問5	(1)		(2)		問6
問7	(1)		(2)		(3)
問8		問9	(1)		(2)

3	問1		問2	遺跡	問3	
	問4		問5		問6	
	問7		問8		問9	の役
	問10		問11		問12	
	問13	の改革	問14		問15	
	問16		問17		問18	⇒ ⇒ ⇒

中学校　　社会　　（40分）

1	問1	(1)		(2)		問2	
	問3		問4		現象	問5	
	問6		問7			問8	
	問9		問10	月　　日　　時		問11	県
	問12		問13	(1)		(2)	
	問14	県	問15				

中学校　　理科　　（40分）

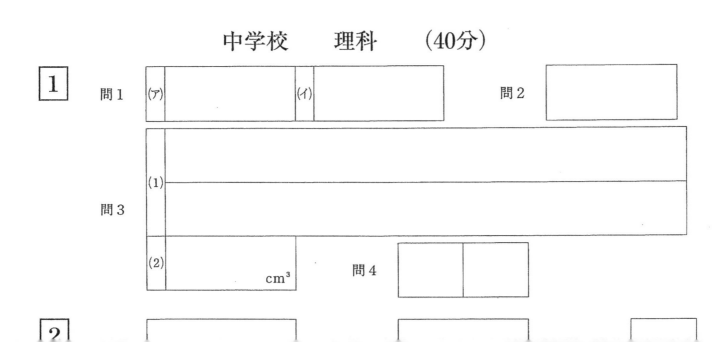

1　問1　(ア)　　　(イ)　　　問2

問3　(1)

(2)　　　cm³　　　問4

【解答

2

中学校　　算数　　（60分）

1	(1)		(2)		(3)	度
	(4)	点	(5)	日	(6)	

問7 下線部⑦について、次の(1)～(3)の問に答えよ。
 (1) 物価の下落が続く状況を何というか、カタカナで答えよ。
 (2) 景気が悪い時に政府が行う政策について述べた次のA・Bの文の正誤の組み合わせとして正しいものを、次のア～エの中から一つ選び、記号で答えよ。
   A 政府は減税を行う。
   B 政府は道路や港湾施設の整備などの公共事業を増やす。
  ア A─正 B─正　　　イ A─正 B─誤
  ウ A─誤 B─正　　　エ A─誤 B─誤
 (3) 日本が景気の悪い状況から回復するため、第2次安倍晋三内閣によって実施された経済政策を通称で何というか、カタカナで答えよ。
問8 下線部⑧について、次のグラフは、日本の主な経費別歳出額の推移を表している。グラフ中のB、Dにあてはまる語句の組み合わせとして正しいものを、次のア～エの中から一つ選び、記号で答えよ。

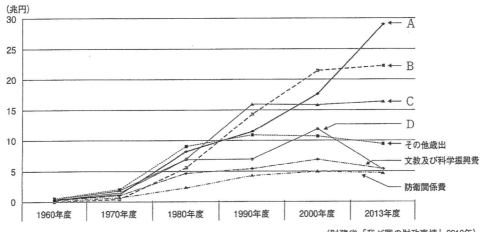

(財務省「我が国の財政事情」2013年)

  ア B─国債費　　　　　　D─地方交付税等
  イ B─国債費　　　　　　D─公共事業関係費
  ウ B─社会保障関係費　　D─地方交付税等
  エ B─社会保障関係費　　D─公共事業関係費
問9 下線部⑨について、次の(1)、(2)の問に答えよ。
 (1) 2012年の日本の一人の女性が一生に産む子どもの平均数（合計特殊出生率）を、次のア～エの中から一つ選び、記号で答えよ。
  ア 1.11　イ 1.21　ウ 1.31　エ 1.41
 (2) 少子高齢化について述べた文として誤っているものを、次のア～エの中から一つ選び、記号で答えよ。
  ア 高齢化の進行により、家族の介護にかかわる負担が高まることが予想される。
  イ 2000年から雇用保険制度が始まり、介護サービスの充実が図られている。
  ウ 少子化の進行により生産年齢人口（15～64歳）が減少し、経済成長がにぶる恐れがある。
  エ 少子化の背景として、働きながら育児を行う環境が不十分なことや晩婚化などがあげられる。

3 次の文章を読み、あとの各問に答えよ。

1 唐津地方の歴史は古く、①『魏志』倭人伝に出てくる「末盧国（まつらこく、まつろこく）」
は現在の唐津市を中心とした地域と考えられる。また、唐津市の菜畑遺跡や福岡市の（ ② ）
遺跡などの発掘により、縄文時代の終わりには九州北部で稲作が始まっていたことが知られるよ
うになった。

問1 下線部①について、『魏志』倭人伝の内容に関して述べた文として誤っているものを、次
　　のア～オの中から二つ選び、記号で答えよ。
　　ア　邪馬台国を中心とする30国ばかりの小国連合があった。
　　イ　邪馬台国の女王卑弥呼が魏の皇帝から贈られた金印は志賀島で発見された。
　　ウ　卑弥呼は呪術的権威を背景に政治を行った。
　　エ　邪馬台国では身分の上下関係や貧富の差はなかった。
　　オ　邪馬台国では卑弥呼の死後、男の王がたったが国内が治まらず、壱与が女王となった。
問2 （ ② ）に入る適語を答えよ。

2 「まつら」の表記は、『古事記』では「末羅」、『日本書紀』・『万葉集』・③『肥前国風土記』など
では「松浦」の字があてられている。また、現在の市名である「唐津」という地名の意味を考
えると、中国や④朝鮮半島と交流するための要津（重要な港）であったことがうかがえる。

問3 下線部③について、古代の律令制では日本を「七道」とよばれる七つの地域に分けた。肥
　　前国（現在の佐賀県・長崎県）はその「七道」のうちどこに含まれるか。次のア～エの中か
　　ら一つ選び、記号で答えよ。
　　ア　東海道　　イ　山陽道　　ウ　北陸道　　エ　西海道
問4 下線部④について、7世紀に倭は中大兄皇子の指揮のもと、朝鮮半島に大軍を派遣したが、
　　白村江の戦いで唐・新羅連合軍に大敗した。次の文X・Yより中大兄皇子について述べてい
　　るものと、下の地図中a・bより白村江の戦いが行われた場所の組み合わせとして正しいも
　　のを、次のア～エの中から一つ選び、記号で答えよ。
　　　X　壬申の乱で大友皇子を倒した。
　　　Y　大化の改新では皇太子として政治改革を進めた。

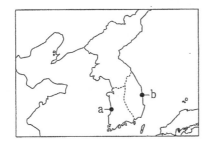

　　ア　X・a　　イ　X・b　　ウ　Y・a　　エ　Y・b

3　平安時代末期、多島海と複雑な海岸線をもつ松浦郡地方には、この地域の地理的条件から、各地に独立割拠する多くの⑤武士団が発生した。都の貴族たちは松浦郡地方に住んでいる海賊たちのことを松浦党と呼んだ。松浦党は水軍的性格をもち、源平合戦、⑥蒙古襲来などでは、松浦水軍として活躍し、勇名をはせた。

　　南北朝の動乱のころになると、松浦郡地方や壱岐・対馬の住民を中心とする海賊集団が、朝鮮半島や中国大陸の沿岸をおそい、（　⑦　）と呼ばれ恐れられた。

問5　下線部⑤について、もと伊予の国司で、10世紀前半に瀬戸内海の海賊を率いて反乱を起こした人物は誰か、答えよ。

問6　下線部⑥について、蒙古襲来に関して述べた文として誤っているものを、次のア〜エの中から一つ選び、記号で答えよ。

　　ア　元は日本に対し服属を要求したが、鎌倉幕府の執権北条泰時はこれを拒否した。

　　イ　元軍の集団戦やすぐれた兵器に対し、一騎打ち戦を主とする日本軍は苦戦した。

　　ウ　博多湾岸など九州北部の要地を御家人に警備させる異国警固番役が強化された。

　　エ　蒙古襲来後、窮乏する御家人を救済するために徳政令が発布された。

問7　（　⑦　）に入る適語を答えよ。

4　安土・桃山時代、寺沢広高は豊臣秀吉に仕え、1度目の⑧朝鮮出兵である1592年の（　⑨　）の役では肥前名護屋城の築城で大きな役割を果たした。この後、広高は松浦郡東部を与えられ、後の唐津藩の藩祖となった。また、広高は1600年の⑩関ヶ原の戦いで徳川家康を総大将とする東軍側に味方し、功績を挙げたことから、⑪肥後国天草郡を加増された。

問8　下線部⑧について、朝鮮出兵をきっかけに創始された有田焼の陶工で、赤絵具を基調とする赤絵の技法を完成させた人物は誰か、答えよ。

問9　（　⑨　）に入る適語を答えよ。

問10　下線部⑩について、この戦いが起こった場所を、右の地図中のア〜エの中から一つ選び、記号で答えよ。

問11　下線部⑪について、島原半島とこの地域で島原・天草一揆が起きた。島原・天草一揆後の江戸幕府の政策として正しいものを、次のア〜エの中から一つ選び、記号で答えよ。

　　ア　全国でキリスト教を禁止した。

　　イ　参勤交代の制度を定めた。

　　ウ　最初の武家諸法度を制定した。

　　エ　オランダ商館を出島に移した。

5　江戸時代を通じて、寺沢氏以後の唐津藩主は大久保氏、松平氏、土井氏、水野氏と続いた。⑫19世紀前半、後に（　⑬　）の改革を行った水野忠邦が遠江国浜松藩へ移り、代わって藩主となった小笠原氏の時代に明治維新を迎えることとなった。

問12　下線部⑫について、この頃、江戸を中心として発達した文化は化政文化と呼ばれた。次のA〜Dは、この文化に関連する作品である。これらの作品の説明として誤っているものを、次のア〜エの中から一つ選び、記号で答えよ。

A

B

雀の子
そこのけそこのけ
御馬が通る

C

D

　ア　Aは、喜多川歌麿の作品で、『婦女人相十品』の中の「ポッピンを吹く女」である。
　イ　Bは、小林一茶の『おらが春』におさめられている作品の一つである。
　ウ　Cは、東洲斎写楽が東海道の宿場町の風景・風俗を描いた『東海道五十三次』である。
　エ　Dは、葛飾北斎が富士山を描いた『富嶽三十六景』である。
問13　（　⑬　）に入る適語を答えよ。

6　明治時代に入り、唐津藩は新しい時代を担う人材を育成するため、唐津城内に耐恒寮と呼ばれる英学塾を開校した。耐恒寮からは、東京駅の設計で有名な建築家の⑭辰野金吾などが巣立っていった。また耐恒寮の教員の一人に、後に内閣総理大臣となる⑮高橋是清がいた。

問14　下線部⑭について、辰野金吾は工部大学校で英国人コンドル教授の指導を受けた。コンドル教授は欧化政策の象徴といわれる社交場を設計したことで有名である。この社交場の名称を答えよ。

問15　下線部⑮について、高橋是清に関して述べた文として正しいものを、次のア〜エの中から一つ選び、記号で答えよ。
　　ア　1932年に起こった五・一五事件で暗殺された。
　　イ　1936年に起こった二・二六事件で暗殺された。
　　ウ　「平民宰相」と呼ばれ国民から歓迎されたが、東京駅で暗殺された。
　　エ　韓国の青年民族運動家である安重根にハルビン駅で暗殺された。

7　明治時代以後、唐津地方では石炭の産出量が拡大していった。しかし、⑯第一次世界大戦の後に起こった戦後恐慌の影響により産出量は次第に減少していった。
　　唐津地方は⑰太平洋戦争で大きな被害を受けなかった。戦後は日本経済の復興・発展のエネルギー源として石炭需要が増加し、⑱1955年以降の10年間では唐津地方の年間産出量は250〜300万トンに達した。

問16　下線部⑯について、第一次世界大戦勃発の契機となったオーストリア皇太子夫妻が暗殺された事件を何というか、答えよ。

問17　下線部⑰について、太平洋戦争に関して述べた次のA・Bの文の正誤の組み合わせとして正しいものを、次のア〜エの中から一つ選び、記号で答えよ。
　　　　A　日本軍によるマレー半島と真珠湾への奇襲攻撃から、太平洋戦争が開始された。
　　　　B　日本軍はミッドウェー海戦で敗北し、戦局は劣勢となった。
　　ア　A―正　B―正　　　イ　A―正　B―誤
　　ウ　A―誤　B―正　　　エ　A―誤　B―誤

問18　下線部⑱について、次の各文は、一つを除いて1955年以降の主なできごとである。次のア〜オのできごとからその一つを除いて四つを選び、古い順に並べ変えよ。
　　ア　韓国政府を「朝鮮にある唯一の合法的な政府」と認める日韓基本条約を締結し、韓国との国交を樹立した。
　　イ　日ソ共同宣言に調印し、ソ連との国交が回復したが、北方領土問題は解決しなかった。
　　ウ　日本と中華人民共和国との友好関係発展のために日中平和友好条約を締結した。
　　エ　サンフランシスコ平和条約が調印され、翌年に日本は独立国としての主権を回復した。
　　オ　沖縄返還協定が調印され、翌年に沖縄の日本復帰が実現した。

平成25年度（2013年度）

中学校入学試験問題

算　数

（60分）

注　意

「始め」の合図があるまでは問題を開いてはいけません。

1　「始め」という合図で始め、「やめ」という合図ですぐにやめてください。

2　問題は1ページから6ページまでです。

3　解答用紙は、問題冊子にはさまれています。

4　解答を始める前に、まず、解答用紙に受験番号と氏名を記入しなさい。
　　受験番号は5桁です。算用数字で横書きにしなさい。

5　答えは、すべて解答用紙に記入しなさい。

6　質問や用があるときは、声を出さずに静かに手をあげなさい。
　　問題の内容についての質問は受け付けません。

7　分度器、定規、コンパス、計算機（時計つきも含む）類の使用は認めません。

- -

8　比で答えるときは、最も簡単な整数の比にしなさい。

9　分数で答えるときは、約分して最も簡単な形にしなさい。

早稲田佐賀中学校

$\boxed{1}$　次の問に答えよ。

(1)　$2\frac{2}{5} \times \frac{3}{4} - \frac{3}{4} \div \frac{5}{2}$ を計算せよ。

(2)　6 人の中から 2 人の算数係を選ぶ。選び方は何通りあるか。

(3)　兄と弟の所持金の比は 4 : 1 であったが、兄が弟に 840 円あげたので、兄と弟の所持金の比は 5 : 3 になった。このとき、兄のはじめの所持金はいくらか。

(4)　ある列車が一定の速さで走り、長さが 1664 m のトンネルに入りはじめてから出終わるまでに 2 分 7 秒かかり、長さが 222 m の鉄橋をわたりはじめてからわたり終わるまでに 24 秒かかった。この列車の速さは秒速何 m か。

(5) 右の図で、直線 ℓ と m は平行である。AB
　　とACの長さが等しいとき、角 x の大きさは
　　何度か。

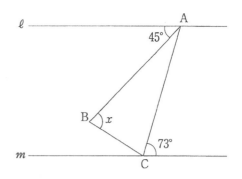

(6) 半径3cm、高さ10cmの同じ円柱が4本ある。底面の円の中
　　心どうしを結ぶと正方形になるようにぴったりと並べ、円柱どう
　　しのすきまを円柱と同じ素材でうめる。こうしてできた右の図の
　　ような立体の体積は何 cm³ か。円周率は3.14とする。

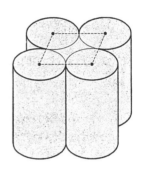

2 　右の図のように、丸テーブルに 1 から 10 までの
番号がつけられた席があり、テーブルの上にたくさ
んのおはじきが置かれている。10 人がすべての席
に 1 人ずつ座ったあと、次のようなゲームをする。

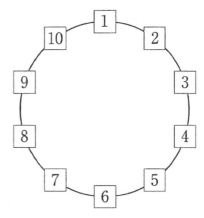

[1] 　まず、1 番の席の人がかごを受けとり、そのか
　　ごの中におはじきを 1 個入れる。そして、時計ま
　　わりに 1 つ先の 2 番の席の人へかごをまわす。
[2] 　かごを受けとった 2 番の席の人は、かごの中に
　　おはじきを 1 個入れる。そして、時計まわりに 2
　　つ先の 4 番の席の人へかごをまわす。
[3] 　かごを受けとった 4 番の席の人は、かごの中におはじきを 1 個入れる。そして、時計ま
　　わりに 3 つ先の 7 番の席の人へかごをまわす。
[4] 　このようにして、かごを受けとった席の人は、かごの中におはじきを 1 個入れ、時計ま
　　わりに「前回まわした数に 1 加えた数」だけ先の席の人へかごをまわす。
[5] 　かごの中のおはじきが 2013 個になったとき、ゲームを終える。

　　このとき、次の問に答えよ。ただし、ゲームが終わるまで、席の入れかえは行わないものとす
る。

(1) 　ゲームが終わったとき、おはじきを 1 個も入れなかった人が 4 人いた。何番の席に座ってい
　　た人か。小さい方から順に番号で答えよ。
(2) 　21 個目のおはじきをかごに入れた人は、何番の席に座っていた人か。番号で答えよ。
(3) 　ゲームが終わったとき、最も多い人で何個のおはじきをかごの中に入れたか。

| 3 | A、B、Cの3つの容器がある。Aには水が300 g、BとCには濃さのちがう食塩水が600 gずつ入っている。

まず、Bから取り出した100 gの食塩水をAに入れて、よくかき混ぜた。すると、Aの食塩水の濃さが3％になった。

次に、Cから取り出した100 gの食塩水をBに入れ、その後、100 gの水をCに入れて、それぞれよくかき混ぜた。すると、BとCの食塩水の濃さが等しくなった。

このとき、次の問に答えよ。

(1)　はじめにBに入っていた食塩水の濃さは何％か。

(2)　はじめにCに入っていた食塩水の濃さは何％か。

(3)　さらに、AとBから同じ重さの食塩水を同時に取り出し、Aから取り出した食塩水をBに、Bから取り出した食塩水をAに入れて、それぞれよくかき混ぜた。すると、AとBの食塩水の濃さが等しくなった。取り出した食塩水は何gずつか。

4 下の図のように、長方形 ABCD の辺の上に、4 点 P、Q、R、S があり、PQ と SR は平行で、四角形 PQRS の面積は 160 cm² である。このとき、次の問に答えよ。

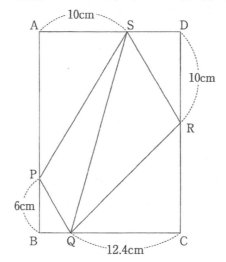

(1) 三角形 SQR の面積は何 cm² か。

(2) SD の長さは何 cm か。

(3) CR の長さは何 cm か。

5 下の図のような、水を入れて密閉することができる容器がある。密閉すると水は外にこぼれない。このとき、次の問に答えよ。

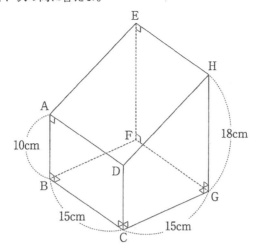

(1) この容器の容積は何 cm³ か。

(2) この容器に水を入れて密閉した。この容器を水平な台の上に、面 EFGH を下にして置いたときの水の深さと、面 ABCD を下にして置いたときの水面から面 EFGH までの高さが等しくなった。このとき、容器に入っている水の量は何 cm³ か。

(3) (2)で入れた水をぬきとり、再び水を入れて密閉した。容器をかたむけると、水面が 3 点 B、D、H を通る平面と重なった。このとき、容器に入っている水の量は何 cm³ か。考えられる場合をすべて答えよ。ただし、単位はつけなくてよい。

K 教英出版

平成25年度（2013年度）

中学校入学試験問題

理　科

（40分）

注　意

「始め」の合図があるまでは問題を開いてはいけません。

1　「始め」という合図で始め、「やめ」という合図ですぐにやめてください。

2　問題は1ページから7ページまでです。

3　解答用紙は、問題冊子にはさまれています。

4　解答を始める前に、まず、解答用紙に受験番号と氏名を記入しなさい。
　　受験番号は5桁です。算用数字で横書きにしなさい。

5　答えは、すべて解答用紙に記入しなさい。

6　質問や用があるときは、声を出さずに静かに手をあげなさい。
　　問題の内容についての質問は受け付けません。

7　定規、コンパス、計算機（時計についているものも含む）類の使用は認めません。

1 右図は、ヒトの体内を流れる血液の経路を示す模式図である。次の各問に答えよ。

問1　次の(1)、(2)の血液が流れている血管として適するものを、図中のA～Nよりそれぞれ一つずつ選び、記号で答えよ。
 (1)　酸素を最も多く含む血液
 (2)　体内で生じた老廃物が最も少ない血液

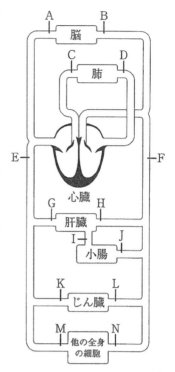

問2　酸素は、赤血球に含まれるヘモグロビンという物質と結びついて運ばれる。100 mLの血液は、その中のヘモグロビンがすべて酸素と結びつくと、20 mLの酸素をふくむことができる。
　図中のM、Nを流れる血液を調べたところ、Mを流れる血液中のヘモグロビンの50％が酸素と結びついており、Nを流れる血液中のヘモグロビンの95％が酸素と結びついていた。100 mLの血液がNからMへ流れる間に、細胞へわたした酸素は、何mLになるか。

問3　血液は、吸収した養分を全身の細胞に運ぶはたらきがある。小腸で吸収されたブドウ糖が、脳に運ばれるまでに通る経路として正しいものを、次の①～⑥から一つ選び、記号で答えよ。
　①　I→G→E→A
　②　I→G→E→C→D→B
　③　I→H→F→B
　④　I→H→F→D→C→A
　⑤　J→F→B
　⑥　J→F→D→C→A

問4　図中のじん臓には、血液中のさまざまな物質をこし出した後、養分などの必要な物質を血液中にもどすしくみがある。このとき血液からこし出された液体を「原尿」といい、「原尿」から必要な物質や水を血液中にもどした後、血液中にもどされなかった液体が「尿」として排出される。
　なお、血液からこし出される割合や「原尿」から血液中にもどされる割合は、物質によって異なっている。

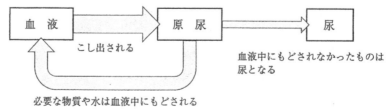

次の表は、ヒトの「血しょう」「原尿」「尿」に含まれる代表的な物質の濃度〔％〕を示したものである。表を見て、次の(1)、(2)に適するものを、表の物質から一つずつ選び、物質名を答えよ。

物　質	血しょう〔％〕	原　尿〔％〕	尿〔％〕
ブドウ糖	0.1	0.1	0.0
タンパク質	8.0	0.0	0.0
ナトリウム	0.3	0.3	0.34
カリウム	0.02	0.02	0.15
尿　素	0.03	0.03	2.0

(1) 血液から全くこし出されない物質

(2) 血液からこし出された後、再び血液中にもどされる割合が最も高い物質

問5　健康な一般的な成人は、1日あたり170〔kg〕の液体が血液からこし出される。また、「尿」は1日あたり1.5〔kg〕排出される。1日にこし出される尿素のうち、再び血液中にもどされる尿素の割合は何％か、問4の表を参考にして、整数で答えよ。

2 固体に溶液を加えて気体を発生させるため、図1のような装置を使い実験1〜3を行った。次の各問に答えよ。

実験1：二酸化マンガンに過酸化水素水を加えて気体Aを発生させた。このときに用いた二酸化マンガンの重さ、加えた過酸化水素水の体積、およびその時に発生した気体Aの体積の関係は次の表のようになった。

図1

二酸化マンガン	過酸化水素水	気体A
0.8 g	17 mL	240 mL
0.8 g	34 mL	480 mL
1.0 g	8.5 mL	120 mL
1.0 g	17 mL	240 mL
2.0 g	17 mL	240 mL
2.0 g	34 mL	480 mL

実験2：石灰石に塩酸を加えて気体Bを発生させた。このときの石灰石の重さ、加えた塩酸の体積、および発生した気体Bの体積の関係は次の表のようになった。

石灰石	塩酸	気体B
1.1 g	10 mL	120 mL
1.1 g	20 mL	240 mL
1.1 g	30 mL	240 mL
2.2 g	20 mL	240 mL
2.2 g	30 mL	360 mL
2.2 g	40 mL	480 mL

実験3：亜鉛に塩酸を加えて気体Cを発生させた。このときの亜鉛の重さ、加えた塩酸の体積、および発生した気体Cの体積の関係は次の表のようになった。

亜鉛	塩酸	気体C
1.3 g	20 mL	240 mL
1.3 g	40 mL	480 mL
1.3 g	60 mL	480 mL
2.6 g	40 mL	480 mL
2.6 g	60 mL	720 mL
2.6 g	80 mL	960 mL

問1　気体A〜Cの名称を漢字で答えよ。

問2　気体A〜Cはすべて同じ方法で集めることができる。集める方法として最も適当なものを、
　　　次の①〜④から一つ選び記号で答えよ。

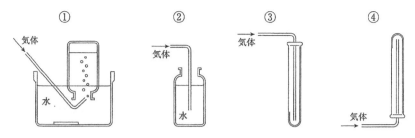

問3　実験1において、二酸化マンガン1.0gに過酸化水素水34mLを加えたとき発生する気体
　　　Aは何mLか。

問4　実験2において、石灰石3.3gを完全に反応させるには、塩酸は最低何mL必要か。また、
　　　このときに発生する気体Bは何mLか。

問5　石灰石と亜鉛を一つの三角フラスコに入れ、これに塩酸を加えて完全に反応させた。その結
　　　果、3600mLの気体が発生した。発生した気体を水酸化ナトリウム水溶液に通したところ、
　　　2400mLの気体が水酸化ナトリウム水溶液に吸収されずに残った。このことから、反応させ
　　　る前の石灰石と亜鉛は、合計で何gか。
　　　　ただし、気体B・気体Cのうち、燃える性質をもった気体は水酸化ナトリウム水溶液にまっ
　　　たく吸収されないが、燃えない性質をもった気体は水酸化ナトリウム水溶液に完全に吸収され
　　　るものとする。

3 　大隈重信が2回目の内閣総理大臣に就任した1914年（大正3年）4月16日が晴天であったなら、大隈重信はどのような星空をながめることができたのかについて調べてみた。

　その結果、図1のように、当日午後7時頃の南西の空には火星やシリウス、西の空には土星が、それぞれ☆印の位置で輝いていたことがわかった。さらに、翌日の午前6時には、月が南の空にあったこともわかった。次の各問に答えよ。

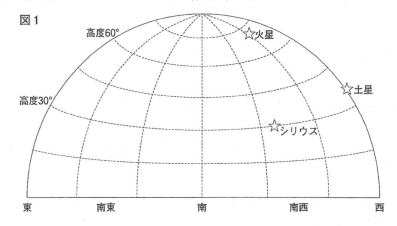

図1

問1　次の図2は、1914年に地球および火星が太陽を中心として動いたみちすじと方向を示している。1914年4月16日には、太陽がS、地球がEの位置にあったとして、この日の火星の位置に最も近いものを、図2中の①〜⑤から一つ選び記号で答えよ。

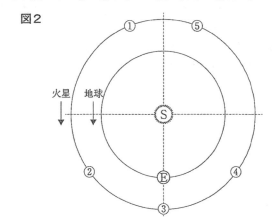

図2

問2　太陽を除けば、地球から見える恒星の中で最も明るいものはシリウスである。図1の☆印の位置で輝いていたシリウスは、6時間後にはどのように見えるか。次の①〜⑤から一つ選び記号で答えよ。ただし、この日の夜空は、雲一つ無い快晴だったとする。
①　地球が6時間で公転する距離は短いため、ほとんど同じ位置で輝いて見える。
②　地球が自転しているため、西から東に動いて見えなくなっている。
③　地球が自転しているため、西から東に動いて東の地平線近くで輝いて見える。
④　地球が自転しているため、東から西に動いて見えなくなっている。
⑤　地球が自転しているため、東から西に動いて西の地平線近くで輝いて見える。

問3　シリウスは、プロキオンとともに3つの恒星で冬の大三角とよばれる形をつくっている。
　　　残りの1つの赤く輝く恒星は何とよばれているか。恒星名およびその恒星を含む星座名を答えよ。

問4　1914年4月17日の午前6時に南の空にある月は、どのような形か。最も近い形を、次の①〜⑤から一つ選び記号で答えよ。

①　　　　　②　　　　　③　　　　　④　　　　　⑤見えない

問5　2012年6月6日に、日本国内で、ある惑星の太陽面通過（日面経過）が観測された。
　　　このように、地球から観測したときに、太陽面通過という現象が起こる可能性のある惑星は何か。次の①〜⑦から全て選び記号で答えよ。
　　①　火星　　②　水星　　③　木星　　④　金星　　⑤　土星　　⑥　天王星　　⑦　海王星

問6　太陽系の惑星を肉眼で観察したとき、赤っぽく見えるのは何か。次の①〜⑦から一つ選び記号で答えよ。
　　①　火星　　②　水星　　③　木星　　④　金星　　⑤　土星　　⑥　天王星　　⑦　海王星

4 次の各問に答えよ。

問1 次の(1)～(5)について、正しいものには〇、誤っているものには×を答えよ。
(1) 水は温度によって水蒸気や氷に変わり、水が氷になると体積が増える。また、100℃近くになると沸騰し、沸騰した水の中から盛んに空気の泡が出てくる。
(2) 水が半分ほど入ったペットボトルの残りの半分を二酸化炭素で満たし、ふたをしっかり閉めてよく振ると、ペットボトルがつぶれてしまう。
(3) 乾電池、スイッチ、発光ダイオードを1つずつつないで回路をつくり、スイッチを入れると、乾電池の向きによって発光ダイオードが光ったり光らなかったりする。
(4) 振り子の運動について、糸につるしたおもりが一往復する時間は、おもりの重さによっては変わらず糸の長さによって変わる。
(5) 容器に閉じ込めた空気をおすと、体積は変わらないが押し返す力は大きくなる。また、容器に閉じ込めた水をおすと体積は小さくなるが押し返す力は大きくなる。

問2 力のつり合いを考えるため、重さを考えなくてよい棒を1本と重さ100gのおもりを多数準備した。この棒には、図1のように点Aから点Kまで10cm間隔で目印をつけた。この棒の中央の点Fを上からつるすと、棒は水平になった。次の(1)、(2)に答えよ。

図1
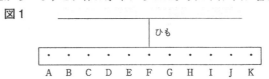
A B C D E F G H I J K

(1) 点Cにおもりを2個つり下げた。棒を水平にするには、点Hに何個のおもりをつり下げればよいか。
(2) 図2のように、点Cと点Gにそれぞれ同じ長さのひもをつけ、上からつるした。次に、点Aにおもりを3個つり下げ、点Kにおもりを2個つり下げた。棒を水平にするために、点C～点Gのどれか一つの点におもりを1個つり下げたい。どの点につり下げればよいか。C～Gの記号で答えよ。

図2
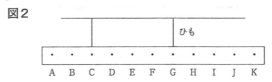
A B C D E F G H I J K

問3 25℃の水200gが入ったビーカーAと、25℃の水200gと鉄球500gが入ったビーカーBがある。AとBの二つのビーカーに同じ量の熱を加えると、ビーカーAは30℃になり、鉄球が入ったビーカーBは29℃になった。このことから、鉄の温まりやすさは水の温まりやすさの何倍か。
　なお、加えた熱は水と鉄球の温度上昇にのみ使われたものとする。

ビーカーA　　　　　ビーカーB
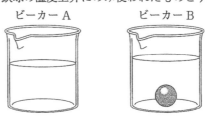

平成25年度（2013年度）

中学校入学試験問題

社　会

（40分）

注　意

「始め」の合図があるまでは問題を開いてはいけません。

1　「始め」という合図で始め、「やめ」という合図ですぐにやめてください。

2　問題は1ページから10ページまでです。

3　解答用紙は、問題冊子にはさまれています。

4　解答を始める前に、まず、解答用紙に受験番号と氏名を記入しなさい。
　　受験番号は5桁です。算用数字で横書きにしなさい。

5　答えは、すべて解答用紙に記入しなさい。

6　質問や用があるときは、声を出さずに静かに手をあげなさい。
　　問題の内容についての質問は受け付けません。

1 次の文章を読み、あとの各問に答えよ。

　私たちが暮らす社会を地理的に区分すると、さまざまな「境界」を考えることができる。例えば、①国と国の境界は、互いの領土や②領海などが接する場所である。

　日本国内で考えると、③都道府県の境界には山地や川・湖など、さまざまな地形が利用されている。また、海と陸の境界である④海岸や、海と川の境界にみられる⑤河口には、それぞれ特色ある地形が形成されている。日本の気候についても、⑥気温や降水量にみられる境界を考えることで、各地域の特色がみえてくる。さらに、⑦農業や⑧工業についても都道府県別に調べてみると、さまざまな境界を見い出すことができる。また、大都市と地方の境界では、⑨人の移動が活発に行われており、その動きを読み取ることによって、今の日本が抱える問題を捉えることができる。

問1　下線部①について、1953年の朝鮮戦争の休戦協定において、朝鮮半島を南北に分ける境界（軍事境界線）が設定された。この境界付近を通っている緯線の緯度を答えよ。

問2　下線部②について、日本が設定している領海の範囲は沿岸から何海里までか、数字で答えよ。

問3　下線部③について、右の地図1中のX～Zは県境の一部を示しており、それぞれ自然の地形が利用されている。Xは山地名、Yは山脈名を、Zは河川名をそれぞれ答えよ。

問4　下線部④について、日本の「リアス式海岸」について述べた文として誤っているものを、次のア～エの中から一つ選び、記号で答えよ。また、地図1の中で、この地形がみられる湾の名称を答えよ。

　ア　陸地の沈下または海面の上昇によりつくられた海岸である。
　イ　海水の侵食によって岩石が多い海岸になっている。
　ウ　入り組んだ湾の奥には大都市が多く、人口が集中している。
　エ　三陸海岸や志摩半島はこの海岸地形である。

問5　下線部⑤について、川が運んだ土砂が河口に堆積されてできた低く平らな地形を何というか。地形の名称を答えよ。また、その地形上に発達した都市を、次のア～エの中から一つ選び、記号で答えよ。

　ア　神戸市　　イ　横浜市　　ウ　函館市　　エ　広島市

地図1

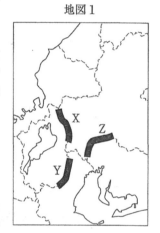

問6 下線部⑥について、次の a〜d の地図は「1月降水量200 mm 以上」、「8月降水量200 mm 以上」、「1月平均気温0℃以下」、「8月平均気温24℃以上」の範囲を 　　　 で示したものである。b・c の組み合わせとして正しいものを、次のア〜エの中から一つ選び、記号で答えよ。

	ア	イ	ウ	エ
b	1月降水量200 mm 以上	1月降水量200 mm 以上	1月平均気温0℃以下	1月平均気温0℃以下
c	8月降水量200 mm 以上	8月平均気温24℃以上	8月降水量200 mm 以上	8月平均気温24℃以上

問7　下線部⑦について、次の地図2は、各都道府県の農業産出額（2009年）を、米・野菜・果実・畜産で比べたとき、その割合が最も高いものごとに区分したものである。また、地図中①〜③は、各区分の中での農業産出額上位3都道府県（以下「県」と略す）を示している。地図2を見て、次の(1)〜(5)の問に答えよ。

地図2

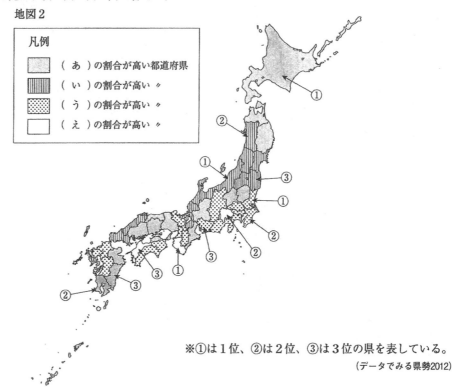

凡例
　▨　（　あ　）の割合が高い都道府県
　▥　（　い　）の割合が高い　〃
　⬚　（　う　）の割合が高い　〃
　□　（　え　）の割合が高い　〃

※①は1位、②は2位、③は3位の県を表している。

(データでみる県勢2012)

(1)　地図中の凡例（　あ　）〜（　え　）には米・野菜・果実・畜産のいずれかが入る。（　あ　）・（　う　）の組み合わせとして正しいものを、次のア〜カの中から一つ選び、記号で答えよ。

	ア	イ	ウ	エ	オ	カ
（　あ　）	米	米	果実	果実	畜産	畜産
（　う　）	果実	畜産	野菜	畜産	果実	野菜

(2)　米の割合が高い県の中で、次の文が説明する都道府県名を答えよ。

> 雄物川の流域である横手盆地とその下流域に広がる平野に水田単作地帯が広がっている。

(3)　野菜の割合が高い上位3県について述べた文として正しいものを、次のア〜エの中から一つ選び、記号で答えよ。
　ア　いずれの県も大都市周辺の近郊農業が中心である。
　イ　1位の県は高冷地を利用した抑制栽培が中心の県である。
　ウ　2位の県は家畜の飼料作物の栽培が中心の県である。
　エ　3位の県は温暖な気候を利用した促成栽培が中心の県である。

(4)　果実の割合が高い県のうち、農業産出額1位の県が主産地で、その県が国内生産量（2009年）のおよそ6割を占めている果実の名称を答えよ。

(5) 畜産の割合が高い県について述べた文として正しいものを、次のア〜エの中から一つ選び、記号で答えよ。

　ア　ブロイラーの飼育・生産は冷涼な東北日本の県にかたよっている。

　イ　乳用牛の飼育と生乳の生産は温暖な西南日本の県にかたよっている。

　ウ　地図の上位3県には豚の飼養頭数1位の県（2009年）が含まれている。

　エ　地図の上位3県には鶏卵の生産量1位の県（2009年）が含まれている。

問8　下線部⑧について、次の表は中京・京浜工業地帯とその境界にある東海工業地域を比較するために、各工業地帯（域）の3県の工業出荷額を品目別に示したもの（2009年）である。表を見て次の(1)、(2)の問に答えよ。

（億円）

県名	化学工業	パルプ・紙・紙加工品	窯業・土石製品	石油製品・石炭製品	X
A	14561	8246	1840	257	5435
B	10809	3943	6901	6597	7643
C	16993	2337	3866	12188	9175

（データでみる県勢2012）

(1) 表中A〜Cにあてはまる県の組み合わせとして正しいものを、次のア〜カの中から一つ選び、記号で答えよ。

	ア	イ	ウ	エ	オ	カ
A	愛知	愛知	静岡	静岡	神奈川	神奈川
B	静岡	神奈川	愛知	神奈川	愛知	静岡
C	神奈川	静岡	神奈川	愛知	静岡	愛知

(2) 表中Xにあてはまる品目として正しいものを、次のア〜エの中から一つ選び、記号で答えよ。

　ア　鉄鋼業　　イ　印刷・印刷関連業　　ウ　情報通信機械器具　　エ　輸送用機械器具

問9　下線部⑨について、近年格安の運賃を売りにした航空会社が国内外の路線を拡大し、人の移動をより活発にしている。このような航空会社を何というか。アルファベット3字で答えよ。

— 4 —

2 次の文章を読み、あとの各問に答えよ。

　第二次世界大戦後の日本では、アメリカの占領下で①日本国憲法が作られるなど、新しい国づくりが進められた。新しい憲法では、②三権分立に基づいた国の仕組みが作られ、国民の権利が保障された。③日本がアメリカの支配を離れて独立したのは④1951年のことである。この頃には戦後の復興が進み、経済は戦前の水準まで回復した。1960年代にも高い経済成長は続き、日本は急速に工業化を果たし、（　⑤　）から石油へ主となるエネルギーが転換した。生産面では鉄鋼業の技術革新や石油化学工業による新素材の開発が進み、消費面では⑥「三種の神器」と呼ばれた電化製品の普及が進んだことが、経済成長の原動力となった。

　しかし、急速な工業化や都市化は⑦公害問題を発生させるなど、社会のひずみもひきおこした。1970年代になると⑧二度の石油危機が経済を直撃し、日本は低成長期に入っていく。この頃に⑨地方では過疎化が、都市では過密化が進んだ。また、核家族化が進行するなど、⑩日本人の生活スタイルも大きく変化した。

　1980年代には日本の貿易黒字が拡大したが、後半のバブル経済による景気拡大の反動から、⑪1990年代には景気が大きく後退した。そのため、税収の不足を補うために国債の発行額が増加し、⑫国家の財政は苦しくなった。2000年代になると長引く不況からの脱却を期待しての政権交代がおき、新たな政治の動きとして⑬地方分権の声が高まりつつある。

問1　下線部①について述べた文として正しいものを、次のア～エの中から一つ選び、記号で答えよ。
　ア　GHQの原案はあったが、大日本帝国憲法を修正して作成した。
　イ　国民には1946年11月3日に公布された。
　ウ　国民主権、基本的人権尊重、最高法規性が三大原則とされる。
　エ　時代に合わせて改正することのできる、軟性憲法である。

問2　下線部②について、次の(1)～(3)の問に答えよ。
　(1)　国会について述べた文として正しいものを、次のア～エの中から一つ選び、記号で答えよ。
　　ア　国会は内閣とともに、国権の最高機関である。
　　イ　唯一の立法機関であり、法律・政令・条例を全て定める。
　　ウ　憲法改正については、衆議院の優越が認められている。
　　エ　裁判官の弾劾裁判をおこなうことができる。
　(2)　内閣は内閣総理大臣と内閣総理大臣が指名した何によって構成されるか、答えよ。
　(3)　司法権の独立について、次の日本国憲法第76条の条文中の空欄に入る語句を答えよ。

　　　　すべて裁判官は、その　☐　に従ひ独立してその職権を行ひ、この憲法及び法律にのみ拘束される。

問3　下線部③について、こののちもアメリカの占領下におかれていた地域と、その地域が日本に復帰した西暦年の組み合わせとして正しいものを、次のア～エの中から一つ選び、記号で答えよ。
　ア　小笠原―1956年　　イ　小笠原―1972年　　ウ　沖縄―1956年　　エ　沖縄―1972年

3

(1)	%	(2)	%	(3)	g

4

(1)	cm²	(2)	cm	(3)	cm

5

(1)	cm³	(2)	cm³

(3)	

3

問1 [　　]　問2 [　　]

問3
恒星名	星座名
	座

問4 [　　]　問5 [　　　　]　問6 [　　]

4

問1 (1) [　　] (2) [　　] (3) [　　] (4) [　　] (5) [　　]

問2 (1) [　　] 個 (2) [　　]

問3 [　　] 倍

2	問1						
	問2	(1)		(2)		(3)	
	問3		問4			問5	
	問6		問7			問8	
	問9		問10			問11	
	問12	%	問13				

3	問1		問2		問3	
	問4	天皇	問5		問6	
	問7		問8		問9	
	問10		問11		問12	寺
	問13		問14		問15	⇒　　⇒　　⇒
	問16		問17		問18	

※50点満点
（配点非公表）

中学校　　社会　　（40分）

1	問1		度	問2		海里
	問3	X　　　　　　山地	Y　　　　　　山脈	Z　　　　　　川		
	問4	記号　　　　　　　　　　　　　湾	問5	記号		
	問6					
	問7	(1)	(2)	(3)		
		(4)	(5)			
	問8	(1)	(2)	問9		

【解答

中学校　　理科　　（40分）

※50点満点
（配点非公表）

1

問1　(1)　　　(2)　　　　　　　問2　　　　　　　　　mL

問3　　　　　問4　(1)　　　　(2)

問5　　　　　　%

2

問1　A　　　　B　　　C

問2　　　　問3　　　　　mL

問4　塩酸　　　　気体B　　　　　問5

※100点満点
（配点非公表）

中学校　　算数　　（60分）

1

(1)		(2)		通り	(3)		円
(4)	秒速　　　　　　　m	(5)		度	(6)		cm³

2

(1)	・　　・　　・　　番

問4　下線部④について、この年にサンフランシスコ平和条約と日米安全保障条約を結んだ日本の
　　　首相は誰か。

問5　（　⑤　）に入る適語を答えよ。

問6　下線部⑥について、下のグラフは、「三種の神器」や「３Ｃ」と呼ばれた耐久消費財の普及
　　　率を表わしたものである。Ｘ・Ｙの組み合わせとして正しいものを、次のア〜エの中から一つ
　　　選び、記号で答えよ。

　　　ア　Ｘ―白黒テレビ　Ｙ―カラーテレビ
　　　イ　Ｘ―電気洗濯機　Ｙ―カラーテレビ
　　　ウ　Ｘ―電気洗濯機　Ｙ―自動車
　　　エ　Ｘ―白黒テレビ　Ｙ―自動車

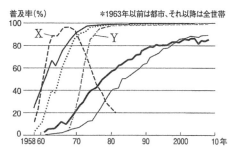

問7　下線部⑦について、四大公害病のうち、被害者救済特別措置法による救済申請が平成24年７
　　　月末で期限となった、有機水銀による公害病を答えよ。

問8　下線部⑧について、1973年の石油危機の原因となった国際紛争は何か、答えよ。

問9　下線部⑨について、地方自治ではリコール（解職請求）が認められている。議員の解職が認
　　　められるためには、有権者全体のどのくらいの署名を集めて、どこに提出すればよいか。その
　　　組み合わせとして正しいものを、次のア〜エの中から一つ選び、記号で答えよ。

　　　ア　1/3以上の署名―首長　　　イ　1/3以上の署名―選挙管理委員会
　　　ウ　1/50以上の署名―首長　　　エ　1/50以上の署名―選挙管理委員会

問10　下線部⑩について、このような時代の変化に応じて新しい人権が認められるようになったが、
　　　これにあてはまらないものを、次のア〜エの中から一つ選び、記号で答えよ。

　　　ア　知る権利　　イ　プライバシーの権利　　ウ　生存権　　エ　環境権

問11　下線部⑪について、1990年代以降のできごととして誤っているものを、次のア〜エの中から
　　　一つ選び、記号で答えよ。

　　　ア　ソ連でチェルノブイリ原発事故がおこった。
　　　イ　アメリカで同時多発テロがおこった。
　　　ウ　香港がイギリスから中国へ返還された。
　　　エ　湾岸戦争がおこり、多国籍軍がイラクを攻撃した。

問12　下線部⑫について、国家の歳入の中心は税金による収入である。日本に消費税が導入された
　　　1989年当時の税率は何％だったか、答えよ。

問13　下線部⑬について、2012年４月に熊本市が九州で３番目の政令指定都市となった。次の都市
　　　のうち、政令指定都市でないものを、次のア〜エの中から一つ選び、記号で答えよ。

　　　ア　千葉市　　イ　浜松市　　ウ　岡山市　　エ　松山市

3 次の文章を読み、あとの各問に答えよ。

1　710年、①大和国に平城京が作られ、奈良時代が始まった。②聖武天皇の時、一時的に平城京を離れ、恭仁京などに都がおかれたこともあった。その後、平城京では、寺院の勢力が強まり、政治と結びついたことなどから、新たな都の造営が計画された。

　　問1　下線部①について、大和国は大宝律令による行政区分で「畿内」とされた。次の国のうち「畿内」にあてはまらないものを、ア～エの中から一つ選び、記号で答えよ。
　　　　ア　摂津国　　イ　石見国　　ウ　河内国　　エ　山背（城）国
　　問2　下線部②について、聖武天皇の時代のできごとについて述べた文として誤っているものを、次のア～エの中から一つ選び、記号で答えよ。
　　　　ア　仏教の力で国家の安定をはかろうと全国に国分寺・国分尼寺をつくらせた。
　　　　イ　各地で反乱がおきたり、ききんや伝染病が流行したりと人々の間に社会的な不安が広がった。
　　　　ウ　藤原不比等の娘である光明子が皇族以外で初めて聖武天皇の皇后となった。
　　　　エ　聖武天皇の時代には隋の文化の影響を強くうけた天平文化が栄えた。

2　③平安京の造営は、長岡京の放棄を決意した（　④　）天皇により793年に開始され、翌年に遷都した。平安京は左京と右京に分けられ、条坊制にもとづく大小の道路による町割りがなされたが、低湿地の多かった右京は人が去ってさびれ、左京の方に人口が集中した。

　　問3　下線部③について、次の平安京の概略図について述べた文として誤っているものを、次のア～エの中から一つ選び、記号で答えよ。

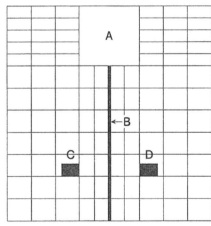

　　　　ア　図中のAは、平安宮（大内裏）で、内裏や天皇の邸宅などが置かれていた。
　　　　イ　図中のBの朱雀大路を中軸に、西の左京と東の右京に分けられた。
　　　　ウ　図中のC・Dは東西に設けられた市である。
　　　　エ　平安京内には、東寺・西寺が置かれた。

　　問4　（　④　）に入る適語を答えよ。

3 院政期には、右京はさらに衰退する一方、左京は鴨川を越えて、六勝寺や（　⑤　）殿などの離宮が相次いで建てられ、市街化していったが、しだいに平安京は解体の途をたどった。⑥保元・平治の乱では京都の地で市街戦が繰り広げられた。

問5　（　⑤　）には1086年に院政を始めた上皇の名前が入る。その名前を答えよ。
問6　下線部⑥について、この二つの戦い後、武士として初めて政権をとった平清盛について述べた文として正しいものを、次のア～エの中から一つ選び、記号で答えよ。
　　ア　1167年に左大臣となり、その一族も高位高官についた。
　　イ　娘の徳子を安徳天皇のきさきにし、その子の高倉天皇を即位させた。
　　ウ　武士の政権として東国を中心に武士団を形成した。
　　エ　一門の繁栄を祈願して法華経などを厳島神社に奉納した。

4 源平の争いから続く内乱は、民衆の宗教的関心を高め、京都は民衆のための宗教都市となっていった。平安京以来の国家・貴族の寺院に加え、⑦新しい鎌倉仏教の中心的な寺院が開かれた。また、鎌倉時代には、承久の乱後（　⑧　）が設置され、朝廷の監視をおこなった。

問7　下線部⑦について、鎌倉仏教とそれを始めた人物の組み合わせとして正しいものを、次のア～エの中から一つ選び、記号で答えよ。
　　ア　浄土宗―親鸞　　イ　浄土真宗―法然　　ウ　臨済宗―栄西　　エ　曹洞宗―日蓮
問8　（　⑧　）に入る適語を答えよ。

5 後醍醐天皇による建武の新政と足利氏が京都に幕府を開いたことにより、地方の大名が多数、京都に集住するようになった。1467年に始まる（　⑨　）は京都の町の大半を焼いたが、都市の発展はむしろこれ以後に町衆を中心に本格化した。また、⑩地方大名のなかには積極的に京都の自然的・文化的景観を、自分の城下町に移した者も少なくなかった。

問9　（　⑨　）に入る適語を答えよ。
問10　下線部⑩について、多くの文化人が集まり、儒学や和歌などの古典の講義が行われた周防の戦国大名である大内氏の城下町を答えよ。

6　1568年、足利義昭を立てて織田信長が入京したことによって、京都は、政治・経済の中心的な舞台となった。⑪織田信長や豊臣秀吉は、天下統一の拠点としての京都支配に力を注ぐことになる。1582年、明智光秀の反乱によって、信長が京都の（　⑫　）寺で死去したのち、政権は、信長のあとを継いだ秀吉に移った。

問11　下線部⑪について、次の各文は、織田信長と豊臣秀吉について述べたものである。ア〜オの中から織田信長に関係が深いものを<u>すべて</u>選び、記号で答えよ。
　ア　仏教勢力を弾圧するため、比叡山延暦寺焼き打ちを行った。
　イ　キリスト教の布教を厳禁し、バテレン追放令を出した。
　ウ　賤ヶ岳の戦いにおいて、柴田勝家を破った。
　エ　長篠の戦いにおいて、鉄砲隊の威力で武田勝頼を破った。
　オ　「天下布武」の印判を使用して天下を武力によって統一する意思をあらわした。
問12　（　⑫　）に入る適語を答えよ。

7　江戸幕府の成立にともない、政治的中心が京都から江戸へ移った。京都では、京都と伏見を結び、さらに淀川を経て大坂(阪)と一体化するという新しい都市形成が行われた。いわゆる（　⑬　）の成立である。また、⑭<u>江戸時代前期の元禄時代には主に（　⑬　）を中心に豪商や武士を担い手とした人間的で華麗な町人文化が発展した。</u>

問13　（　⑬　）には、江戸に対する京都・大坂地方の呼び方が入る。その呼び方を答えよ。
問14　下線部⑭について、次のA〜Dは、この文化に関連する作品である。これらの作品の説明として<u>誤っている</u>ものを、次のア〜エの中から一つ選び、記号で答えよ。

A　　　　B　　　　　　　　C　　　　　　　　　　　D

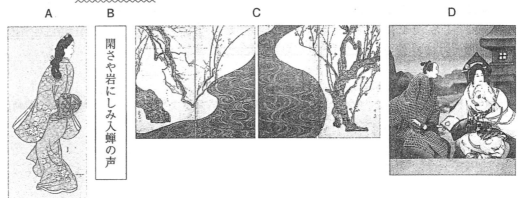

　ア　Aは、浮世絵を始めた喜多川歌麿の作品で、『見返り美人図』である。
　イ　Bは、松尾芭蕉の『奥の細道』におさめられている作品の一つである。
　ウ　Cは、装飾性に富んだ絵画を残した尾形光琳による『紅白梅図屏風』である。
　エ　Dは、人形浄瑠璃の一幕で、この時代の作者として近松門左衛門が活躍した。

8　1853年、黒船の来航は、幕末の京都にも大きな影響を与えた。開国か攘夷か、などの論争は、当時の天皇をあらゆる局面で主役とし、それゆえ京都は、幕末政治の中心舞台となった。その後、1867年の⑮大政奉還、それに続く王政復古の大号令により幕府は滅び、京都では旧幕府軍と新政府軍による（　⑯　）の戦いを皮切りに戊辰戦争が始まった。

問15　下線部⑮について、次の各文は、黒船の来航から大政奉還までの幕末の主なできごとである。ただし、一つだけこの期間とは関係のないものがある。ア〜オのできごとから四つを選び、古い順に並べ変えよ。

ア　日本にとって不平等な内容である日米修好通商条約が結ばれた。

イ　勝海舟と西郷隆盛が会談し、江戸城の無血開城が決まった。

ウ　生麦事件の報復から、イギリス艦隊が鹿児島沖に来航し、薩摩藩と交戦した。

エ　坂本龍馬らが仲介し、薩摩・長州両藩が同盟を結んだ。

オ　水戸浪士により大老井伊直弼が暗殺される桜田門外の変がおきた。

問16　（　⑯　）に入る適語を答えよ。

9　明治時代になると新政府は東京への遷都を実行し、京都は、約1000年間続いた都の役目を終えた。古都となった京都は、近代化に向けて積極的な政策を行った。特に教育では、数多くの大学が設けられ、京都は学都としての性格を強め、⑰戦後も多くの研究者を輩出した。また、観光にも力を入れ、世界的な観光都市となり、国内外から多くの観光客が訪れるようになった。

問17　下線部⑰について、1949年に日本人最初のノーベル賞（物理学賞）を受賞した人物を答えよ。

問18　近年の京都の動きについて述べた文として誤っているものを、次のア〜エの中から一つ選び、記号を答えよ。

ア　1997年に地球温暖化防止京都会議が開かれ、発展途上国における温室効果ガスの削減目標を定めた京都議定書が採択された。

イ　京都の伝統産業である高級絹織物の西陣織や丹後ちりめんなどでも後継者の育成が問題となっている。

ウ　歴史的な町並みを保全するため、京都市では、建築物の高さやデザインを規制する景観条例が制定された。

エ　1994年、ユネスコの世界遺産委員会は、古都京都の文化財を世界文化遺産に登録した。

平成24年度（2012年度）

中学校入学試験問題

算　数

（60分）

注　意

早稲田佐賀中学校

1

次の □ にあてはまる数を求めよ。

(1)　$635 + \boxed{} \times 17 = 2012$

(2)　1時間13分 ÷ 4 ＝ $\boxed{\ ア\ }$ 分 $\boxed{\ イ\ }$ 秒

(3)　約数が3つしかない整数のうち、小さい方から数えて3番目の整数は $\boxed{}$ である。

(4)　高さが $\boxed{}$ cm でどこでも一定であるへいの向こう側に、身長差が 42 cm ある大人と子どもが立ったところ、大人は身長の $\frac{1}{2}$ が、子どもは身長の $\frac{1}{3}$ がへいの上に出た。

(5) 右の図で、四角形 ABCD が平行四辺形であるとき、■部分の面積の合計は □ cm² である。

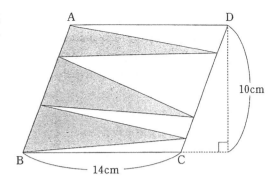

(6) 右の図の四角形 ABCD は、辺 AD と辺 BC が平行で、面積が 27 cm² である。AC と BD の交点を O とし、AD : BC = 1 : 2 であるとき、三角形 COD の面積は □ cm² である。

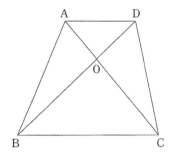

2　　　A君、B君、C君、D君、E君、F君の6人がおはじきを分けた。分けたあとの個数は多い方からA君、B君、C君、D君、E君、F君の順になり、同じ個数の人はいなかった。

　　A君とB君とC君のおはじきの合計は76個で、D君とE君とF君のおはじきの合計は55個であった。また、D君はE君より4個多く、E君はF君より6個多かった。

　　次の問に答えよ。

(1)　D君のおはじきの個数を求めよ。

(2)　C君のおはじきの個数を求めよ。

(3)　A君のおはじきの個数を求めよ。

3   早太君と稲子さんは一つの同じ家から駅に向かった。早太君は、駅まで一定の速さで歩いた。稲子さんは、早太君より12分遅れて自転車で家を出発した。その後、稲子さんは、自転車で9分間走って自転車をおり、そこからは分速70 mで歩いて駅に行った。早太君が駅に着いたのは、稲子さんが駅に着いた8分後であった。

下のグラフは、早太君が家を出てから駅に着くまでの時間と、2人の間の距離を表したものである。

次の問に答えよ。

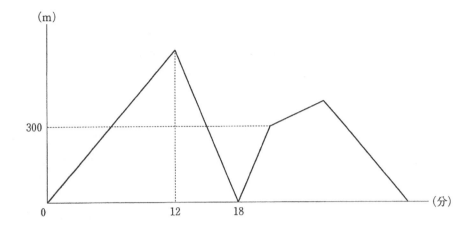

(1) 早太君の歩く速さは分速何 m か。

(2) 稲子さんの自転車をこぐ速さは分速何 m か。

(3) 家から駅までの距離は何 m か。

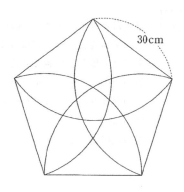

4 右の図は、1辺が30cmの正五角形と、そのすべての頂点を中心として半径30cmの円の一部を書いたものである。この図形について、次の問に答えよ。

(1) 右の図1で、▨▨▨部分の面積は何cm²か。

図1

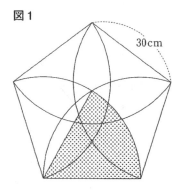

(2) 右の図2で、角アの大きさは何度か。

図2

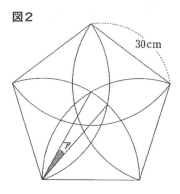

(3) 右の図3で、▨▨▨部分の周りの長さ（太線の長さ）は何cmか。

図3

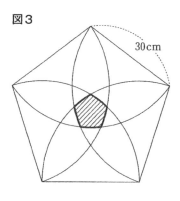

5 　1辺の長さがすべて2cmの赤い立方体が14個と白い立方体が13個ある。これらをすべて使って、**図1**のような1辺の長さが6cmの、どの面も同じ模様の立方体を作った。

　次に、**図1**の立方体を、3点P、Q、Rを通る平面で切断して2つの立体に分割し、小さい方の立体をAとする。

　次の問に答えよ。

図1

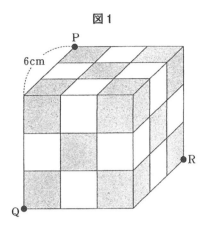

6cm

(1) 立体Aの体積は何cm³か。

(2) **図1**の立方体の切断面は、**図2**のような正三角形PQRとなる。また、点S、T、U、V、W、Xは正三角形PQRのそれぞれの辺を3等分する点である。この切断面の中で、白い部分を**図2**の**ア〜ケ**からすべて選び、記号で答えよ。

図2

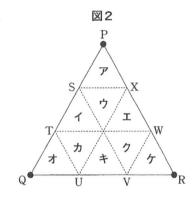

(3) 立体Aの、赤い立体の部分と白い立体の部分の体積の比を求めよ。

教英出版

平成24年度（2012年度）

中学校入学試験問題

理　科

（40分）

注　意

「始め」の合図があるまでは問題を開いてはいけません。

1　「始め」という合図で始め、「やめ」という合図で、すぐに鉛筆をおきなさい。

2　問題は1ページから7ページまでです。

3　解答用紙は、問題冊子にはさまれています。

4　解答を始める前に、まず、解答用紙に受験番号と氏名を記入しなさい。
　　受験番号は5桁です。算用数字で横書きにしなさい。

5　答えは、すべて解答用紙に記入しなさい。

6　質問や用があるときは、声を出さずに静かに手をあげなさい。
　　問題の内容についての質問は受け付けません。

7　定規、コンパス、計算機（時計についているものも含む）類の使用は認めません。

[1] 　図1は、ある地域を上空から見たものである。この地域には、山をけずってつくった道幅が 10 m の水平な道路と、高さが 5 m のがけ A〜C があった。図2は、がけ A を観察したときの最上部から最下部までのスケッチである。調査の結果、この地域の地層は、東に 45 度傾いている（下がっている）ことや、ずれがないことがわかった。

　　次の各問に答えよ。

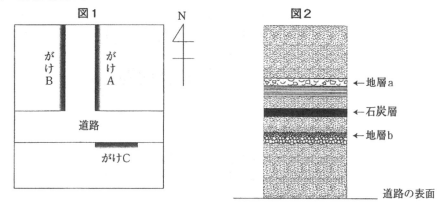

図1　　　　　　　　　　N

がけ B　がけ A　道路　がけC

図2

←地層a
←石炭層
←地層b

道路の表面

問1　図1のように、がけ A の面の延長線上にがけ C の端が露出していた。このがけ C を道路側から南向きに観察すると、どのように見えるか。次の①〜⑤から適当なものを一つ選び、記号で答えよ。

①　　　　　　②　　　　　　③　　　　　　④　　　　　　⑤

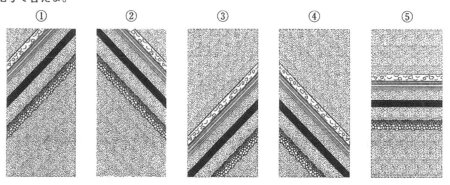

問2　がけ B で石炭層を調査したらどうなるか。次の①〜⑤から適当なものを一つ選び、記号で答えよ。
　①　道路からの高さ 50 cm ほどの、がけ A より低い所にあった。
　②　がけ A と同じ高さの所にあった。
　③　がけ B の一番高い所にあった。
　④　見つからなかった。がけ B の地下にはある。
　⑤　見つからなかった。がけ B の地下にもない。

問3　がけ A の地層 a には、小さい砂粒みたいなものや角ばった石、穴がたくさんあいた軽い石が含まれていた。この地層の名称を答えよ。

問4　がけ A の地層 b をつくっているレキや砂は、下方から上方へ向って小さくなっている。
　　　地層 b が海底で堆積したとすると、堆積したときの自然環境の変化についてどのようなこ
　　　とが言えるか。次の①〜⑤から適当なものを一つ選び、記号で答えよ。
　　　①　海水面が上昇し、堆積場所の深さが深くなっていった。
　　　②　地球全体が氷河期になり、堆積場所の深さが浅くなっていった。
　　　③　大洪水が発生し、海底に堆積している粒の細かいものがけずり取られていった。
　　　④　大地震が発生し、堆積していた地層が粉々になった。
　　　⑤　堆積していた地層が、火山のマグマによって溶かされたあと、再び冷え固まった。

問5　がけ A の石炭層の石炭に最も多く含まれているものは、もともと何であったか。次の①
　　　〜⑤から適当なものを一つ選び、記号で答えよ。
　　　①　植物　　②　貝　　③　魚　　④　キョウリュウ　　⑤　砂や小石

問6　次の①〜⑤のうち、化石であるものをすべて選び、記号で答えよ。
　　　①　6000万年前に川の水が地層を削った跡　　②　キョウリュウの足跡
　　　③　折れ曲がった地層　　　　　　　　　　　　④　コハクの中の虫
　　　⑤　氷の中に閉じ込められたマンモス

問7　唐津市には、ゲンブ岩とよばれる黒っぽい岩石が広く分布するとともに、白っぽい砂でで
　　　きた砂浜が広がっている。この砂浜の砂のもとになった岩石は何と考えられるか。次の①〜
　　　⑤から適当なものを一つ選び、記号で答えよ。
　　　①　ゲンブ岩　　②　カコウ岩　　③　石炭　　④　でい岩　　⑤　石灰岩

2 ロウソクについて、次の6つの実験（実験Ⅰ～Ⅵ）を行った。次の各問に答えよ。

実験Ⅰ 実験Ⅱ 実験Ⅲ 実験Ⅳ 実験Ⅴ

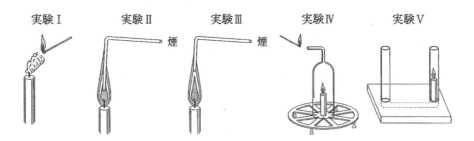

実験Ⅰ：ロウソクの炎を上手に吹き消すと煙が残る。この煙に小ロウソクの炎を近づける。
実験Ⅱ：曲がったガラス管の端を炎の真ん中に差し込み、もう一方の端から出てくる煙に小ロウソクの炎を近づける。
実験Ⅲ：曲がったガラス管の端を炎の一番明るい部分に差し込み、もう一方の端から出てくる煙に小ロウソクの炎を近づける。
実験Ⅳ：穴があいている台の上でロウソクを燃やし、ロウソクに煙突のようなものをかぶせる。煙突の上の方から出てくる気体に、小ロウソクの炎を近づける。
実験Ⅴ：板に溝がほってあり、溝の上は小さなおおいで閉じられている。溝は両端でガラス管につながり、空気が全体を自由に通り抜けできる通路になっている。ここで火のついたロウソクを右側のガラス管に入れる。
実験Ⅵ：日なたで火のついたロウソクを持って、影を白い紙にうつす。影のようすから炎のまわりを炎ではない何かが流れているのが分かる。

問1 ロウソクの炎には、各部に名称がつけられている。実験Ⅲの下線部は、炎の何と呼ばれる部分か。名称を答えよ。

問2 実験Ⅰ～Ⅳのうち、煙や気体が燃えるものはどれか。すべて選び、実験の番号で答えよ。

問3 実験Ⅱおよび実験Ⅲの煙の色として適当な組合せは次の①～④のどれか。一つ選び、記号で答えよ。
　　ただし、①～④は実験Ⅱ—実験Ⅲの順序で示している。
　　① 白色—白色　　② 白色—黒色　　③ 黒色—白色　　④ 黒色—黒色

問4 実験Ⅲで炎の一番明るい部分とあるが、なぜこの部分が一番明るいのか。その理由として適当なものを次の①～⑤から一つ選び、記号で答えよ。
　　① ロウソクが完全燃焼しており、温度が最も高いため。
　　② ロウソクが不完全燃焼して一酸化炭素になるときに強い光を出すため。
　　③ ロウソクの不完全燃焼で生じた一酸化炭素が熱せられて高温になり光るため。
　　④ ロウソクが不完全燃焼して炭素が生じるときに強い光を出すため。
　　⑤ ロウソクの不完全燃焼で生じた炭素が熱せられて高温になり光るため。

問5　右図のように右側のガラス管の下の方はふさぎ、ガラス管どうしを上の方でつなぐ。ここで火のついたロウソクを右側のガラス管に入れた。(ただし、左側のガラス管の下の方は穴があいている。)この場合にロウソクの炎はどうなるか。適当なものを次の①〜④から一つ選び、記号で答えよ。

① 実験Ⅴと同じように燃え続ける。

② 実験Ⅴと異なり、しばらくすると消える。

③ 実験Ⅴと異なり、燃え続ける。

④ 実験Ⅴと同じようにしばらくすると消える。

問6　実験Ⅵで白い紙にうつった炎のまわりのようすとして適当なものを次の①〜⑤から一つ選び、記号で答えよ。

①　　　　②　　　　③　　　　④　　　　⑤

問7　ロウソクA 100 gを完全燃焼させると、二酸化炭素289 gと水118 gが発生した。また、ロウソクB 100 gを完全燃焼させると、二酸化炭素275 gと水118 gが発生した。次の(1)、(2)に答えよ。

(1)　ロウソクA 100 gから発生した二酸化炭素と水の質量を足すと407 gとなり、ロウソクAの質量より大きくなる。これは、燃焼に関わっている物質Xのためである。物質Xの名称を答えよ。また、ロウソクA 100 gの燃焼に関わった物質Xの質量は何gか。

(2)　ロウソクA、Bは、ともに炭素と水素および物質Xをつくっている成分(成分Xとする)からなる。ロウソクA、Bが完全燃焼すると、炭素は二酸化炭素になり水素は水になる。また、ロウソク中の成分Xは、二酸化炭素と水になる。

ロウソク(炭素＋水素＋成分X) ＋ 物質X　→　二酸化炭素 ＋ 水

　ロウソクA 100 gの完全燃焼から発生した二酸化炭素と水に含まれる成分Xは合計315 gであり、ロウソクB 100 gの完全燃焼から発生した二酸化炭素と水に含まれる成分Xは合計305 gである。ロウソクA、Bそれぞれ100 g中に含まれる炭素は、ロウソクA、Bのどちらが何g多いか。

3　太郎君は、自宅の庭にたくさんいるエンマコオロギについて、2日間かけて調べました。

【一日目】　昼間、たくさんのエンマコオロギを捕まえ、虫かごに入れて観察しました。
　　　　　　観察後に、すべての背中に印をつけ、庭に放しました。
【二日目】　昼間、再びたくさんのエンマコオロギを捕まえました。そして、捕まえたもののうち、
　　　　　　一日目につけた印が何匹についているかを数えました。

問1　太郎君がエンマコオロギを最も多く捕まえた場所は①〜④のうちどれと思われるか。次の①
　　〜④から一つ選び、記号で答えよ。
　　①　日当たりのよいコンクリートの上
　　②　日当たりがよく、草がまったく生えていない、踏み固められた土の上
　　③　日陰になりがちで湿っており、草も茂っている物置の裏
　　④　周りに苔が生えた池の中

問2　次の(1)〜(3)はエンマコオロギのからだのつくりについて示している。それぞれの①〜⑤から
　　適当なものを一つずつ選び、記号で答えよ。
　(1)　エンマコオロギのからだは（①頭胸部・腹部　②頭部・腹部　③頭部・胸部・腹部
　　④頭部・胸腹部　⑤頭胸腹部）からできている。
　(2)　エンマコオロギの足はすべて（①頭部　②頭胸部　③胸部　④腹部　⑤胸腹部）から生えて
　　いる。
　(3)　エンマコオロギと足の本数が同じものは、（①ゴカイ　②ジョロウグモ　③アメンボ　④ダ
　　ンゴムシ　⑤ムカデ）である。

問3　エンマコオロギが成長するときの変化と同じ変化をする虫を次の①〜⑥から二つ選び、記号
　　で答えよ。
　　①　アオスジアゲハ　　②　トノサマバッタ　　③　カブトムシ　　④　コカマキリ
　　⑤　アブラゼミ　　　　⑥　ギンヤンマ

問4　エンマコオロギの生活の中で翅はどんな役割をしているか。正しいものを次の①〜⑧から二
　　つ選び、記号で答えよ。
　　①　危険を察知したときに、翅を使って飛び、遠くへ逃げる。
　　②　体温が高くなったときに、翅を動かして体温を下げる。
　　③　敵が近付いたときに、翅を広げて体を大きく見せて、威嚇する。
　　④　オスもメスも翅をこすり合わせて音を出し、その音で敵を威嚇する。
　　⑤　オスは翅をこすり合わせて音を出し、その音で他のエンマコオロギに自分の存在を知らせ
　　　る。
　　⑥　メスはオスの翅に卵をうみつけ、オスは翅の上で卵が孵化するまで子育てをする。
　　⑦　敵が近づいたときに、翅を自分で切り落として、落ちた翅をおとりにして逃げる。
　　⑧　雨が降ったときに翅を広げ、体がぬれないように保護する。

問5　太郎君が二日目にエンマコオロギを捕まえた結果は次の表のようになった。ただし、この2日間で、エンマコオロギの庭への出入りはなく、背中に印をつけたことによる死亡率の増加もないとする。さらに、生死による数の変化もまったくなく、太郎君がエンマコオロギを捕まえる効率は同じだったとする。次の(1)、(2)に答えよ。

	一日目	二日目
オ　ス	50	60 （30）
メ　ス	60	50 （30）

※二日目の（　）内の数字は、背中に印がついていたエンマコオロギの数

(1)　これらのデータをもとに計算すると、庭にエンマコオロギのオスは何匹いると考えられるか。整数で答えよ。

(2)　庭にいるエンマコオロギのオスとメスの数の比を、最も簡単な整数で答えよ。

4 次の各問に答えよ。

問1 次の①〜⑤のうち、磁石にくっつくものを一つ選び、記号で答えよ。
　　① ぬい針　　　　　② ペットボトルの容器　　③ 100円硬貨
　　④ プラスチック消しゴム　　⑤ アルミ缶

問2 唐津市に広く分布しているゲンブ岩は、磁石にくっつくことがわかった。
　　ゲンブ岩が磁石にくっつく理由を書け。

問3 図1のように、鉄くぎに長さが15cmのエナメル線
　　を巻きつけ、乾電池1個につないで電磁石Aをつくった。
　(1) 図中の（ア）、（イ）の位置での、方位磁針の向きを矢
　　印で図示せよ。ただし、矢印の向きをN極とする。
　(2) 使ったエナメル線の長さを30cmにし、同じ鉄くぎ
　　を使って、巻き数を2倍にした電磁石Bをつくった。
　　　電磁石Bがクリップなどを引き付ける力は、電磁石Aの何倍か。次の①〜⑤の中から一つ
　　選び、記号で答えよ。
　　　① 4倍　　② 2倍　　③ 1倍　　④ 0.5倍　　⑤ 0.25倍

図1　電磁石A

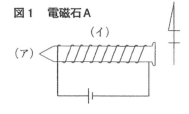

問4 長さと太さが等しいニクロム線Ⅰ〜Ⅳと乾電池を使って、図2の回路をつくった。

図2　回路

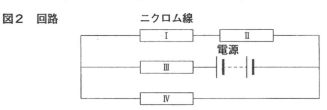

　(1) ニクロム線Ⅰ〜Ⅳのうち、電流の大きさが同じものが2つある。どれとどれか。Ⅰ〜Ⅳの記
　　号で答えよ。
　(2) ニクロム線Ⅰ〜Ⅳの太さ（断面積）のみを2倍にしたとき、回路を流れる電流の大きさは何
　　倍になるか。
　(3) 長さと太さが等しいニクロム線を1本〜6本まで順に増やしながら、直列にして9Vの電
　　源につなぎ、回路を流れる電流の変化を調べた。ニクロム線の数と電流計の読みの関係は、次
　　のグラフ1のとおりであり、グラフのたて軸は電流（A）を表し、横軸はニクロム線の本数（本）
　　を表す。
　　　ここで、このニクロム線と9Vの電源を使っ
　　て、図2の回路をつくった。ニクロム線Ⅲに流
　　れる電流は何Aか。小数第1位まで答えよ。

グラフ1

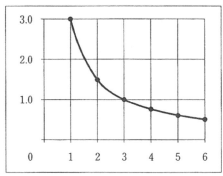

平成24年度（2012年度）

中学校入学試験問題

社　会

（40分）

注　意

「始め」の合図があるまでは問題を開いてはいけません。

1　「始め」という合図で始め、「やめ」という合図で、すぐに鉛筆をおきなさい。

2　問題は1ページから7ページまでです。

3　解答用紙は、問題冊子にはさまれています。

4　解答を始める前に、まず、解答用紙に受験番号と氏名を記入しなさい。
　　受験番号は5桁です。算用数字で横書きにしなさい。

5　答えは、すべて解答用紙に記入しなさい。

6　質問や用があるときは、声を出さずに静かに手をあげなさい。
　　問題の内容についての質問は受け付けません。

1　次の文章を読み、あとの各問に答えよ。

　交通手段にはさまざまなものがあり、日本では①北から南まで広がる国土に、効率的な輸送をめ
ざし交通網の整備がなされてきた。特に、②高度経済成長期を迎えると、③新幹線の開業や地方空
港の整備、高速道路などの建設により、交通網は急速に発達した。

　鉄道交通はまず、本州から北海道・四国・九州へ大きな橋やトンネルを利用した移動が目指され
た。また、東京を始発とする新幹線も順次開業し、2011年には④九州新幹線が延伸され、青森から
鹿児島まで新幹線で一つにつながった。こうした鉄道交通の高速化により、地方都市と大都市間の
移動時間は大幅に短縮された。

　自動車交通では、⑤高速道路網の広がりにともない、貨物輸送量が大きく伸びた。特に、これま
で大きな産業がなかった地方の⑥インターチェンジ付近には工業団地や流通センターなどがつくら
れるなど影響は大きい。また、旅客輸送の面からも⑦観光客が増えた地域があるなど、地方の活性
化に大きく寄与している。

　その一方、過疎化が進む地域では⑧鉄道や路線バスの廃止などにより、交通が以前より不便になっ
たところも少なくない。そこで地方自治体が出資して、鉄道や路線バスを維持する場合も見られる。
また、⑨三大都市圏など過密となった都市では、長距離通勤の問題や、自動車による大気汚染、航
空機の騒音などの公害もおこっており、⑩環境への配慮が求められている。

問1　下線部①について、日本はおおよそ北緯20度から北緯46度の範囲に位置している。この範囲
　　に首都が位置していない国を、次のア～エの中から一つ選び、記号で答えよ。
　　　ア　イギリス　　イ　エジプト　　ウ　インド　　エ　アメリカ合衆国
問2　下線部②について、日本ではこの時期にエネルギー革命がおこり石油への依存度が高まった。
　　石油に関連した文として正しいものを、次のア～エの中から一つ選び、記号で答えよ。
　　　ア　日本国内では炭鉱や油田の大規模な開発がすすめられた。
　　　イ　石油化学コンビナートが、岡山県の水島をはじめ各地につくられた。
　　　ウ　OPEC（石油輸出国機構）が結成され、日本も加盟した。
　　　エ　湾岸戦争のとき、オイルショック（石油危機）がおこった。
問3　下線部③について、交通網が整備され輸送手段は多様化した。次の表は2008年の日本国内に
　　おける旅客と貨物の輸送量の割合である。表中のA・B・Cの組み合わせとして正しいものを、
　　次のア～カの中から一つ選び、記号で答えよ。

	旅客輸送	貨物輸送
自動車	64.9%	62.1%
A	29.0%	4.0%
B	5.8%	0.2%
C	0.3%	33.7%

（国土交通白書2010）

　　ア　A　航空機　B　鉄道　　C　船舶　　　　イ　A　航空機　B　船舶　　C　鉄道
　　ウ　A　鉄道　　B　航空機　C　船舶　　　　エ　A　鉄道　　B　船舶　　C　航空機
　　オ　A　船舶　　B　航空機　C　鉄道　　　　カ　A　船舶　　B　鉄道　　C　航空機
問4　下線部④について、九州新幹線と山陽新幹線のみを利用して鹿児島中央駅から新大阪駅まで
　　移動する場合、新幹線が通過する都道府県の数を答えよ。ただし、鹿児島県と大阪府を除く。

問5　下線部⑤について、高速道路網の広がりにともない、地方でも大消費地を意識したブランド商品の開発が進んでいる。次の表は畜産物の都道府県別生産量の割合を上位順に並べたものであるが、このうち肉用牛を示したものを、次のア～エの中から一つ選び、記号で答えよ。

	ア	イ	ウ	エ
第1位	北海道	北海道	鹿児島	宮崎
第2位	栃木	鹿児島	宮崎	鹿児島
第3位	岩手	宮崎	茨城	岩手
第4位	熊本	熊本	千葉	青森
第5位	千葉	岩手	群馬	徳島

(日本国勢図会　2009/10)

問6　下線部⑥について、東北地方には、高速道路が延伸するにともなって半導体工場が多く建設されている。このことから、東北自動車道沿線は何と呼ばれているか、答えよ。

問7　下線部⑦について、次の写真のように、佐賀県唐津市には「虹の松原」と呼ばれる白砂青松の景勝地が広がり、観光地となっている。日本三景のうち、松原と砂浜の景観を持つ景勝地の地名を答え、その位置を次の地図中のア～エの中から一つ選び、記号で答えよ。

問8　下線部⑧について、近年、鉄道は廃止された路線もあるが、エネルギー消費量の少なさという利点が見直されている。自動車から鉄道に貨物輸送の手段を変更することを何というか、答えよ。

問9　下線部⑨について、下の表は京浜・阪神・中京工業地帯と京葉工業地域の業種別出荷割合である。この中で中京工業地帯を示したものを、次のア～エの中から一つ選び、記号で答えよ。

	ア	イ	ウ	エ
金属	14.2%	24.4%	22.1%	11.3%
機械	39.6%	36.1%	13.9%	63.2%
化学	20.4%	15.9%	44.4%	6.8%
食料品	9.9%	9.0%	10.8%	4.6%
繊維	0.6%	1.8%	0.2%	1.3%
その他	15.3%	12.8%	8.6%	11.8%

(平成20年工業統計表/2010刊)

問10　下線部⑩について、九州では鹿児島の藺牟田池や大分のくじゅう坊ガツル・タデ原湿原が、水鳥の生息地として知られている。水鳥の生息地となる湿原の保存を目指した国際的なとりきめを何というか、答えよ。

次の文章を読み、あとの各問に答えよ。

「21世紀に生きる君たちへ」

「田中君、ちょっとうかがいますが、あなたが今歩いている①二十一世紀とは、どんな世の中でしょう」──。作家の司馬遼太郎さんが②1989年に子ども向けに書いた『二十一世紀に生きる君たちへ』の一節だ。21世紀は見られないと自覚していた司馬さんは、未来の街角で若者を呼び止める場面を夢想する。夢がかなわぬことを残念がりつつ、歴史家の目から人間の生き方の基本について語る。③20世紀の人間は「自然に対しいばりかえっていた」と懸念し、「自分で生きているのではなく、大きな存在によって生かされている」という感覚を大切にするよう説く。（　④　）で、私たちは巨大地震や大津波の圧倒的な力をまざまざと見せつけられた。あまりに過酷な現実は、新聞でテレビで、何度繰り返して見ても足がすくむ。自然への尊敬にこそ希望があるとした司馬さんの言葉を、今は信じたい。今日は「こどもの日」。⑤司馬さんが新世紀の〝輝かしい担い手〟と呼んだ子どもの数は30年、減り続けている。⑥総務省の統計によると、15歳未満の子どもの数は全国で1693万人。子どもたちの健やかな成長を願うこいのぼりが、各地で薫る風に泳ぐ。「君たちはつねに晴れあがった空のように、たかだかとした心を持たねばならない」。司馬さんの言葉が胸にしみる。

（佐賀新聞2011年5月5日付「有明抄」。一部変更）

問1　下線部①について、次の(1)、(2)の問に答えよ。

(1)　21世紀は西暦何年から始まったか、答えよ。

(2)　次のア〜オから21世紀の出来事を4つ選び、それが起こった順に記号を並び替えよ。

　ア　北京オリンピックが開催された。

　イ　民主党が衆議院選挙で勝利し、政権が交代した。

　ウ　アメリカで同時多発テロが起こった。

　エ　九州・沖縄でサミットが開かれた。

　オ　イラク戦争が始まり、フセイン大統領が米軍に拘束された。

問2　下線部②について、司馬遼太郎さんが、「二十一世紀に生きる君たちへ」を書いた1989年は、日本では、節目の年となった。その説明をした次の文の［　①　］［　②　］にあてはまる語句を答えよ。

［　①　］が［　②　］から「平成」へ変わった。

問3　下線部③について、次の(1)、(2)の問に答えよ。

(1)　20世紀後半から、深刻化する地球環境問題の解決を目指して様々な国際条約が締結されている。次の資料は、1992年の環境に関する国際会議で採択された宣言である。この会議が開催された都市名を答えよ。

> 第1原則
> 　人類は、持続可能な開発への関心の中心にある。人類は、自然と調和しつつ健康で生産的な生活を送る資格を有する。
> 第4原則
> 　持続可能な開発を達成するため、環境保護は、開発過程の不可分の部分とならなければならず、それから分離しては考えられないものである。

| 3 | (1) | 分速   m | (2) | 分速   m | (3) | m |

| 4 | (1) | cm² | (2) | 度 | (3) | cm |

| 5 | (1) | cm³ | (2) | |
| | (3) | ： | | |

3

問1 [　　　]　問2 (1)[　　　|　(2)　|　(3)　]

問3 [　　　　　　　,　　　　]　問4 [　　　　　　　,　　　　]

問5 (1)[　　　　　　　匹 | (2)[　　　　　　:　　　　]

4

問1 [　　　]　問2 [　　　　　　　　　　　　　]

問3 (1)[(ア)|　　　　|(イ)|　　　　][(2)|　　　]

問4 (1)[　　　　　,　][(2)　　　倍][(3)　　　A]

問2	①	②		

問3	(1)	(2)	問4	

問5		問6	省

3

問1		問2		問3	古墳
問4		問5		問6	
問7		問8		問9	
問10		問11		問12	
問13		問14		問15	

受　験　番　号
氏　　　　名

中学校　　社会　　（40分）

1

問1		問2		問3	
問4		問5		問6	
問7	地名　　　　　　位置	問8		問9	
問10					

2

中学校　　理科　　（40分）

※50点満点
(配点非公表)

1

問1 ☐　　　問2 ☐　　　問3 ☐

問4 ☐　　　問5 ☐　　　問6 ☐

問7 ☐

2

問1 ☐　　　　　問2 ☐

問3 ☐　　　問4 ☐　　　問5 ☐

問6 ☐

受　験　番　号
氏　　　名

中学校　　算数　　（60分）

※100点満点
（配点非公表）

1	(1)		(2)	ア：　　　イ：	(3)	
	(4)		(5)		(6)	

2

(2) 次の表は、地球温暖化の原因の１つとされる二酸化炭素の排出量を国別に表したものである。表中のＡ〜Ｃにあてはまる国の組合せとして正しいものを、ア〜カの中から一つ選び、記号で答えよ。

産業工程からの二酸化炭素排出量

	二酸化炭素排出量（万ｔ）	一人当たり二酸化炭素排出量（ｔ）
A	653,337	4.95
B	583,251	19.05
C	161,113	1.43
日本	125,359	9.93

（データブック オブ ザ ワールド 2011）

ア　A　アメリカ　　B　中国　　　　C　インド
イ　A　アメリカ　　B　インド　　　C　中国
ウ　A　中国　　　　B　アメリカ　　C　インド
エ　A　中国　　　　B　インド　　　C　アメリカ
オ　A　インド　　　B　中国　　　　C　アメリカ
カ　A　インド　　　B　アメリカ　　C　中国

問４　文中の（　④　）には、2011年３月11日に東北地方を中心に起こった自然災害の名称が入る。その名称を漢字６字で答えよ。

問５　下線部⑤について、現在の日本は少子高齢化が進み、年少人口（14歳以下の人口）は年々減少している。次の表は、東京都、島根県、佐賀県、沖縄県の年齢別人口の割合をあらわしたものである。島根県の年齢別人口の割合を示したものを、ア〜エの中から一つ選び、記号で答えよ。

	0〜14歳	15〜64歳	65歳以上
ア	12.9%	58.5%	28.6%
イ	11.8%	67.9%	20.2%
ウ	17.9%	64.9%	17.2%
エ	14.4%	61.6%	23.9%

（日本国勢図会　2009/10）

問６　下線部⑥について、総務省は内閣の下におかれる行政機関の１つである。次の文は、ある省について説明したものであるが、この省の名称を答えよ。

　　この省は、主に国のお金を扱っています。みなさんの生活を安定させ、よりよくするために必要なお金を集めてその使い道を計画したり、税金の仕組みについて国会で議論するための案を作成したりしています。このほか、国会議事堂や最高裁判所など国が持っている建物などの使い方をチェックする仕事や、国と国の経済の結びつきがうまくいくように世界の国々と話し合ったり協力したりする仕事、正しく貿易が行われるようにルールを決め、麻薬やけん銃、偽ブランド品などが日本に入ってこないように取り締まる仕事も、この省の仕事です。

3 次の文章を読み、あとの各問に答えよ。

1 縄文時代の人々は、主として狩りや魚貝類をとったり、木の実などを採集したりして生活していた。そして、地面を1m程度掘り下げてつくった竪穴住居に住んでいた。また、①特定の産地でしかとれない物が、産地から離れた場所から見つかっていることから、この時代の人々はかなり遠くの人々と交易をしていたと考えられている。

　弥生時代になると水稲農耕が広まる中で、身分や階級の差が生じた。戦争も起こるようになり、各地に小国が成立した。3世紀には②邪馬台国を中心とした小国連合が成立し、中国に朝貢していた。

　問1　下線部①について、新潟県の姫川流域を原産とする産物を、次のア～エの中から一つ選び、記号で答えよ。
　　　ア　コハク　　イ　サヌカイト　　ウ　ヒスイ　　エ　黒曜石
　問2　下線部②について、陳寿が著し、邪馬台国について記してある中国の史書は何か、答えよ。

2 ヤマト政権の勢力が拡大する中で、畿内を中心に分布していた③古墳が各地に広がり、5世紀頃には大阪府堺市にある大仙陵古墳をはじめとする巨大な古墳もつくられた。古墳の築造には、多くの人々がかり出され、完成までに何年もかかったと推定されるものもある。この時期には、朝鮮半島などから日本に多数の④渡来人が移住し、進んだ技術や文化、儒教などをもたらした。

　問3　下線部③について、「獲加多支鹵大王」（ワカタケルノオオキミ）の文字がきざまれた鉄剣が見つかった埼玉県の古墳名を答えよ。
　問4　下線部④について述べた文として誤っているものを、次のア～エの中から一つ選び、記号で答えよ。
　　　ア　渡来人によって古墳における横穴式石室の技術が伝えられた。
　　　イ　渡来人によって伝えられた土師器は、のぼり窯で焼かれた。
　　　ウ　渡来人の子孫である秦氏によって広隆寺が建てられた。
　　　エ　渡来人によって仏教公伝よりも前に仏教が伝わっていた。

3 藤原広嗣の乱やききん・えきびょうの流行で人々に社会不安が強まる中、聖武天皇は仏の力で国家の平安を保つという（　⑤　）の思想によって、国家の安定をはかろうとした。そこで諸国に国分寺・国分尼寺をつくらせるとともに、⑥大仏造立の詔を出した。これらの事業には多くの民衆が動員された。

　律令制度が展開した奈良時代の農民は、政府からわりあてられた口分田を耕し、収穫した稲を税として納めた。また毎年、布や特産物なども納めたが、⑦兵士になるという負担も課されていた。

　問5　（　⑤　）に入る適語を答えよ。
　問6　下線部⑥について、大仏造立において大僧正に任命され、中心的な役割を果たした僧の名前を答えよ。

問7　下線部⑦について、兵士の中には防人になる者もいた。防人に関する史料を次のア〜エの
　　中から一つ選び、記号で答えよ。（史料は読みやすく書き改めている）
　　ア　韓衣（からころも）　裾（すそ）に取りつき　泣く子らを　置きてそ来（き）ぬや　母なしにして
　　イ　世間（よのなか）を　憂（う）しとやさしと　思へども　飛び立ちかねつ　鳥にしあらねば
　　ウ　あをによし　寧楽（なら）の京（みやこ）は　咲く花の　にほふが如く　今盛（さかり）なり
　　エ　天の原　ふりさけ見れば　春日なる　三笠の山に　出でし月かも

4　藤原氏によって摂関政治が行われた平安時代、華やかな貴族の生活のかげで、多くの民衆は貧
　しい暮らしを送っていた。平安京では群盗がひんぱんに出没するなど治安は悪く、⑧検非違使が
　治安の維持にあたった。天災や戦乱などがあいつぐ中、浄土への信仰が強まり、⑨貴族や地方豪
　族は阿弥陀堂を建てて極楽浄土への往生を願った。

問8　下線部⑧について、読み方をひらがなで答えよ。
問9　下線部⑨について、奥州藤原氏が平泉に建て、2011年、世界遺産に登録された阿弥陀堂を
　　漢字6字で答えよ。

5　武士の力が大きく伸びた⑩鎌倉時代には幕府勢力の拡大とともに、地頭が荘園や公領の年貢を
　横取りしたり、農民を不当に支配したりすることが増えた。これに対し、農民は紀伊国阿氐河荘
　の農民のように地頭を訴えることもあった。鎌倉時代後期頃より⑪農民たちの中に寄合を開いて
　もめごとを解決したり、独自のおきてを定めるなど、地域を自分たちで運営する自治的な村がで
　きた。彼らは時には武装して集団で幕府や荘園領主などに抵抗した。

問10　下線部⑩について、鎌倉時代に関係のないものを次の写真ア〜エの中から一つ選び、記号
　　で答えよ。
　　ア　　　　　　　　　　　　　　　イ

　　ウ　　　　　　　　　　　　　　　エ

問11　下線部⑪について、このような自治的な村を何というか、答えよ。

6　豊臣秀吉は確実に年貢を取り立てるために太閤検地を実施して、生産高に応じた年貢を農民に納めさせた。また、（　⑫　）を出して農民から武器を取りあげた。

　　江戸時代、幕府や藩は収入の大部分を年貢に依存していたので、農民に対する支配はきびしかった。江戸時代中期になり、幕藩体制が揺らいでいく中で、財政難に陥っていた幕府や藩では農民の負担を増やしたため、農民はしばしば⑬百姓一揆を起こした。

問12　（　⑫　）に入る法令について述べた文のうち誤っているものを、次のア～エの中から一つ選び、記号で答えよ。

　　ア　この法令は、天下統一の前に出された。
　　イ　この法令には身分の固定をはかろうとするねらいもあった。
　　ウ　この法令に反対して各地で一向一揆が起こった。
　　エ　この法令によって集められた武器は方広寺の大仏造立の材料に使うとされた。

問13　下線部⑬に対して、都市では貧しい民衆が、米の買い占めを行った商人や金融業者の家屋や家財などを破壊した。このような行為を何というか、答えよ。

7　明治政府は富国強兵をめざし、近代産業を育成する政策を積極的におこなった。貨幣制度の近代化は大隈重信らによって考えられ、1871年の（　⑭　）によって実を結んだ。この結果、江戸時代の小判に代わり、1円金貨を基準とし円・銭・厘の十進法をとる硬貨が発行された。

　　また、⑮学制や徴兵制が導入され、安定した歳入を確保するために地租改正が行われた。しかし、これらの改革はあまりに急激なものであったので、士族ばかりでなく農民の不満も強まり、各地で改革に反対する一揆が起こった。

問14　（　⑭　）に入る適語を答えよ。

問15　下線部⑮について述べた文として誤っているものを、次のア～エの中から一つ選び、記号で答えよ。

　　ア　学制はすべての国民男女が学ぶという考えにもとづいていた。
　　イ　学制が導入された直後は、教育費の負担が重かったこともあって、就学率は高くはなかった。
　　ウ　直接国税15円以上を納めた者は、徴兵を免除された。
　　エ　西南戦争では、徴兵された兵士が政府軍として戦った。